DIREITO AO PROCESSO QUALIFICADO

O Processo Civil na Perspectiva do Estado Constitucional

B748d Botelho, Guilherme

Direito ao processo qualificado: o processo civil na perspectiva do estado constitucional / Guilherme Botelho. – Porto Alegre: Livraria do Advogado Editora, 2010.

199 p.; 23 cm.

ISBN 978-85-7348-717-6

1. Processo civil. 2. Direitos e garantias individuais. I. Título.

CDU – 347.9

Índices para catálogo sistemático:

Direitos e garantias individuais	342.7
Processo civil	347.9

(Bibliotecária responsável: Marta Roberto, CRB-10/652)

GUILHERME BOTELHO

DIREITO AO PROCESSO QUALIFICADO

O Processo Civil na Perspectiva do Estado Constitucional

Porto Alegre, 2010

Capa, projeto gráfico e diagramação
Livraria do Advogado Editora

Revisão
Rosane Marques Borba

Direitos desta edição reservados por
Livraria do Advogado Editora Ltda.
Rua Riachuelo, 1338
90010-273 Porto Alegre RS
Fone/fax: 0800-51-7522
editora@livrariadoadvogado.com.br
www.doadvogado.com.br

Impresso no Brasil / Printed in Brazil

Ao prof. José Maria Rosa Tesheiner.

Ao conhecê-lo, ainda em uma tênue convivência, restou claro aos meus olhos que, mais do que um dos maiores processualistas da atualidade, tratava-se de um homem de rara generosidade e dedicação à docência.

Sua visão crítica sobre o direito é, de suas características, talvez a mais marcante. Ressalte-se que esta é forma fecunda e não destrutiva de ver o fenômeno jurídico, porquanto é dando consciência sobre as fraquezas e insuficiências do presente, que se constrói um futuro *qualificado*.

Sem sombra de dúvidas, é meu maior exemplo de docente e de jurista. Com certeza é aquele que mais acreditou em minha capacidade para a academia. A missão de continuar o caminho com dedicação e esforço é um desafio pessoal, mas é também a incumbência de não tornar a aposta deste homem brilhante um equívoco.

A ele, com admiração, dedico este trabalho. Com ele, penhoro minha eterna gratidão.

Agradecimentos

À minha *mãe*, por tudo.

À *Joyce Lopes*, pelo constante apoio, pela revisão e pelo diálogo reflexivo.

A *Jonathan Iovane Lemos*, irmão sem consanguinidade, pela revisão e amizade.

Ao professor *Daniel Mitidiero*, pelos ensinamentos, pela generosa leitura e inestimável contribuição ao trabalho e, em especial, pela disposição ao debate com este humilde aluno.

Aos professores do curso de Mestrado em Direito da PUCRS, notadamente *Sérgio Gilberto Porto, Araken de Assis, Ingo Wolfgang Sarlet* e *Juarez Freitas*, pela contribuição inestimável em minha formação jurídica.

Aos professores *Sérgio Gilberto Porto*, novamente e, *Felipe Chiarello*, por gentilmente aceitarem o convite para integrar a banca de qualificação da dissertação que, aprovada com louvor, deu origem à presente obra.

A estes, meus mais sinceros agradecimentos.

Prefácio

Cabe-me a honra de prefaciar esta obra, "Direito ao processo qualificado: o processo civil na perspectiva do Estado Constitucional", apresentada como dissertação de Mestrado na Pontifícia Universidade Católica do Rio Grande do Sul, por Guilherme Botelho, que se destacou, dentre os mestrandos que orientei, pela profundidade de suas investigações. Arrisco-me a dizer que, "a persistir os sintomas", em pouco tempo ele se tornará um dos grandes nomes do Processo Civil brasileiro.

Na linha contemporânea da reaproximação entre o Direito processual e o material, o Autor concebe o direito ao processo não só como o de provocar a jurisdição, mas, acima de tudo, como o de obter uma prestação jurisdicional "qualificada". Esta é definida como aquela que se apresenta com três características fundamentais: a tempestividade, a adequação e a justiça.

Essa conclusão é preparada por uma longa investigação, que começa com o exame da evolução do direito processual civil brasileiro, passa pela identificação das correntes culturais contemporâneas e chega à modelação constitucional do processo civil contemporâneo, com a devida ênfase nos direitos fundamentais.

Rejeita o Autor a ideia de que o "devido processo legal" constitua o princípio-síntese do ordenamento jurídico brasileiro, afirmando que, pelo contrário, é do direito ao processo que ele decorre.

Acolhe a ideia de "direito ao processo justo", compreensivo do princípio da adequação. Admite que, embora excepcionalmente, possa o próprio juiz adaptar o procedimento às exigência do direito material.

Não se detém nos aspectos exteriores do processo: suas normas, seus institutos, suas ramificações. Prefere o mundo subterrâneo dos fundamentos, donde eles emanam.

Trata-se, por isso, de uma obra que se pode ler tanto como preparação quanto como conclusão dos estudos processuais.

José Maria Rosa Tesheiner

Professor Titular da PUC/RS
Desembargador (aposentado) do TJRS

Sumário

Introdução

O presente estudo tem por mote o conteúdo do direito ao processo no método de pensamento próprio e contemporâneo do processo civil à luz do Estado Constitucional.[1] Trata-se do mais basilar e democrático dos direitos de qualquer ordenamento jurídico codificado não só por ser a voz presente do *judicial review*[2] – instituto próprio da *common law* – nesse sistema, mas também o instrumento apto a garantir a eficácia de todos os demais direitos.[3]

A obra foi desenvolvida em três partes a fim de demonstrar o conteúdo deste direito a partir de sua evolução, estabelecendo-se o modo de pensar constitucional contemporâneo e a teoria dos direitos fundamentais como marcos teóricos do estudo.

A primeira parte, preocupando-se em inserir o direito e, em especial, o direito processual como produtos da cultura, logo, verdadeiros processos de adaptação social,[4] examina a evolução dos métodos de pensamento próprios do direito processual civil, mediante a compreensão do inter-relacionamento deste com os demais ramos do direito e, em especial, com a cultura, até a conformação do seu estágio atual e suas principais influências, com destaque para o Estado Constitucional.

Na segunda parte inicialmente, delimita-se o "[...] modelo constitucional do processo civil brasileiro [...]",[5] especificando-se o conteúdo processual da Constituição Federal. O foco resta por

---

[1] ZAGREBELSKY, Gustavo. *Il diritto mite*. Torino: Einaudi, 1992, p. 20-56.

[2] Nesse sentido: PONTES DE MIRANDA, Francisco Cavalcanti. *Comentários à Constituição de 1967*. São Paulo: Revista dos Tribunais, 1971, t. 5, p. 105.

[3] Nesse sentido: MARINONI, Luiz Guilherme. *Curso de processo civil*: teoria geral do processo. São Paulo: Revista dos Tribunais, 2006, v. 1, p. 205.

[4] PONTES DE MIRANDA, Francisco Cavalcanti. *Fontes e evolução do direito civil brasileiro*. 2. ed. Rio de Janeiro: Forense, 1981, p. 01-26, em especial, 01-05.

[5] BUENO, Cássio Scarpinella. "O modelo constitucional do direito processual civil": um paradigma necessário de estudo do direito processual civil e algumas de suas aplicações. *Revista de Processo*, São Paulo, ano 33, n. 161, p. 262-264, jul. 2008.

conta dos direitos fundamentais de natureza processual ou, na expressão que acaba sendo mais manejada neste estudo, dos direitos informativos do processo civil brasileiro. Após, o objeto é o *direito ao processo*. Analisa-se sua evolução desde a negação da autonomia da ação processual, passando pela sua visão abstrata, absolutamente independente do direito material, até sua análise a partir da teoria dos direitos fundamentais, modo próprio e adequado de pensá-lo no Estado Constitucional em funcionamento.[6]

A terceira parte é dedicada ao processo prometido e devido pelo Estado Constitucional. Exercido o direito ao processo, este dá impulso ao potencial diálogo entre as partes e o juiz e a atuação dos demais direitos informativos do processo, qualificando-o como um continente preenchido por esses valores fundamentais positivados, a fim de representar não apenas um direito ao meio como também ao resultado; não para um resultado favorável, mas para um resultado qualificado.

De forma mais analítica, pode-se afirmar que, a partir da consciência de que o processo civil não é infenso à cultura, se aceita a conclusão de que ele sofre das contingências e das ideologias retratadas na história.

Não há como negar que o Estado Constitucional e o pós-positivismo (ou neoconstitucionalismo), este como método de pensamento próprio daquele, influenciam diretamente o atual momento do direito processual civil, também absorvido pela alteração da ênfase na lógica formal subsuntiva pela dialética.[7] Não por outra razão, o processo deixa de ser visto apenas a partir de sua natureza de relação jurídica autônoma, para também ser aceito como um procedimento; um atuar continuado que tem no contraditório, como garantia do diálogo e do espaço democrático, uma de suas principais características a ponto de se tornar também protagonista na formação de seu conceito. O contraditório, por sua vez, deixa de ser uma garantia de contra-manifestação ou de "audiência bilateral"[8]

---

[6] A expressão "Estado Constitucional em funcionamento" é utilizada por Miguel Carbonell para caracterizar a plenitude do movimento Neoconstitucionalista. É resultado da soma de textos constitucionais de alto conteúdo normativo a condicionar a atividade do Estado, de práticas jurisprudenciais e consequências teóricas compromissadas em dar eficácia ao texto constitucional. (CARBONELL, Miguel. El neoconstitucionalismo en su laberinto. In: —— (org.). *Teoría del neoconstitucionalismo*: ensayos escogidos. Madrid: Trotta, 2007, p. 09-12)

[7] A esse respeito: FREITAS, Juarez. *A substancial inconstitucionalidade da lei injusta*. Petrópolis: Vozes; Porto Alegre: EDIPUCRS, 1989, p. 17-33.

[8] MILLAR, Robert Wyness. *Los principios formativos del procedimento civil*. Trad. de Catalina Grossmann. Buenos Aires: Ediar, 1945, p. 47.

para se tornar uma efetiva possibilidade de influenciar no convencimento do magistrado.[9]

O processo civil, enquanto relação jurídica que atua através de procedimento dinâmico em constante contraditório, revigora-se e conforma-se pelos seus direitos informativos de modo a fazer atuar os direitos impondo a observância das normas e as consequências ditadas no plano abstrato.[10]

Nesse cenário, o direito à tutela jurídica, verdadeiro elo entre o direito material e o processo,[11] age como um princípio-síntese de todo o ordenamento jurídico-processual civil brasileiro, sendo o grande propulsor do processo qualificado, único capaz de atender às exigências do Estado Constitucional.

O processo qualificado, resultado do direito à tutela jurídica exercido e potencializado por todos os demais direitos informativos do processo civil em atuação sob o prisma do contraditório, pode ser representado por três características centrais: *tempestividade, justiça e adequação.*

Como verdadeiros corolários-lógicos do processo, essas três qualidades adjetivam o principal espaço democrático, a fim de conformá-lo com o Estado Constitucional. Mais do que um fim a ser alcançado pelo Estado-Juiz, o processo qualificado deve ser manejado pelo intérprete como um metacritério de interpretação próprio das normas de natureza processual.

Ao unificar as principais qualidades que devem formar o processo devido à sociedade, o processo qualificado mantém em seu conteúdo os dois grandes complexos[12] valorativos do direito processual: *segurança e efetividade.*[13] Pode-se afirmar verdadeiro que

---

[9] Nesse sentido: COMOGLIO, Paolo. *La garanzia costituzionale dell'azione ed il processo civile*. Padova: Cedam, 1970, p. 144-145; PORTO, Sérgio Gilberto; USTARROZ, Daniel. *Lições de direitos fundamentais no processo civil*: o conteúdo processual da Constituição Federal. Porto Alegre: Livraria do Advogado, 2009, p. 53; ALVARO DE OLIVEIRA, Carlos Alberto. A garantia do contraditório. *Revista da Faculdade de Direito da Universidade Federal do Rio Grande do Sul*, Porto Alegre, v. 15, p. 13, 1998.

[10] Nesse sentido: DINAMARCO, Cândido Rangel. *Fundamentos do processo civil moderno*. 4. ed. São Paulo: Malheiros, 2001. t. 2, p. 809-811.

[11] Nesse sentido: MARINONI, Luiz Guilherme. *Técnica processual e tutela dos direitos*. 2. ed. São Paulo: Revista dos Tribunais, 2008, p. 25.

[12] A respeito dos valores efetividade e segurança como complexos valorativos, ver: AMARAL, Guilherme Rizzo. *Cumprimento e execução da sentença sob ótica do formalismo-valorativo*. Porto Alegre: Livraria do Advogado, 2008, p. 47-78.

[13] A respeito do embate destes valores no processo civil, ver, por todos: ALVARO DE OLIVEIRA, Carlos Alberto. Os direitos fundamentais à efetividade e à segurança em perspectiva dinâmica. *Revista de Processo*, São Paulo, ano 33, n. 155, p. 17, jan. 2008.

nenhum destes valores pode servir como postulado normativo aplicativo[14] por conta de seu caráter finalístico junto às normas processuais. O processo qualificado, no entanto, serve, enquanto um valor resultante da simbiose daqueles dois grandes princípios ou topos, como um racional equacionamento dos escopos da jurisdição.

Em suma, é o direito ao processo qualificado a partir do modo de pensar o direito processual civil pelas lentes do Estado Constitucional o objeto do presente estudo.

[14] A respeito dos postulados normativos aplicatios, ver: ÁVILA, Humberto. *Teoria dos princípios*: da definição à aplicação dos princípios jurídicos. 9. ed. São Paulo: Malheiros, 2009, em especial, p. 133-137.

Parte I

Constituição, Processo Civil e Cultura

1. A evolução do Direito Processual Civil brasileiro e seus marcos metodológicos: a influência da cultura e da experiência sobre o processo

O direito é eminentemente um produto histórico-social.[15] Sofre, portanto, das contingências políticas e ideológicas da sociedade a que serve em seus sucessivos momentos evolutivos. Não é por outra razão que se faz correto afirmar que "[...] a mais ambiciosa aspiração de um ordenamento jurídico consiste precisamente em ser o eco verdadeiro e autêntico da cultura de uma nação [...]";[16] e que a destinação institucional do direito "[...] é a proteção dos valores éticos e históricos, valores culturais afinal, de uma nação".[17] Nessa perspectiva, o direito não pode ser interpretado por mera dedução, sendo, muito antes, um processo de "[...] contínua adaptação de seus textos normativos à realidade e seus conflitos".[18]

No direito processual essa realidade é ainda mais cristalina, em virtude de ser o "[...] ramo do conhecimento jurídico mais pró-

---

[15] É uma ênfase da obra de Pontes de Miranda que o direito não é um produto estatal; é, antes de mais nada, um processo de adaptação social ao lado da religião, moral, arte, política, economia e conhecimento (ciência). Aos que desejarem se aprofundar na obra do autor: PONTES DE MIRANDA, Francisco Cavalcanti. *Comentários à Constituição de 1946*. 3. ed. Rio de Janeiro: Editor Borsoi, 1960. t. 1, p. 25-38 e 42-43; PONTES DE MIRANDA, Francisco Cavalcanti. *Fontes e evolução do direito civil brasileiro*. 2. ed. Rio de Janeiro: Forense, 1981, p. 01-26, em especial, 01-05.

[16] DINAMARCO, Cândido Rangel. *Fundamentos do processo civil moderno*. 4. ed. São Paulo: Malheiros, 2001. t. 1, p. 28. A afirmação do autor consta do capítulo I, do tomo I, que é baseado na tradução de uma conferência realizada pelo autor em Milão em 16 de novembro de 1977, momento em que foi prestada homenagem a Enrico Tullio Liebman, condecorado com a Comenda da Ordem do Cruzeiro do Sul, mais alta honraria prestada pelo governo brasileiro a estrangeiros.

[17] Idem, p. 29.

[18] GRAU, Eros Roberto. *Ensaio e discurso sobre a interpretação/aplicação do direito*. 5. ed. São Paulo: Malheiros, 2009, p. 130.

ximo do mundo da vida".[19] [20] É no processo que se dá a atuação da lei perante a sociedade e, tendo suas normas natureza instrumental e o escopo primordial de realização de justiça, é natural que sofra as influências da experiência e do momento cultural vivido pela sociedade em que resta inserido,[21] que elegerá, por sua vez, os procedimentos adequados a cada situação da vida, de acordo com as necessidades e prioridades por ela eleitas.

Por essa razão, é possível concluir que é o procedimento a porta da ideologia[22] [23] e da cultura no processo; através dele, opta-se

---

[19] BAPTISTA DA SILVA, Ovídio Araújo. *Processo e ideologia*: o paradigma racionalista. 2. ed. Rio de Janeiro: Forense, 2006, p. 01.

[20] Nas eloquentes palavras de Pontes de Miranda: "O Direito é, mas a medida do seu ser é dada pela sua realização. Tal realização, ou ocorre pela observância espontânea, ou pelos aparelhos do Estado, tendentes a isso, às vezes criados para isso, como é o da Justiça. Existe, ainda, direito especial, que se destina à realização do Direito – o direito processual." (PONTES DE MIRANDA, Francisco Cavalcanti. *Comentários à Constituição de 1946*. 3. ed. Rio de Janeiro: Editor Borsoi, 1960. t. 1, p. 26).

[21] Sobre as relações entre a experiência, a cultura e o processo, ver na doutrina italiana: DENTI, Vittorio. Valori costituzionali e cultura processuale. *Rivista di Diritto Processuale*, Padova, v. 39, 2. serie, p. 443-464, 1984, em especial, p. 461-464; BAUR, Fritz. Il processo e le correnti culturali contemporanee. *Rivista di Diritto Processuale*, Padova, 2. serie, v. 27, p. 253-271, 1972; FAZZALARI, Elio. L'esperienza del processo nella cultura contemporanea. *Rivista di Diritto Processuale*, Padova, v. 20, 2. serie, p. 10-30, 1965. Na doutrina nacional, com muita propriedade: LACERDA, Galeno. *Teoria geral do processo*. Rio de Janeiro: Forense, 2008, p. 03-18 (o texto é uma republicação de ensaio do autor publicado, sob o nome "Processo e Cultura", na Revista de Direito Processual Civil, v. 3, p. 74-86); ALVARO DE OLIVEIRA, Carlos Alberto. *Do formalismo no processo civil*. 3. ed. São Paulo: Saraiva, 2009, p. 71-76. MITIDIERO, Daniel. Processo e cultura: praxismo, processualismo e formalismo em direito processual civil. *Genesis*: revista de direito processual civil, Curitiba, n. 33, p. 484-510, jul./set. 2004, em especial, 484-488; MITIDIERO, Daniel. *Colaboração no processo civil*: pressupostos sociais, lógicos e éticos. São Paulo: Revista dos Tribunais, 2009, p. 23-47.

[22] Nesse sentido: CAPPELLETTI, Mauro. Ideologie nel diritto processuale. *Rivista Trimestrale di Diritto e Procedura Civile*, Milano, n. 16, p. 193-291, 1962. O texto possui versão traduzida para português: CAPPELLETTI, Mauro. A ideologia no processo civil. *Revista da Ajuris*, Porto Alegre, ano 8, p. 16-33, nov. 1981.

[23] O termo "ideologia" é, como bem observado por Hermes Zanetti Jr. (ZANETI JR., Hermes. *Processo constitucional*: o modelo constitucional do processo civil brasileiro. Rio de Janeiro: Lumen Juris, 2007, p. 178), de difícil emprego dado seus diversos sentidos. Utiliza-se desta expressão em seu sentido neutro ou positivo como um conjunto de ideias e visões do mundo, orientadas pelas ações sociais e, em especial, pela política, no intuito único de "reconhecer a existência de um vínculo robusto entre a 'crença' política e o seu reflexo no direito como um todo, e no processo, em particular." (ZANETI JR., Hermes. *Processo constitucional*: o modelo constitucional do processo civil brasileiro. Rio de Janeiro: Lumen Juris, 2007, p. 178).
Aos que desejarem um estudo mais profundo do conceito de ideologia e sua ligação com o processo civil, imprescindível a leitura do ensaio: BAPTISTA DA SILVA, Ovídio Araújo. *Processo e ideologia*: o paradigma racionalista. 2. ed. Rio de Janeiro: Forense, 2006, p. 05-35. O autor destaca que o conceito de ideologia deita suas raízes no racionalismo, denotando, daí, a dificuldade de seu emprego, já que sua "concepção corrente pressupõe que a pessoa que se diz isenta de ideologia – ou que acusa o 'outro' de ideológico –, haja superado sua própria cultura, encontrando o sonhado 'ponto de Arquimedes', de onde, livre de qualquer compro-

pelos níveis de cognição[24] que deverão incidir no instrumento de regulação do direito substancial. Elege-se, através do procedimento processual, os ramos ou situações substanciais que se quer maior sumariedade ou restrição de amplitude de alegações e até mesmo preferências de tramitação frente a outras ações adequadas a tutelar outras espécies de direitos.

O processo não é neutro como se pensava até a primeira metade do século XX. Não está ele infenso à cultura; muito antes pelo contrário, é seu produto. Aliás, a própria defesa de sua neutralidade escondeu uma ideologia conservadora "[...] dalla quale la scienza giuridica aveva attinto i suoi principi informati".[25] Todos os elementos que formam a cultura e a civilização de povo, tais como costumes religiosos, princípios éticos, hábitos sociais e políticos, e grau de evolução científica, retratam-se no processo através de seu procedimento.[26]

Não é por outro motivo que já se observou na evolução histórica do processo, por exemplo, a preferência do testemunho do nobre frente ao homem comum,[27] e desde a Roma antiga tem-se notícia de uma tutela mais célere à proteção da posse.

Natural que o processo sofresse, ainda, a influência liberal da Revolução Francesa com a implementação de rígida separação dos poderes e concessão de publicidade aos atos,[28] uma maior regulação

---

misso com a tradição que o tenha formado, haja atingido a verdade absoluta". (BAPTISTA DA SILVA, Ovídio Araújo. *Processo e ideologia*: o paradigma racionalista. 2. ed. Rio de Janeiro: Forense, 2006, p. 15). Ainda sobre as relações entre ideologia e processo civil, além do texto citado de Ovídio Araújo Baptista da Silva: MARINONI, Luiz Guilherme. *Técnica processual e tutela dos direitos*. 2. ed. São Paulo: Revista dos Tribunais, 2008, p. 63-68; ALVARO DE OLIVEIRA, Carlos Alberto. Procedimento e ideologia no direito brasileiro atual. *Revista da Ajuris*, Porto Alegre, ano 12, n. 33, p. 79-85, mar. 1985; DENTI, Vittorio. *Processo civile e giustizia sociale*. Milano: Edizioni di Comunità, 1971, p. 13-29; ZANETI JR., Hermes. *Processo constitucional*: o modelo constitucional do processo civil brasileiro. Rio de Janeiro: Lumen Juris, 2007, p. 177-184; CAPPELLETTI, Mauro. Ideologie nel diritto processuale. *Rivista Trimestrale di Diritto e Procedura Civile*, Milano, n. 16, p. 193-291, 1962.

[24] A Cognição deve ser entendida como um ato de inteligência na análise e valoração das alegações das partes e das provas aportadas aos autos (WATANABE, Kazuo. *Da cognição no processo civil*. 2. ed. Campinas: Bookseller, 2000, p. 58-59).

[25] DENTI, Vittorio. *Processo civile e giustizia sociale*. Milano: Edizioni di Comunità, 1971, p. 17. O autor refere-se à doutrina que floresceu na Alemanha no fim dos Oitocentos conhecida como pandectística, como referência ao "pandectas" (um dos livros do *corpus juris*).

[26] LACERDA, Galeno. *Teoria geral do processo*. Rio de Janeiro: Forense, 2008, p. 04.

[27] CAPPELLETTI, Mauro. Libertà individuale e giustizia socieale nel processo civile italiano. *Rivista di Diritto Processuale*. Padova, v. 27, 2. serie, p. 12, 1972.

[28] A grande revolução liberal europeia, iniciada na França em 1789 e concluída nas várias conturbações liberais e constitucionais dos anos de 1848 e 1849, teve também a capacidade de atingir a fundo o sistema judiciário e probatório que, até então, refletia fielmente a sociedade

dos poderes do juiz e até mesmo a separação das atividades cognitiva e executiva.[29]

Também não deve surpreender a atual influência que o processo sofre com a passagem do Estado Liberal ao denominado Estado Social que marcou o século XX. Característica de tal influência foi a centralização das atenções nas necessidades sociais, ou seja, preocupa-se antes com o resultado proporcionado pelo processo no mundo sensível, do que com questões internas, com a afirmação de institutos e com a autonomia do direito processual como ciência; preocupações que marcaram época no direito processual.[30]

O processo, sendo antes de mais nada um instrumento de regulação social,[31] deve inquestionavelmente refletir o estágio cultural da sociedade em que está inserido. É que tendo a lei processual a função de determinar "as minúcias por meio das quais se realiza a justiça",[32] é natural que fique ao alvedrio das constantes mutações que sofre o conceito de justiça em cada momento histórico,[33] até porque "[...] *i principi costitutivi dell'ordinamento giuridico dipendono, nei loro contenuti, dal contesto culturale di cui sono parti*".[34] O processo

---

feudal. Nesse sentido e com algumas notas sobre a influência da revolução liberal europeia sobre o processo: CAPPELLETTI, Mauro. Libertà individuale e giustizia socieale nel processo civile italiano. *Rivista di Diritto Processuale*. Padova, v. 27, 2. serie, p. 13-14, 1972.

[29] A estrutura funcional do Código de Processo Civil de 1973 tem clara influência (tardia) do liberalismo pós revolução francesa. Como observa Evaristo Aragão Santos: "O Código de Napoleão encampou o princípio da incoercibilidade da pessoa para o adimplemento específico de determinada obrigação (*nemo ad factum praecise cogi potest*), estabelecendo a regra de que 'toda obrigação de fazer ou não fazer resolve-se em perdas e danos e juros, em caso de descumprimento pelo devedor' (art. 1142). Ou seja: medidas coercitivas não seriam admitidas, como regra, para forçar o cumprimento de decisão judicial. A resistência do devedor convolar-se-ia, para o credor, em ressarcimento pecuniário. Além dessas duas, apenas nesse período se operou a positivação da separação entre cognição e execução. Isso aconteceu no Code de Procédure Civile napoleônico de 1806. O modelo, ali fixado, em seguida inspiraria a maior parte das legislações modernas." (SANTOS, Evaristo Aragão. A sentença como título executivo. In: LOPES, João Batista; CUNHA, Leonardo José da (org.). *Execução civil*: aspectos polêmicos. São Paulo: Dialética, 2005, p. 128).

[30] Está-se a referir ao processualismo ou conceitualismo, que será abordado no item 1.2 deste capítulo.

[31] TESHEINER, José Maria Rosa. Reflexões politicamente incorretas sobre direito e processo. *Revista da Ajuris*, Porto Alegre, ano 35, n. 110, p. 194, jun. 2008.

[32] COUTURE, Eduardo J. *Interpretação das leis processuais*. São Paulo: Max Limonad, 1956, p. 50.

[33] Com razão Carlos Alberto Alvaro de Oliveira ao asseverar que "[...] não só as formas externas, por meio das quais se desenvolve a administração da justiça, mas também os métodos lógicos empregados para o julgamento exibem valor contingente, a ser estremado consoante as circunstâncias de dado momento histórico, influenciado ainda a conformação do processo." (ALVARO DE OLIVEIRA, Carlos Alberto. *Do formalismo no processo civil*. 3. ed. São Paulo: Saraiva, 2009, p. 75).

[34] ZAGREBELSKY, Gustavo. *Il dirito mite*. Torino: Einaudi, 1992, p. 169.

vive, assim, entre um aparente conflito entre sua função social de pacificação e da necessidade de fazer justiça nos casos concretos. A busca por uma justiça utópica identifica o processo próprio de "[...] uma cultura individualista, a prejudicar a outra finalidade, a social, do processo".[35] De outro lado, a resolução justa das contendas é fator imperante para legitimação das decisões e sua assimilação por parte dos jurisdicionados.

Daí por que o processualista tem a profícua missão de "[...] individuare le correnti culturali del suo tempo e di trarne le conseguenze per la costruzione di un processo adeguato ad esse".[36]

No intuito de sistematizar a evolução histórica das correntes culturais que envolveram diretamente o processo civil no que tange à sua metodologia, é possível a eleição de três grandes linhas de pensamento: *o praxismo, o processualismo e o instrumentalismo*.[37] Ao cabo examinar-se-á a possível contemporânea vivência de um quarto momento histórico.

1.1. Praxismo (ou Sincretismo)

O primeiro destes estágios pode ser denominado de *praxismo*. Também, por vezes, nominado como *fase sincretista ou procedimentalista* e que pode ser examinado como a fase pré-processual.[38] É momento marcado pela ausência de autonomia do direito processual.

---

[35] LACERDA, Galeno. *Teoria geral do processo*. Rio de Janeiro: Forense, 2008, p. 10.

[36] BAUR, Fritz. Il processo e le correnti culturali contemporanee. *Rivista di Diritto Processuale*, Padova, 2. serie, v. 27, p. 253, 1972.

[37] Aos que desejarem se aprofundar no estudo das fases históricas ultrapassadas pelo direito processual civil e as principais divergências doutrinárias: MARQUES, José Frederico. *Instituições de direito processual civil*. 4. ed. Rio de Janeiro: Forense, 1971. v. 1, p. 126-136; ROSA, Eliezer. Fatos da literatura processual civil brasileira. In: ——. *Leituras de processo civil*. Rio de Janeiro: Guanabara, 1970, p. 129-140; DINAMARCO, Cândido Rangel. *A instrumentalidade do processo*. 13. ed. São Paulo: Malheiros, 2008, p. 17-25; BEDAQUE, José Roberto dos Santos. *Direito e Processo: Influência d direito material sobre o processo*. 5 ed. São Paulo: Malheiros, 2009, p. 17-18; MITIDIERO, Daniel. *Elementos para uma teoria contemporânea do processo civil brasileiro*. Porto Alegre: Livraria do Advogado, 2005, p. 16-39; MITIDIERO, Daniel. *Colaboração no processo civil*: pressupostos sociais, lógicos e éticos. São Paulo: Revista dos Tribunais, 2009, p. 29-47.

[38] Aliás, a expressão já fora utilizada por Nicola Picardi em seu ensaio: PICARDI, Nicola. Do juízo ao processo. In: ——. *Jurisdição e Processo*. Rio de Janeiro: Forense, 2008, p. 35. O autor, porém, refere-se ao período marcado pelo *iudicium* como uma concepção medieval da visão extra-estatal do processo. Com a passagem a noção de *processus* a partir do século XVII, dá-se a concepção moderna do processo com o reconhecimento de sua natureza pública. No entanto, esse período, na terminologia ora aplicada, continua abrangido em uma fase pré-processual, a qual apenas terá fim com o reconhecimento não apenas do caráter público do processo, como também da autonomia da ação frente ao direito material, o que apenas vem a ocorrer no século XIX.

Direito e ação confundem-se, não se falando ainda em direito processual civil, mas apenas em procedimento. Na síntese de Cândido Rangel Dinamarco: "Tinha-se, até então a remansosa tranquilidade de uma visão plana do ordenamento jurídico, onde a ação era definida como o direito subjetivo (ou: o resultado da lesão ao direito subjetivo) [...]".[39] Enquadram-se, nesse período, todas as fases do direito romano (clássico e pós-clássico), além de toda a história jurídica do Brasil como colônia portuguesa, do período colonial e do monárquico.

Nesse período, o direito processual é um direito adjetivo ao direito material, sendo negada a condição do direito processual civil como ciência. Na expressão de Daniel Mitidiero "[...] a jurisdição era encarada como um sistema posto para a tutela dos direitos subjetivos particulares, sendo essa a sua finalidade precípua [...]",[40] tudo sob intenso clima privatista. É caracterizado também pela sua denominação mais comum de direito judiciário. A ação, nessa perspectiva, é um aspecto ou momento do direito subjetivo ameaçado ou violado, daí por que é também denominada de civilista.[41]

1.2. Cientificismo ou processualismo

A autonomia do direito processual como ciência tem o marco, em conformidade com a doutrina remansosa,[42] [43] na obra de Oskar

[39] DINAMARCO, Cândido Rangel. *A instrumentalidade do processo.* 13. ed. São Paulo: Malheiros, 2008, p. 18.

[40] MITIDIERO, Daniel. *Colaboração no processo civil*: pressupostos sociais, lógicos e éticos. São Paulo: Revista dos Tribunais, 2009, p. 31.

[41] Poucos processualistas se destacaram neste período. O maior destaque deste período no Brasil é Paula Batista. Uma síntese de sua obra pode ser encontrada em: BUZAID, Alfredo. Paula Batista: atualidades de um velho processualista. In: ——. *Grandes processualistas.* São Paulo: Saraiva, 1982, p. 47-96. Ainda sobre os sete mestres (Joaquim Inácio Ramalho, João Monteiro, João Mendes, Gusmão, Estevão de Almeida, Morato e Soares de Faria) que se destacaram na cátedra de direito judiciário civil da faculdade de direito de São Paulo ver: VIDIGAL, Luis Eulálio de Bueno. Os mestres de direito judiciário civil na faculdade de direito de São Paulo. In: ——. *Direito processual civil.* São Paulo: Saraiva, 1965, p. 197-210.

[42] Apenas para destacar alguns exemplificadamente: BEDAQUE, José Roberto dos Santos. *Efetividade do processo e técnica processual.* 2. ed. São Paulo: Malheiros, 2007, p. 19; MITIDIERO, Daniel. *Colaboração no processo civil*: pressupostos sociais, lógicos e éticos. São Paulo: Revista dos Tribunais, 2009, p. 32; BAPTISTA DA SILVA, Ovídio Araújo. *Processo e ideologia*: o paradigma racionalista. 2. ed. Rio de Janeiro: Forense, 2006, p. 167; DINAMARCO, Cândido Rangel. *A instrumentalidade do processo.* 13. ed. São Paulo: Malheiros, 2008, p. 19.

[43] Com razão Niceto Alcalá-Zamora y Castillo que, em prólogo à versão traduzida para o espanhol da obra de Adolf Wach, afirma ser discutível o marco do cientificismo que pode ser tanto a obra de Büllow, como também a célebre polêmica em torno da *actio* patrocinadas algum tempo antes por Windscheid e Muther. In: WACH, Adolf. *Manual de derecho procesal civil.* Buenos Aires: EJEA, 1977. v. 1.

Büllow em 1868.[44] Inicia-se o *cientificismo, ou processualismo ou, como também, por vezes é lembrada, a fase conceitualista ou autonomista do direito processual.* É justamente nesse estágio que o direito processual passa, pouco a pouco, a ser reconhecido como ramo do direito, deixando de ser mera técnica para se constituir em ciência.

Com o cientificismo, a ação passa a ser vista como um direito autônomo não aderente ao direito material. A ação, sendo autônoma, dirige-se contra do Estado. As normas processuais passam a integrar o direito público, e o direito processual deixa de ser visto como 'o direito judiciário' para ganhar o status de ciência. Natural também que a ação passasse a ser o grande foco de estudo da doutrina da época, verdadeiro "[...] pólo metodológico da nova ciência".[45]

No Brasil, o cientificismo ou processualismo apenas chega efetivamente em 1939, ano em que tem término a guerra civil espanhola e, meses depois, deflagra-se a Segunda Guerra Mundial. Com ela, por conta da perseguição decorrente dos regimes totalitários que emergem na Europa, eminentes processualistas acabam se exilando na América.[46] É o caso do alemão James Goldschimidt, dos italianos Enrico Tullio Liebman e Marcello Finzi e dos espanhóis Rafael de Pina, Santiago Santís Melendo e Niceto Alcalá-Zamora.[47] [48]

---

[44] Como o próprio autor destaca no limiar de sua obra, não é ele o primeiro jurista a ver no processo uma relação jurídica lembrando, inclusive, Bethmann-Hollweg que o fizera antes. O estudo tem, porém, o grande mérito de enfatizar essa característica como o centro do conceito e da autonomia do processo. A obra do referido autor alemão possui versão traduzida para o espanhol, com a qual trabalhamos: BÜLOW, Oskar. *Excepciones procesales y presupuestos procesales.* Buenos Aires: Ejea, 1964, em especial, p. 01-09.

[45] MITIDIERO, Daniel. *Colaboração no processo civil*: pressupostos sociais, lógicos e éticos. São Paulo: Revista dos Tribunais, 2009, p. 33.

[46] A respeito da importância do ano de 1939 para o direito processual civil na América Latina: ALCALÁ-ZAMORA Y CASTILLO, Niceto. *Veinticinco años de evolución del derecho procesal (1940-1965).* México: Instituto de Investigaciones Jurídicas, 1968, p. 09-16.

[47] Existem dúvidas quanto à efetiva data em que Niceto Alcalá-Zamora y Castillo deixa a Espanha juntamente com sua família (entre 07 de junho de 1936 e 08 de julho de 1936), acompanhando especialmente seu pai Niceto Alcalá Zamora y Torres, ex-presidente espanhol. Em 18 de julho daquele ano, a direita daria um golpe militar e tomaria o poder. A viagem de saída, desde que partem do Porto de Santander na Espanha até o continente americano, dura 441 dias. Viagem esta que, além de longa, é de grande tristeza para Niceto Alcalá-Zamora y Castillo que perde sua mãe em seu transcurso.
Desembarca na Argentina em 28 de janeiro de 1942, onde encontra ambiente oportuno para continuar sua vida acadêmica, contando, para tanto, com a companhia de Santiago Sentís Melendo. Em abril de 1946, Niceto vai para o México para ser professor na Universidade Nacional Autônoma de México, onde fica até 1976, ano em que retorna a Espanha, onde falece em 1985. A sua obra "Proceso, Autocomposición e Autodefensa", publicada em 1947 e escrita sob condições difíceis em razão de doença que trazia ao autor perda de memória, é tida como o marco do cientificismo no México.

Em mais uma influência da cultura sobre o direito, a tragédia da guerra acaba contribuindo para aceleração do desenvolvimento do direito processual na América Latina. No Brasil, o ano de 1939 é ainda mais marcante pela edição do primeiro Código de Processo Civil.[49] Antes dele, as obras nacionais sobre direito processual civil ainda não demonstravam clara sistematização e reconhecida autonomia deste como ramo autônomo. Aliás, ainda mais comum é a referência ao *direito judiciário civil* não apenas na doutrina, como também em alguns códigos estaduais, clara marca do *iudicium* em detrimento do *processus*,[50] que caracteriza a fase posterior.

Com a edição do Código de Processo Civil de 1939, o Brasil abandona a fase que foi adjetivada por Niceto Alcalá-Zamora y Castillo de "[...] *absurdo federalismo procesal*",[51] marcada pelo pluralismo jurídico que levou "[...] os estudos jurídicos à decadência e esterilidade científica".[52] Como bem anota José Frederico Marques, um dos fatores essenciais da boa produção doutrinária na área do processo civil no Estado de São Paulo nesta época, em contraposição ao ostracismo visto no restante do país, é a "vigência, por longo tempo, no Estado de São Paulo, do Regulamento n° 737, de 1850".[53]

É que por não ter um código estadual,[54] os processualistas paulistas não se perderam em "[...] questiúnculas procedimentais,

---

Nesse sentido: ROMERO, Roberto Negrete. *Niceto Alcalá-Zamora y Castillo (1906-1985)*. Disponível em: <http://derecho.procesal.unam.mx/maestros/pdf/Niceto_Alcala.pdf>. Acesso em 19 set. 2009.

48 Nesse sentido: ALCALÁ-ZAMORA Y CASTILLO, Niceto. *Veinticinco años de evolución del derecho procesal (1940-1965)*. México: Instituto de Investigaciones Jurídicas, 1968, p. 09.

49 O ano de 1939 é marcado também pela chegada de Enrico Tullio Liebman no Brasil. Residiu inicialmente em Minas Gerais, onde foi professor por pouco tempo na Faculdade de Direito da Universidade de Minas Gerais. Em 1941, transfere residência para São Paulo, onde enceta magistério no curso de extensão universitária da Faculdade de direito de São Paulo até o seu retorno à Itália em 1946. A esse respeito: BUZAID, Alfredo. A influência de Liebman no direito processual civil brasileiro. In: ——. *Grandes processualistas*. São Paulo: Saraiva, 1982, p. 03-45, em especial p. 06 e14.

50 A esse respeito ver, por todos: PICARDI, Nicola. Do juízo ao processo. In: ——. *Jurisdição e Processo*. Rio de Janeiro: Forense, 2008, p. 33-60.

51 ALCALÁ-ZAMORA Y CASTILLO, Niceto. *Veinticinco años de evolución del derecho procesal (1940-1965)*. México: Instituto de Investigaciones Jurídicas, 1968, p. 118. Sistema, aliás, no qual ainda convive a Argentina, com o pluralismo legislativo processual dividido entre suas províncias.

52 MARQUES, José Frederico. *O direito processual em São Paulo*. São Paulo: Saraiva, 1977, p. 07.

53 Idem, p. 06.

54 O Código do Processo Civil e Commercial do Estado de São Paulo (Lei Estadual 2.421) é datado de 14.01.1930. É, portanto, o último dos códigos estaduais editados; apenas para exemplificar o Código do Processo Civil e Commercial do Estado do Rio Grande do Sul (Lei Estadual 65) é de 16.01.1908; o Código do Processo Civil e Commercial do Estado da Bahia

mais preocupados em esclarecer as formalidades do novo Código e a exegese de seus textos, que em permanecer no elevado plano da doutrinação jurídica".[55] Por outro lado, para Eliézer Rosa, que não exclui do ostracismo nem mesmo a doutrina paulista, o problema era de mentalidade. Segundo o autor: "A causa estaria possìlvemente na falta de sensibilidade do meio para a compreensão do processo civil como ciência autônoma e não mais como um simples capítulo tratado magramente pelos civilistas".[56] [57]

Por todos os motivos declinados, estabelece-se como marco limiar de vigência da fase processualista no Brasil, o ano de 1939, e não o Código de Processo Civil de 1973, como apontou certa feita Daniel Mitidiero.[58]

Isso porque, desde então, já são inúmeras as obras que analisam o direito processual civil como ramo próprio e autônomo. Faça-se justiça, o embrião do processualismo no Brasil, que marca o anoitecer do procedimentalismo e do velho procedimento do Direito intermediário dos autores portugueses da época das Ordenações Filipinas, é a obra a *Acção Rescisória contra as sentenças* de Pontes de Miranda, publicada no ano de 1934 e que reconhece pioneiramente no Brasil o processo como uma relação jurídica que almeja atuar o direito objetivo e a ação como um direito subjetivo público. O pro-

---

(Lei Estadual 1.121) é de 21.08.1915; o Código do Processo Civil do Estado de Minas Geraes (Lei Estadual 830) é de 07.09.1922; e, o Código de Processo Civil e Commercial do Distrito Federal (Decreto Federal 16.752) é de 31.12.1924.

[55] MARQUES, José Frederico. *O direito processual em São Paulo.* São Paulo: Saraiva, 1977, p. 07. Não é por outro motivo que os doutrinadores que mais se destacaram na época do pluralismo legislativo foram João Monteiro, João Mendes Júnior e Aureliano de Gusmão, todos paulistas. A esse respeito, observa José Frederico Marques: "Em seus respectivos livros, há doutrinação densa versando sobre os institutos do Direito Processual Civil, justamente porque existia, neles, a preocupação de fixar princípios e regras concernentes a leis regionais. Tudo ali foi escrito com inspiração ecumênica, a fim de construir conceitos, postulados e institutos com base no que foi herdado do antigo Direito português e no que se elaborou, como lei geral, para o Brasil, ao tempo do Império." (MARQUES, José Frederico. *O direito processual em São Paulo.* São Paulo: Saraiva, 1977, p. 22-23).

[56] ROSA, Eliezer. As codificações estaduais. In: ——. *Leituras de processo civil.* Rio de Janeiro: Guanabara, 1970, p. 132.

[57] Há que se levar em conta que o pensamento do autor em tentar achar outros motivos que não o pluralismo legislativo para o ostracismo doutrinário pode estar influenciado pela sua adesão a esta forma legislativa, como se vê de outro de seus ensaios: "Com o eminentíssimo Couture penso que o direito processual é folclórico. Cada unidade federativa deveria poder organizar seu processo, assim como organizar sua Justiça." (ROSA, Eliezer. As codificações estaduais. In: ——. *Leituras de processo civil.* Rio de Janeiro: Guanabara, 1970, p. 142).

[58] MITIDIERO, Daniel. *Elementos para uma teoria contemporânea do processo civil brasileiro.* Porto Alegre: Livraria do Advogado, 2005, p. 37-38.

cesso civil é visto como ramo do direito público desligando-se de sua noção privatista.

Desde o Código de Processo Civil de 1939, e ainda antes do Código vigente, podem ser destacados inúmeros autores, que em seus estudos comprovam o abandono do praxismo no Brasil. Podem ser mencionados, apenas a título exemplificativo, dentre os que antes do Código de 1973 abandonaram a fase praxista: Eliézer Rosa,[59] Moacyr Amaral dos Santos,[60] Alfredo Buzaid,[61] Alfredo de Araújo Lopes da Costa,[62] Luiz Eulálio de Bueno Vidigal,[63] José Frederico Marques,[64] José Afonso da Silva[65] e Guilherme Estellita.[66]

---

[59] ROSA, Eliezer. Da ação civil. In: ——. *Leituras de processo civil*. Rio de Janeiro: Guanabara, 1970, p. 13.

[60] No primeiro volume de seu manual (SANTOS, Moacyr Amaral. *Primeiras linhas de direito processual civil*. 3. ed. São Paulo: Max Limond, 1970. v. 1), o autor aborda didaticamente todos os grandes institutos do direito processual civil. Aborda em subitem a autonomia do direito processual civil (p. 35-36). Dedica um capítulo à ação e, após examinar as diversas correntes sobre o tema, posiciona-se para defender sua natureza abstrata, constituindo direito público subjetivo (p. 175-196, em especial p. 195-196). Trabalhou-se com a 3ª edição, todavia, a primeira data de 1961.

[61] BUZAID, Alfredo. *Da ação direta de declaração de inconstitucionalidade no direito brasileiro*. São Paulo: Saraiva, 1958, em especial, p. 103-105 e 111-114. Na primeira passagem, o autor acolhe a doutrina de Couture entendendo a ação como espécie do direito de petição. Na segunda passagem, a ação como instrumento a tutelar a ameaça ou violação a direito. Aliás, tratando-se de um dos principais discípulos de Liebmann no Brasil, normal que não demonstrasse qualquer veia praxista.

[62] Fica evidente no pensamento de Alfredo de Araújo Lopes da Costa (*Manual de Direito Processual Civil*. Rio de Janeiro: Forense, 1956) sua adesão ao processualismo, com abandono de conceitos praxistas. Destaca-se a seguinte passagem: "[...] A ação não era assim um direito autônomo, mas dependente da existência do direito material. Essa teoria é hoje quase completamente abandonada. O aparecimento das ações declaratórias negativas foi a pedra de choque em que ela se esbandalhou." (p. 33) E depois: "Assim, o conceito de ação que parece mais aceitável será êste: 'direito subjetivo público, dirigido contra o juiz a manifestar-se sôbre o pedido'." (p. 35)

[63] VIDIGAL, Luiz Eulálio de Bueno. *Direito processual civil*. São Paulo: Saraiva, 1965, em especial, p. 137-143 e p. 304-310.

[64] MARQUES, José Frederico. *Instituições de direito processual civil*. 4. ed. Rio de Janeiro: Forense, 1971. v. 1, em especial, p. 54-58. Trabalhou-se com a 4ª edição, porém, a 1ª data do ano de 1958. O autor demonstra alta sistematização no estudo dos principais institutos processuais, inclusive, mediante estudo da natureza político-constitucional do processo (p. 88-93). Uma análise da própria evolução do praxismo ao cientificismo é realizada na obra (p. 126-136).

[65] José Afonso da Silva deixa nítida sua visão muito bem sistematizada sobre o direito processual civil como um ramo autônomo quando admite a existência da relação jurídico-processual e analisa com grande avanço os pressupostos processuais, as condições da ação e as denominadas pelo autor, condições de procedibilidade. Ver: SILVA, José Afonso. *Do recurso extraordinário no direito processual brasileiro*. São Paulo: Revista dos Tribunais, 1963, p. 136-149.

[66] Em bela obra, Guilherme Estellita enfatiza a diferença entre o direito de ação (como poder inerente ao próprio direito subjetivo, em conceito similar ao que atualmente a doutrina domina de ação de ação de direito material) e o poder de demandar; este é direito subjetivo público endereçado contra o Estado e que independe da existência de direito material. Ver:

Em todas estas obras, fica evidente que o processo civil deixa de ser "[...] mera complementação formal do Direito Privado, para adquirir feição autônoma como ciência jurídica filiada ao Direito Público".[67] Mais do que isso, todas elas demonstram um método científico característico do processualismo e abordam o processo de forma sistematizada, ordenada e com valorização de seus institutos,[68] basta lembrar que Pontes de Miranda chega ao apogeu do tecnicismo (mal característico do cientificismo ou processualismo) ao elaborar a denominada "constante quinze".

A década de 40 é marcada pelo florescimento da Escola Processual de São Paulo, que mais tarde restaria internacionalmente conhecida em artigo de Niceto Alcalá-Zamora y Castillo.[69] Foi impulsionado, em especial, por dois fatores: o pouco tempo de vigência do Código Estadual Paulista, não deixando que a doutrina se perdesse em estudos pontuais de menor relevância (tanto é que os dez anos de vigência do Código Estadual marcam a época menos produtiva do Estado); e, a chegada de Enrico Tullio Liebman ao Brasil, que fixou sua residência em São Paulo.

Exilado, fugindo do regime facista vivido na Itália, Liebman chega ao Brasil ainda moço, mas já contando com a autoria de respeitáveis obras, entre as quais, as duas monografias em que deixou marcada sua contribuição fundamental para a ciência do processo: *Le Opposizioni di Mérito nel Processo di Ezecuzione* (1931) e *Efficacia e Autorità della Sentenza* (1935).

Com o fim da Segunda Guerra Mundial, a segunda metade da década de 40 e a década de 50 são marcadas pelo advento de novas constituições na Europa. No intuito de repelir os regimes totalitários, que até então assombravam o mundo, os textos constitucionais

---

ESTELLITA, Guilherme. *Direito de ação direito de demandar.* Rio de Janeiro: Livraria Jacinto, 1942, em especial, p. 111-133.

[67] MARQUES, José Frederico. *O direito processual em São Paulo.* São Paulo: Saraiva, 1977, p. 13.

[68] Na expressão de Eliézer Rosa: "Pode resumir-se toda a excelência do segundo período na presença de um método de trabalho, até então totalmente desconhecido de nós outros. É o sumo legado da Escola italiana de processo civil êsse de nos ter ensinado operar pelo método histórico e comparativo.
Abra-se um livro qualquer de processo civil e percorra-lhe o texto. Se a obra estiver ornada por uma iluminada introdução nistórico-comparativa, tal será uma obra moderna. Ao revés, qualquer que seja a data que nela se leia, se estiver estruturada por outra forma, ou com a clássica divisão tripartida – doutrina, legislação e jurisprudência, saiba-se, sem contestação plausível, que tal obra é pertencente ao primeiro período, ao rotineiro procedimentalismo." (ROSA, Eliezer. Fatos da literatura processual civil brasileira. In: ——. *Leituras de processo civil.* Rio de Janeiro: Guanabara, 1970, p. 137)

[69] ALCALÁ-ZAMORA Y CASTILLO, Niceto. La scuola processuale di San Paolo del Brasile. *Rivista Trimestrale di Diritto e Procedura Civile,* Milano, p. 864-869, 1956.

vêm permeados de princípios fundamentais; valores e objetivos vitais perseguidos pelos Estados Democráticos de Direito. Dentre estes estão incluídas as garantias constitucionais do processo, valores que expressam os direitos essenciais da atividade jurisdicional como método de regulação da vida social, que tem na justiça sua legitimação constitucional.

O uso da técnica de cláusulas abertas e de normas de conceito indeterminado que passa a ser utilizada pelo legislador também nas legislações infraconstitucionais exige do intérprete maior raciocínio e, como se verá com maior acuidade a seguir, contribui diretamente para a busca pela Constituição e para o significado da sistematização e da dimensão dos direitos ali inseridos. Não é por acaso que a doutrina da época começa a debater o fenômeno da criação do direito pelo juiz (*law-makers*).[70]

Estavam plantadas as sementes para a primeira fase de constitucionalização do direito, que encontrou em renomados processualistas como Couture, Calamandrei, Liebman e Alcalá-Zamora y Castillo, terreno fértil e chão adubado.

O estudo pioneiro de relevo sobre as garantias processuais é de Eduardo J. Couture, que, em 1946, publica em seus muito conhecidos, *Estudios de Derecho Procesal Civil*, o ensaio *"Las garantias constitucionales de proceso civil"*.[71] [72] Os estudos do professor uruguaio ganham grande repercussão, o que é acentuado com a publicação de *"La garanzia Costituzionale del 'Dovuto Processo Legal'"* na *Rivista di Diritto Processuale*,[73] em que aborda a garantia constitucional em toda a sua amplitude como concebida na tradição da *common law*. Os estudos de Couture repercutem não apenas na América Latina, como também na Europa. Liebman ao se manifestar sobre a obra *Fundamentos del derecho processal civil*, em que o autor também aborda os principais institutos do processo civil por intermédio de sua base constitucional, qualifica-a como "[...] *certamente l'opera più notevole della letteratura processualística dell'America latina*".[74] [75]

---

[70] A esse respeito, adiante-se: CAPPELLETTI, Mauro. *Juízes legisladores?* Porto Alegre: Sergio Antonio Fabris, 1993.

[71] Trabalhamos com sua terceira edição: COUTURE, Eduardo J. *Estudios de derecho procesal civil:* la Constitución y el proceso civil. 3. ed. Buenos Aires: Depalma, 1998. t. 1, p. 19-95.

[72] O pioneirismo de Couture é observado por ilustre jurista: FIX-ZAMUDIO, Hector. *Constitución y proceso civil en Latinoamérica*. México: Unam, 1974, p. 23-24.

[73] COUTURE, Eduardo. La garanzia costituzionale del "dovuto processo legal". *Revista di Diritto Processuale*, Padova, v. 9, parte 1, p. 81-101, 1954.

[74] LIEBMAN, Enrico Tullio. Diritto costituzionale e processo civile. In: ——. *Problemi del processo civile* Milano: Morano, 1962, p. 151.

Niceto Alcalá-Zamora y Castillo, influenciado pelo momento cultural e pelos estudos de Couture, também se destaca nos campo das relações entre o processo e a Constituição. Na Itália, após a promulgação de sua Carta Constitucional Democrática em 22 de dezembro de 1947, a doutrina desenvolve o tema com destaque. Abrem-se as portas para os estudos que se prosseguiriam sobre o "*giusto processo*".

Não por acaso Vittorio Denti aponta a década de 60 como auge da fase de constitucionalização do direito na Europa e retrata o momento cultural processual vivido no início da década de 80 como: "[...] *un certo attenuarsi del filone culturale che ha tratto ispirazione dai principi della Costituzione e ad un fenomeno che potremmo definire di ritorno dalla Costituzione al codice e di ripresa delle costruzioni dogmatiche*".[76]

No Brasil, mesmo após o retorno de Liebman à Itália, onde continua sua vasta e bela obra doutrinária, a Escola Processual de São Paulo se alicerça definitivamente como nicho de grandes estudiosos.[77] O elevado nível dos trabalhos doutrinários desenvolvidos

---

[75] Cabe observar que o maior legado de Couture não é nenhuma de suas majestosas obras, mas o projeto de código de procedimento civil apresentado em 1945 ao Poder Legislativo uruguaio. Trata-se, como bem observou Niceto Alcalá-Zamora y Castillo, do "[...] documento legislativo procesal de mayor jerarquía producido en América; [...]" (ALCALÁ-ZAMORA Y CASTILLO, Niceto. *Veinticinco años de evolución del derecho procesal (1940-1965)*. México: Instituto de Investigaciones Jurídicas, 1968, p. 127).

[76] Também é de relevo notar que, no limiar da década de cinquenta (1952), Enrico Tullio Liebman destaca a ausência de estudos processuais co-relatos aos demais ramos, em especial, ao direito constitucional. No referido artigo, cita o ensaio já referido do professor Couture, demonstrando a influência proporcionada por este processualista uruguaio. Destaque-se a passagem mencionada: "*Lo Studio degli istituti del processo, se viene compiuto di formalità e di termine; Esso acquista invece il suo vero significato e si arrisschisce di motive ben altrimenti importanti, quando vegna inteso come lo studio dell'indispensabile apparato di garanzie e di modalità di esercizio, stabilito per la difesa dei fondamentali diritti dell'uomo, nel rigore della disciplina necessária di una pubblica funzione.*" (LIEBMAN, Enrico Tullio. Diritto costituzionale e processo civile. In: ——. *Problemi del processo civile*. Milano: Morano, 1962, p. 150).

[77] Liebman deixou marcas definitivas não apenas no ambiente doutrinário como no legislativo brasileiro. É conhecida a frase de Alfredo Buzaid, discípulo fervoroso do mestre polonês ao se referir sobre a influência daquele jurista na doutrina paulista: "Antes dele houve grandes processualistas, mas não houve escola; depois dele houve escola, no seio da qual floresceram grandes processualistas". Buzaid chega a referir certa feita que a casa da Alameda Rocha de Azevedo (local onde residia Liebman e onde recebia seus discípulos todos os sábados) "se transforma no berço do movimento de renovação científica do direito processual civil." (BUZAID, Alfredo. Prefácio às Instituições de Direito Processual Civil, de Chiovenda. In: ——. *Grandes processualistas*. São Paulo: Saraiva, 1982, p. 10) No atual Código de Processo Civil Brasileiro, as marcas também são grandes, fruto justamente da influência de Liebman sobre o pensamento de Buzaid, autor do anteprojeto. Ver, por todos: BUZAID, Alfredo. A influência de Liebman no direito processual civil brasileiro. In: ——. *Grandes processualistas*. São Paulo: Saraiva, 1982, p. 13-45.

é mantido por seus discípulos, com destaque para Alfredo Buzaid.[78] Atualmente, é alimentada pelos "discípulos dos discípulos de Liebman",[79] entre os quais podem ser destacados Cândido Rangel Dinamarco, Ada Pellegrini Grinover, Rogério Lauria Tucci e José Rogério Cruz e Tucci.

As décadas de 50 e 60 são de elevada produção pela doutrina processual brasileira. Com o fim do pluralismo legislativo processual, ingressa-se em fase de excelência, deixando o Estado de São Paulo de ser o polo cultural processual brasileiro. Francisco Cavalcanti Pontes de Miranda, que já desfrutava do reconhecimento nacional por seus comentários às Constituições de 1937 e 1946 e da sua obra precursora a estas em seus estudos constitucionais, além do impressionante *Tratado de Direito Privado no Direito Civil*, finca seu nome definitivamente como maior processualista pátrio ao reeditar ampliadamente a sua obra *A Acção Rescisória*, agora sob o título: *Tratado da Ação Rescisória das sentenças e de outras decisões* e ao redigir os *Comentários ao Código de Processo Civil de 1939*, em seis volumes, pela editora Forense. A obra de Pontes de Miranda é definitivamente coroada com a edição, em 1970, do inigualável *Tratado das Ações*.

Não demora para que a influência da doutrina oriunda dos países europeus já imersos em regimes democráticos atinjam nossos processualistas com estudos que demonstram preocupação com o viés constitucional.

José Frederico Marques, com suas obras *Instituições de direito processual civil*[80] e *Ensaio sobre a Jurisdição Voluntária*,[81] e Ada Pelle-

---

[78] Entre seus principais estudos: *Da ação direta de declaração de inconstitucionalidade no direito brasileiro*. São Paulo: Saraiva, 1958; *Do agravo de petição no sistema do código de processo civil*. 2. ed. rev. São Paulo: Saraiva, 1956; *Do concurso de credores no processo de execução*. São Paulo: Saraiva, 1952; *A ação declaratória no direito brasileiro*. São Paulo: Saraiva, 1943. Sua principal contribuição, todavia, é o anteprojeto do Código de Processo Civil de 1973.

[79] MARQUES, José Frederico. *O direito processual em São Paulo*. São Paulo: Saraiva, 1977, p. 04.

[80] MARQUES, José Frederico. *Instituições de direito processual civil*. 4. ed. Rio de Janeiro: Forense, 1971. Trabalhou-se com a quarta edição mas a obra em sua primeira edição teve lançamento paulatino de seus cinco volumes: o 1° e o 2° volumes em 1958, o 3° em 1959 e o 4° e 5° volumes em 1960. Fica claro, no primeiro volume de seu manual, o entendimento de que as garantias processuais têm uma função político-constitucional que deve basear seu exame. Não por acaso Luis Eulálio de Bueno Vidigal afirma que : "[...] As Instituições de Direito Processual Civil, de José Frederico Marques, são o mais claro, o mais profundo e o mais completo curso de Direito Processual Civil até hoje publicado no Brasil." (VIDIGAL, Luiz Eulálio. Instituições de direito processual civil. In: ——. *Direito processual civil*. São Paulo: Saraiva, 1965, p. 295).

[81] MARQUES, José Frederico. *Ensaio sobre a jurisdição voluntária*. 2. ed. São Paulo: Saraiva, 1959.

grini Grinover, com *As garantias constitucionais do direito de ação*[82] e *Os princípios constitucionais e o Código de Processo Civil*,[83] destacam-se pela pujância dos estudos.

1.3. Instrumentalismo

Na Europa, a partir da segunda metade da década de 70, tem início um movimento renovador do processo civil. O marco dessa fase, que passa a ver no processo um instrumento de *giustizia sociale e di libertà*[84] e a se preocupar mais com os resultados proporcionados pelo processo no mundo sensível do que com ele próprio e seus alicerces (estar-se a referir à tríade ação, jurisdição e processo), é o estudo liderado por Mauro Cappelletti denominado de *movimento per l'acesso alla giustizia*,[85] que analisa os óbices práticos (técnicos e financeiros) que impedem o efetivo acesso da sociedade à justiça.

Os estudos capitaneados por Cappelletti ganham caráter revolucionário "[...] non soltanto sul piano dell'azione pratica (§§ 3-4, supra), ma anche su quello del metodo di pensiero, e più in particolare del metodo di analisi giuridica".[86] Aliás, ao analisar posteriormente o movimento, o próprio autor afirma:

> Se invero sul piano dell'azione il mutamento, apportato o progettato, è stato radicale, essendosi trattato di dare un significato nuovo e pregnante all'idea, già di per sé profondamente rivoluzionaria, di ugualianza, sul piano del pensiero il mutamento è stato tale da trasformare completamente temi e modi dell'analisi scientifica del giurista moderno.[87]

No Brasil, a influência é quase que imediata e já no final da década de 70, continuando ao longo das décadas de 80 e 90, as palavras de ordem passam a ser "efetividade" e "instrumentalidade". É a fase que, por aqui, se convencionou denominar de *instrumenta-*

---

[82] GRINOVER, Ada Pellegrini. *As garantias constitucionais do direito de ação.* São Paulo: Revista dos Tribunais, 1973.

[83] Idem. *Os princípios constitucionais e o Código de Processo Civil.* São Paulo: José Bushatsky, 1975.

[84] CAPPELLETTI, Mauro. Libertà individuale e giustizia sociale nel processo civile italiano. In: *Rivista di Diritto Processuale* vol XXVII (II Serie), 1972, p. 33.

[85] Idem. Accesso alla giustizia come programma di riforma e come metodo di pensiero. *Rivista di Diritto Processuale*, v. 37, n. 2, p. 243, apr./giug. 1982.

[86] Idem, p. 243-244.

[87] Idem, p. 244.

lista e que tem sua grande obra nas mãos de Cândido Rangel Dinamarco.[88]

Aliás, a Escola Processual de São Paulo continua em destaque, mas encontra concorrência não apenas na majestosa obra de Pontes de Miranda, como também na proliferação de grandes doutrinadores por todos os cantos do País. O maior destaque é o Rio Grande do Sul, onde, entre as décadas de 80 e 90, se sobressaem dentre outros: Galeno Lacerda, Adroaldo Furtado Fabrício, Ovídio de Araújo Baptista da Silva, José Maria Rosa Tesheiner, Araken de Assis, Carlos Alberto Alvaro de Oliveira, Carlos Silveira Noronha, Alcides Mendonça Lima e Sérgio Gilberto Porto. Aparentemente, apenas não são notadas as referências doutrinárias quanto a uma Escola Gaúcha de Processo, como se vê em São Paulo, pela ausência de um interesse comum ou de um método comum de pensamento.[89]

O instrumentalismo tem o grande mérito de reaproximar o direito processual ao direito material e aos valores constitucionais. Nessa senda, a neutralidade deixa de ser característica do direito processual, e a adequação[90] aos interesses substanciais ganha o espaço que há muito merecia, em razão do estabelecimento da premissa de que "[...] a ciência processual deve ser elaborada sempre à luz do direito substancial e em função dele".[91]

Com o advento da Constituição Democrática e o acolhimento por nossos constituintes das técnicas vistas em quase a totalidade das constituições editadas após a segunda guerra, a lei fundamental brasileira insere uma infinidade de "direitos e garantias individuais", acolhendo, portanto, os célebres estudos de Rui Barbosa. Os direitos sociais também ganham destaque. E, enquanto no Brasil se buscava consolidar o Estado Democrático, alguns países europeus,

---

[88] DINAMARCO, Cândido Rangel. *A instrumentalidade do processo*. 13. ed. São Paulo: Malheiros, 2008. Trabalhou-se com a última edição publicada. Todavia, a primeira edição data de 1987.

[89] Uma escola precisa de três fatores para formação: Exige grandes mestres capazes de articular seus alunos em torno de um interesse comum. Exige, obviamente, alunos; mas não apenas alunos e sim estudantes interessados e abdicados, isto é, dispostos a receber esse método de pensamento, incorporando-o em sua formação. E, por fim, um método de pensamento, um interesse comum que dê vazão à formação da Escola, tornando possível enxergá-la pelos que de fora analisam os textos de seus integrantes. Em suma, uma bandeira. Acredita-se que apenas lhes faltou este último fator.

[90] Asseverou Galeno Lacerda, em seminal artigo: "Insisto em dizer que o processo, sem o direito material não é nada. O instrumento, desarticulado do fim, não tem sentido." (LACERDA, Galeno. O código e o formalismo processual. *Revisita da Ajuris*, Porto Alegre, ano 10, n. 28, p. 8, jul. 1983.).

[91] BEDAQUE, José Roberto. *Direito e processo*: influência do direito material sobre o processo. 5. ed. São Paulo: Malheiros, 2009, p. 23.

que já conviviam há algumas décadas com regimes democráticos, notavam que de pouco serviam os princípios fundamentais se não lhes fossem reconhecidos força normativa.

O movimento pós-positivista, que tem seu alicerce no reconhecimento de cogência dos princípios, ganha força na Europa. Os princípios fundamentais passam a ser reconhecidos como direitos subjetivos. É a revolução hermenêutica que põe o positivismo em crise. Trata-se de um retorno qualificado ao jusnaturalismo ou como asseverou Vittorio Denti: "[...] *infatti i principi costituzionali assumono il valore dei dictamina rectae rationis dell'esperienza giunaturalistica*".[92] Trata-se, portanto, "[...] de uma forma legalista de superar o legalismo, um retorno ao jusnaturalismo com os instrumentos do positivismo".[93]

Essa segunda fase de constitucionalização do direito, que se trata de mudança muito mais ligada ao modo de pensar do que de pena, tem sua essência, como se verá adiante com maiores detalhes, *(i)* no reconhecimento da força normativa da Constituição, *(ii)* na expansão da jurisdição constitucional, e *(iii)* na nova dogmática da interpretação constitucional (teoria dos princípios).[94] No Brasil, a soma de alguns fatores propiciam um campo fértil ao desenvolvimento dessa ideia. Destaca-se, apenas a título exemplificativo: uma Constituição farta em direitos fundamentais, inclusive, sociais, com defesa expressa de eficácia plena e aplicabilidade imediata, ampliação do uso da técnica legislativa de cláusulas abertas e o arraigamento de um sentimento constitucional que atinge não apenas a sociedade, como também a doutrina e a jurisprudência.

Essa segunda fase constitucionalizadora não atinge apenas o processo, como o direito como um todo, restando conhecida internacionalmente também como *neoconstitucionalismo*.[95]

Esse novo modo de pensar não poderia deixar de refletir na cultura processual, basta verificar que a última década é marcada no Brasil pela proliferação de estudos sobre as relações entre a Constituição e processo. Cumpre, assim, na já mencionada lição

---

[92] DENTI, Vittorio. Valori costituzionali e cultura processuale. *Rivista di Diritto Processuale*, Padova, v. 39, 2. serie, p. 444, 1984.

[93] CAPPELLETTI, Mauro. *O controle judicial de constitucionalidade a leis no direito comparado*. Porto Alegre: Fabris, 1984, p. 129.

[94] BARROSO, Luis Roberto. Neoconstitucionalismo e constitucionalização do direito (o triunfo tardio do direito constitucional no Brasil). *Interesse Público*, Porto Alegre, ano 7, n. 33, p. 13-54, set./out. 2005.

[95] Sobre o movimento denominado de neoconstitucionalismo ou pós-positivismo, o item 2.2 deste capítulo.

de Fritz Bauer, identificar os principais movimentos culturais que marcam o direito processual civil contemporâneo para, à luz delas, refletir suas principais influências sobre o direito ao processo (objeto central deste estudo), sem deixar de passar, mesmo que brevemente, por outros institutos fundamentais do processo; afinal, abordar o direito à tutela jurídica é examinar o direito processual como um todo, já que as normas processuais nada mais são do que a regulação do modo de exercício do direito constitucional à tutela jurisdicional.

2. Identificando as correntes culturais contemporâneas

2.1. Estado Constitucional[96]

É na segunda metade do século XVIII que tem início o processo de codificação do direito. Processo esse, aliás, que se acelera no início do século XIX.[97] É justamente a codificação do direito (civil, penal e o que hoje chamamos de constitucional) que marca a passagem do Estado Absoluto, caracterizado pela supremacia da força e do monarca, para o Estado de Direito, que tem na primazia da lei como condicionadora do Estado, sua grande característica.

O Estado de Direito que acaba logo ganhando a conotação de Estado Liberal de Direito, dado que condiciona "[...] *dell'autorità dello Stato alla libertà della società, nell'equilibrio reciproco che viene stabilito dalla legge*"[98] tem justamente na supremacia da lei frente à Administração e à Jurisdição sua nota evolutiva. Daí por que: "*Lo Stato liberale di diritto era uno Stato legislativo che affermava se stesso attraverso il principio di legalità*".[99]

Este método de pensamento político-constitucional continua em vigor nos países de tradição romano-canônica até a Segunda Guerra Mundial. Exclui os países aderentes à tradição da *common law*, porque nestes o *judicial review* atuava desde o conhecido julgado da Suprema Corte Estaduniense de lavra do juiz Marshall no caso Marbury vs. Madison de 1803,[100] sendo que a passagem do Estado Absoluto ao Estado Constitucional é quase simultânea.

---

[96] A respeito do Estado Constitucional: ZAGREBELSKY, Gustavo. *Il dirito mite*. Torino: Einaudi, 1992, p. 20-56; MITIDIERO, Daniel. *Processo civil e Estado constitucional*. Porto Alegre: Livraria do Advogado, 2007, p. 15-30.

[97] TARELLO, Giovanni. *Storia della cultura giuridica moderna*. Bologna: Mulino, 1976, p. 20.

[98] ZAGREBELSKY, Gustavo. *Il dirito mite*. Torino: Einaudi, 1992, p. 24.

[99] Ibidem.

[100] São inúmeras as obras que tratam do conhecido caso histórico de relevo impar para a tradição jurídica universal. De grande cuidado histórico são as notas a respeito do episódio em: CAPPELLETI, Mauro. *O controle judicial de constitucionalidade das leis no direito compa-*

Até a Segunda Guerra, a Europa vive momento jurídico-cultural marcado pelo legicentrismo, estatalismo e pelo formalismo interpretativo, características que marcam o positivismo vigente. A lei é fonte quase que exclusiva do direito e às constituições não é reconhecida força normativa.

Com o fim da Segunda Guerra e das ditaduras de direita (Espanha e Portugal) vem "[...] a percepção de que as maiorias políticas podem perpetrar ou acumpliar-se com a barbárie, como ocorrera de forma exemplar no nazismo alemão [...]".[101] Motivo pelo qual as constituições europeias pós Segunda Guerra são dotadas de mecanismos de defesa dos direitos fundamentais, inclusive contra o legislador. É a consciência de que o respeito à lei, por si só não repele a possibilidade de arbitrariedade pública ou privada;[102] prova disso é que os regimes totalitários basearam na lei (em geral, de natureza concreta, retroativa e pessoal) suas restrições a direitos e à liberdade.

O princípio da legalidade dá lugar à supremacia da Constituição, e a juridicidade ganha contornos de primazia. É o momento propício ao florescimento do Estado Constitucional de Direito.[103]

---

rado. Porto Alegre: Fabris, 1984, p. 45-63. O autor demonstra que, em que corajosa e bem fundamentada a decisão do juiz Marshall existem inúmeros precedentes não apenas na história americana de controles jurisdicionais sobre os atos dos demais poderes. Em razão disso conclui: "Mais de um século de história americana e de imediato, unívocos precedentes estavam, por conseguinte – e é bom sublinhá-lo – por detrás do *Chief Justice* John Marshall quando ele, em 1803, também sob a égide do bastante confuso art. VI, cláusula 2ª, da Constituição Federal de 1787, proclamou, em clara voz, no caso Marbury *versus* Madison, o 'principle, supposed to be essential to all written constitutions, that a law repugnant to the Constitution is void; and that courts, as well as other departments, are bound by that instrument'." (Ibidem, p. 63)

[101] SARMENTO, Daniel. O neoconstitucionalismo no Brasil: riscos e possibilidades. In: LEITE, George Salomão; SARLET, Ingo Wolfgang (coord.). *Direitos fundamentais e Estado constitucional*: estudos em homenagem a J. J. Gomes Canotilho. São Paulo: Revista dos Tribunais; Coimbra: Coimbra Editora, 2009, p. 14.

[102] ZAGREBELSKY, Gustavo. *Il dirito mite*. Torino: Einaudi, 1992, p. 22-23.

[103] Com razão Luis Prieto Sanchís quando afirma que o Estado Constitucional representa a melhor ou mais justa forma de organização política. Estado Democrático de Direito é modelo baseado no império da lei, logo, do legislador, quando também este está sob sua proteção e guarda. Sanchís relata que este estágio mais avançado (ou ótimo) de Estado de Direito é decorrência da crise da lei, que deixou de ser a única e suprema fonte do direito. Resume esse atual estágio em cinco epígrafes: "*más principios que reglas; más ponderación que subsunción; omnipresencia de la Constituición en todas las áreas jurídicas y en todos los conflictos mínimamente relevantes, en lugar de espacios exentos en favor de la opción legislativa o reglamentaria; omnipotencia judicial en lugar de autonomía del legislador ordinario; y, por último, coexistencia de una constelación plural de valores, a veces tendencialmente contradictorios, en lugar de homogeneidad ideológica en torno a un puñado de principios coherentes entre sí y en torno, sobre todo, a las sucesivas opciones legislativas.*" (SANCHÍS, Luis Pietro. Neoconstitucionalismo y ponderación judicial. In: CARBONELL, Miguel (org.). *Neoconstitucionalismo(s)*. Madrid: Trotta, 2003, p. 131-312). Em con-

O emprego da expressão *Estado Constitucional*, que também pode ser substituída por *constitucionalismo pós-moderno*, está sujeito a certos cuidados. Na forma em que resta empregada neste estudo, quer dizer mais do que um Estado provido de Constituição, até porque a partir do século XIX "[...] *todos los Estados serían así Estados constitucionales y el constitucionalismo, en consecuencia, se presentaría como un fenómeno histórico, pero universal*". Em consequência, a expressão não teria qualquer capacidade definidora, senão meramente cronológica, com escassa serventia.[104]

A expressão *Estado Constitucional* é empregada com o fito de marcar a passagem do Estado Liberal de Direito ao momento jurídico-cultural pós-Segunda Guerra Mundial em que "[...] *la teoria y la prática jurídicas del Estado auténticamente constitucional, es decir, del Estado efectivamente limitado por el derecho*".[105] Na esteira da observação de Piero Calamandrei,[106] dentre uma das características dos textos normativos que caracterizam os modernos textos constitucionais está a constitucionalização do direito de ação e do direito de defesa reconhecidos a todos, inclusive, aos estrangeiros.

A maior novidade, segundo Gustavo Zagrebelsky, é que o direito público deixa de ser o centro dos ordenamentos jurídicos, com o Estado deixando de ser soberano para ser substituído pela Constituição. Todavia, ao contrário do que um olhar desavisado possa entender, a Constituição não toma o lugar do direito público para se tornar o centro de irradiação de força de todo o ordenamento, não se podendo esperar que haja simplesmente "[...] *la creazione di un nuovo centro di emanazione di forza concreta, causa sufficiente della unità politica statale*".[107] *O Estado Constitucional, nessa visão, não tem na Constituição o centro que emana força para todo o ordenamento jurídico.*

---

clusão similar: GUASTINI, Ricardo. La constitucionalización del ordenamiento jurídico: el caso italiano. In: CARBONELL, Miguel (org.). *Neoconstitucionalismo(s)*. Madrid: Trotta, 2003, p. 45-69.

[104] Como bem aponta Riccardo Guastini, o emprego da expressão Estado Constitucional nesse sentido está atualmente em desuso. Aliás, nessa ideia bastaria que o texto constitucional, nos termos do art. 16 da Declaração dos Direitos do Homem e do Cidadão (1789) assegurasse os direitos dos cidadãos frente ao Estado (direitos fundamentais) e, por outro lado, reconhecesse a divisão dos poderes para que se considerasse o Estado sob sua tutela "Constitucional" (GUASTINI, Riccardo. Sobre el concepto de Constituición. In: CARBONELL, Miguel (org.). *Teoría del neoconstitucionalismo*: ensayos escogidos. Madrid: Trotta, 2007, p. 16-17). Não é este o sentido em que se emprega a expressão Estado Constitucional no presente estudo.

[105] ARAGON REYES, Manuel. La Constituición como paradigma. In: CARBONELL, Miguel (org.). *Teoría del neoconstitucionalismo*: ensayos escogidos. Madrid: Trotta, 2007, p. 33-36.

[106] CALAMANDREI, Piero. Processo e democrazia. In: ——. *Opere giuridiche*. Napoli: Morano Editore, 1965. v. 1, p. 691-692.

[107] ZAGREBELSKY, Gustavo. *Il dirito mite*. Torino: Einaudi, 1992, p. 10.

Ela não é o ponto de partida, é o ponto de chegada; é o fim a ser alcançado pelo ordenamento.[108]

No Brasil, o primeiro texto constitucional apto à implementação do Estado Constitucional, isto é, que não se limita a estabelecer competências ou separar os Poderes, mas também dispõe de "[...] *altos niveles de normas 'materiales' o sustantivas que condicionan la actuación del Estado por medio de la ordenación de ciertos fines y objetivos* [...]",[109] é o de 1946 por conta da influência direta que sofre desde sua formação do pensamento pós-Segunda Guerra.[110] Todavia, a vigência de um pensamento ainda essencialmente positivista e, posteriormente, o rompimento da democracia pelo golpe de 1964, impedem a prática ou o desenvolvimento do Estado Constitucional.

É que, como se verá a seguir, é o pós-positivismo ou neoconstitucionalismo o modo de pensar próprio do Estado Constitucional. Trata-se do próprio *Estado Constitucional em movimento, e este método de pensamento* apenas desembarca no Brasil com a promulgação da Constituição Federal de 1988.

2.2. Pós-positivismo (ou Neoconstitucionalismo) [111]

O método de concepção do direito denominado neoconstitucionalismo, que se difunde nas culturas jurídicas italiana e espanhola, bem como, na América Latina (em especial, Argentina,

---

[108] ZAGREBELSKY, Gustavo. *Il dirito mite*. Torino: Einaudi, 1992, p. 10.

[109] CARBONELL, Miguel. El neoconstitucionalismo en su laberinto. In: —— (org.). *Teoría del neoconstitucionalismo*: ensayos escogidos. Madrid: Trotta, 2007, p. 10.

[110] Não por acaso a Constituição de 1946 que conta com um capítulo dedicado aos direitos e garantias individuais dispostos em especial em uma plêiade de 38 parágrafos no art. 141 e com a adoção de um rol aberto de direitos fundamentais (art. 144 – A especificação, dos direitos e garantias expressas nesta Constituição não exclui outros direitos e garantias decorrentes do regime e dos princípios que ela adota) é a primeira carta constitucional brasileira a adotar expressamente o princípio da inafastabilidade da apreciação do Poder Judiciário no parágrafo 4°, do art. 141, como se verá com maior acuidade no capítulo seguinte.

[111] Sobre o movimento (ou movimentos) denominado neoconstitucionalismo é vasta a doutrina. Duas obras centrais: CARBONELL, Miguel (org.). *Neoconstitucionalismo(s)*. Madrid: Trotta, 2003; CARBONELL, Miguel (org.). *Teoría del neoconstitucionalismo*: ensayos escogidos. Madrid: Trotta, 2007. No Brasil, os ensaios: BARROSO, Luis Roberto. Neoconstitucionalismo e constitucionalização do direito (o triunfo tardio do direito constitucional no Brasil). *Interesse Público*, Porto Alegre, ano 7, n. 33, p. 13-54, set./out. 2005.; SARMENTO, Daniel. O neoconstitucionalismo no Brasil: riscos e possibilidades. In: LEITE, George Salomão; SARLET, Ingo Wolfgang (coord.). *Direitos fundamentais e Estado constitucional*: estudos em homenagem a J. J. Gomes Canotilho. São Paulo: Revista dos Tribunais; Coimbra: Coimbra Editora, 2009, p. 09-49.

Brasil, Colômbia e México)[112] e que, por vezes, é nominado também de pós-positivismo ou identificado como movimento de constitucionalização do direito, ganha cada vez mais adeptos.

Trata-se de movimento umbilicalmente ligado ao Estado Constitucional. Correto afirmar que corresponde ao próprio Estado Constitucional de Direito em funcionamento ou, ainda, o Estado Constitucional em prática.[113] Em suma: é o modo de pensar próprio do Estado Constitucional; sua consequência lógica e previsível. Um método baseado na lógica argumentativa, em correspondência à adoção de constituições ricas em enunciados normativos fundamentais de conceitos de abertura semântica que passam a exigir do jurista maior conhecimento inter-relacional das diversas ramificações do direito, e não apenas dele.

A conscientização de que o modo de supremacia do direito deve se estabelecer também contra a face legislativa do Estado, e que a Constituição mais do que um limite ao poder político, é conjunto de normas fundamentais,[114] contribuem de forma decisiva para este novo modo de pensar constitucional.

Luis Roberto Barroso alicerça este fenômeno em três fontes justificadoras: *(a)* o reconhecimento da força normativa da Constituição; *(b)* a expansão da jurisdição constitucional; e, o *(c)* desenvolvimento de uma nova dogmática da interpretação constitucional.[115] Riccardo Guastini, por sua vez, estabelece entre as principais condições para a constitucionalização dos direitos: a) a existência de uma Constituição rígida, que incorpora os direitos fundamentais; b) a garantia jurisdicional da Constituição, através de um sistema de controle de constitucionalidade; c) a força vinculante da Constituição, que deixa de ser vista como um conjunto de normas programáticas; d) a "sobreinterpretação" da Constituição, que passa a ser interpretada de modo extensivo, dela se deduzindo, inclusive, princípios implícitos; e) a aplicação direta das normas constitucionais também para regular as relações entre particulares; f) a interpreta-

---

[112] Nesse sentido: CARBONELL, Miguel. El neoconstitucionalismo en su laberinto. In: —— (org.). *Teoría del neoconstitucionalismo*: ensayos escogidos. Madrid: Trotta, 2007, p. 09.

[113] Esta a expressão adotada por Manuel Aragon Reyes: ARAGON REYES, Manuel. La Constituición como paradigma. In: CARBONELL, Miguel (org.). *Teoría del neoconstitucionalismo*: ensayos escogidos. Madrid: Trotta, 2007, p. 33.

[114] GUASTINI, Riccardo. Sobre el concepto de Constitución. In: CARBONELL, Miguel (org.). *Teoría del neoconstitucionalismo*: ensayos escogidos. Madrid: Editorial Trotta, 2007, p. 16-21.

[115] BARROSO, Luis Roberto. Neoconstitucionalismo e constitucionalização do direito (o triunfo tardio do direito constitucional no Brasil). *Interesse Público*, Porto Alegre, ano 7, n. 33, p. 17-24, set./out. 2005.

ção adequadora das leis; e, g) a influência da Constituição sobre as relações políticas (judicialização da política).[116]

Natural que o Estado Constitucional, mais do que proporcionar o reconhecimento, gere a efetiva supremacia das normas constitucionais sobre as leis mediante cartas constitucionais recheadas de valores fundamentais dotados de eficácia.

Por fim, outro fator de forte influência na formação do Estado Constitucional também deita suas raízes no apagar das luzes do século passado. Está-se a fazer referência à proliferação dos conceitos jurídicos indeterminados e das cláusulas gerais que se caracterizam pela utilização de expressões de textura aberta ou porque não dizer, maleáveis.

Zagrebelsky utiliza a referida expressão para explicar a necessidade de se harmonizar a pluralidade de valores e princípios que formam a convivência coletiva contemporânea evitando-se a rigidez de soluções.[117]

Essa, todavia, não parece ser a consequência, mas a causa do Estado Constitucional. Em decorrência da substituição do direito constituído por regras, pelo constituído por princípios, rompe-se o positivismo do Estado liberal.[118] A ampla utilização de cláusulas gerais gerou outro fenômeno também mundialmente sentido no século XX: *a intensificação da criatividade da função jurisdicional.* Esse fato é reconhecido, em bela obra, por Mauro Cappelletti ao admitir que, embora a interpretação seja sempre em alguma medida criativa de direito, "[...] é um dado de fato que a maior intensificação da criatividade da função jurisdicional constitui típico fenômeno do nosso século".[119]

Frente à técnica legislativa de inserção de enunciados normativos ricos em conceitos jurídicos indeterminados, o juiz é convocado a criar (ou a reconstruir) o direito[120] mediante o preenchimento

---

[116] GUASTINI, Riccarco. La constitucionalización del ordenamiento. In: CARBONELL, Miguel (org.). *Neoconstitucionalismo(s).* Madrid: Trotta, 2003, p. 49-58.

[117] ZAGREBELSKY, Gustavo. *Il dirito mite.* Torino: Einaudi, 1992, p. 12-18.

[118] Esse fenômeno é bem ilustrado por Luiz Guilherme Marinoni (MARINONI, Luiz Guilherme. *Curso de processo civil*: teoria geral do processo. São Paulo: Revista dos Tribunais, 2006. v. 1, p. 49-50).

[119] CAPPELLETTI, Mauro. *Juízes legisladores?* Porto Alegre: Sergio Fabris, 1993, p. 31.

[120] Observou com correção Mauro Cappelletti que os juízes não são legisladores, mas são criadores do direito (*law-makers*). Nas palavras do autor "[...] do ponto de vista *substancial*, tanto o processo judiciário quanto o legislativo resultam em criação do direito, ambos são *law-making process.* Mas diverso é o *modo*, ou se se prefere o *procedimento* ou *estrutura*, desses dois procedimentos de formação do direito, e cuida-se de diferença que merece ser sublinha-

desses conceitos, a exemplo do que ocorre atualmente com a boa-fé, a função social ou o perigo de dano irreparável. A busca por esses conceitos não se pode dar no ordenamento jurídico infraconstitucional, até porque se lá obtivesse o magistrado resposta, não seriam estes indeterminados.

A busca acaba sempre, portanto, chegando ao ápice do sistema: *a Constituição*. Com base nos seus princípios e valores é que estes conceitos podem e devem ser preenchidos, da forma mais legítima possível. O juiz busca na Constituição a coerência para que sua atividade criativa (ou reconstrutiva) seja antes de tudo constitucional. Poder-se-ia falar numa espécie de processo intelectivo interior de controle de constitucionalidade.

Daí por que a conclusão de que não é a Constituição que irradia forças ao sistema, pelo contrário, este é que converge para a Constituição buscando nela preencher as lacunas preexistentes nos textos normativos de forma a respeitar os princípios e valores mais relevantes ao ordenamento.

Pensar o contrário, isto é, que a Constituição é o centro de força do sistema, teria como resultado a aplicação direta desta e este é justamente o maior perigo do fenômeno da constitucionalização do direito. São os textos normativos, frente às lacunas, que vão à procura dos valores constitucionais através do processo de interpretação jurisprudencial. A aplicação direta poderia desrespeitar os conceitos formados nas diversas ramificações do direito e que traduzem um único valor constitucional.

---

da para se evitar confusões e equívocos perigosos. O bom juiz bem pode ser criativo, dinâmico e 'ativista' e como tal manifestar-se; no entanto, apenas o juiz ruim agiria com as formas e as modalidades do legislador, pois, a meu entender, se assim agisse deixaria simplesmente de ser juiz." (CAPPELLETTI, Mauro. *Juízes legisladores?* Porto Alegre: Sergio Antonio Fabris, 1993, p. 74) A respeito do fenômeno de criação do direito pelos juízes de relevo destacar as palavras Alberto G. Spota: "O juiz deve, portanto, se não quer merecer aquela qualificação de mero autômato na subsunção da lei ao caso ou espécie judicial, interrogar à vida social e econômica qual é a solução que compõe os graves conflitos que lhe caiba resolver: então a resposta não tardará em sobrevir e a lei não será o obstáculo insuperável para que reine a justiça, pelo menos na generalidade dos casos que por intermédio do trabalho do advogado se apresentem a sua decisão. Para isso o juiz deve apartar-se daquelas doutrinas que entendiam que o direito tem de completar-se sobre a base de si mesmo, como sustentou aquele notável jurista que foi Savigny, mais preocupado em reagir contra o jusnaturalismo de sua época, do que em oferecer uma diretiva para a interpretação judicial ou jurídica. Só desse modo o direito representará aquela garantia das condições da vida da sociedade, assegurada pelo poder do Estado, como expressou Ihering (El fin en el derecho, p. 213, nº 180)" (SPOTA, Alberto G. *O juiz, o advogado e a formação do direito através da jurisprudência*. Porto Alegre: Fabris, 1985, p. 27).

2.3. Vocação de nosso tempo para a jurisdição

Com razão Nicola Picardi ao aduzir que, após se notar no início do século XIX uma vocação para a legislação e para a ciência jurídica, a primeira metade do século XX é marcada pela sua vocação à codificação. A segunda metade do século XX é a da decodificação; enquanto o início do século XXI apresenta uma situação bem mais complexa, que poderia ser sintetizada "[...] *parlando di vocazione del nostro tempo per la giurisdizione e la dottrina giuridica*".[121]

Não se trata apenas de época tendente a valorizar o momento jurisprudencial do direito com a substituição da *scientia juris* pela *jurisprudentia*;[122] no atual estágio "[...] *il giudice è chiamato a svolgere funzioni che, ieri, sembravano riservate ad altre sedi istituzionali. Si registra, infatti, un considerevole aumento dei potere del giudice, sia nei confronti della legislazione che dell'amministrazione*".[123] Trata-se de consequência direta do Estado Constitucional.

A percepção antes declinada de que também as maiores políticas podem ensejar regimes totalitários gera o fortalecimento dos mecanismos constitucionais de defesa dos direitos fundamentais, em evidente aproximação à Constituição norte-americana, que desde os primórdios do constitucionalismo é vista como "[...] autêntica norma jurídica, que limita o exercício do Poder Legislativo e pode justificar a invalidação das leis".[124] Uma diferença de relevo deve ser observada: "[...] enquanto a Constituição Estaduniense é sintética e se limita a definir os traços básicos de organização do Estado e a prever alguns poucos direitos individuais, as cartas europeias, em geral, foram muito além disso".[125]

A expansão da própria atividade jurisdicional, com sua intervenção em atos antes não imagináveis, é assim um dos fatores culturais mais marcantes da contemporaneidade. Trata-se de fenômeno

---

[121] PICARDI, Nicola. La vocazione del nostro tempo per la giuridizione. *Rivista Trimestrale di Diritto e Procedura Civile*, Milano, ano LVIII, n. 1, p. 42, marzo 2004.

[122] ZAGREBELSKY, Gustavo. *Il diritto mite*. Torino: Einaudi, 1992, em especial, p. 167-173.

[123] PICARDI, Nicola. La vocazione del nostro tempo per la giuridizione. *Rivista Trimestrale di Diritto e Procedura Civile*, Milano, ano LVIII, n. 1, p. 44, marzo 2004.

[124] SARMENTO, Daniel. O neoconstitucionalismo no Brasil: riscos e possibilidades. In: LEITE, George Salomão; SARLET, Ingo Wolfgang (coord.). *Direitos fundamentais e Estado constitucional*: estudos em homenagem a J. J. Gomes Canotilho. São Paulo: Revista dos Tribunais; Coimbra: Coimbra Editora, 2009, p. 14.

[125] SARMENTO, Daniel. O neoconstitucionalismo no Brasil: riscos e possibilidades. In: LEITE, George Salomão; SARLET, Ingo Wolfgang (coord.). *Direitos fundamentais e Estado constitucional*: estudos em homenagem a J. J. Gomes Canotilho. São Paulo: Revista dos Tribunais; Coimbra: Coimbra Editora, 2009, p. 14.

de grande importância no estudo do direito de ação, já que o Judiciário adentra a questões antes vistas como afetas apenas à política. O espaço discricionário do administrador diminui sensivelmente e passa a defender-se a possibilidade de o Judiciário controlar o demérito administrativo, tornando o binômio conveniência-oportunidade quase que imperceptível.[126]

O Poder Judiciário passa mesmo à posição de protagonista entre os demais poderes, não apenas pela sua invasão ao demérito dos atos administrativos, como, em especial, pelo Estado Constitucional que torna o controle de constitucionalidade um instrumento frequente de imposição de decisões frente aos demais poderes. Fator que se potencializa no modelo constitucional brasileiro que dispõe em si das duas formas de controle de constitucionalidade mundialmente conhecidas. Não por acaso nossos tempos já foram chamados certa feita de "*Governo dei giudici*".[127] [128]

Nessa perspectiva pouco ou nada escapa ao exame jurisdicional. Os Poderes antes vistos de forma estanque, agora passam por análise de função, e a hermenêutica tenta explicar aos legisladores que o Judiciário, mais do que função jurisdicional, exerce função normativa. A revolução hermenêutica, que supera a antiga "[...] concepção da interpretação como técnica de subsunção do fato no álveo da previsão legal"[129] e distingue o enunciado normativo produzido pelo legislador da norma, produto da interpretação/aplicação[130] do texto a partir das pré-concepções do intérprete e à luz do

[126] A esse respeito, a lição de Juarez Freitas fala por si: "[..] nas relações administrativas, os juízos de conveniência e de oportunidade encontram-se constitucionalmente limitados pelo direito fundamental à boa administração pública, apesar de não ser sindicável diretamente o merecimento." (FREITAS, Juarez. *Discricionariedade administrativa e o direito fundamental à boa administração pública*. São Paulo: Malheiros, 2007, p. 49-50)

[127] LIBERATI, Edmondo Bruti; CERETTI, Adolfo; GIASANTI, Alberto. *Governo dei giudici:* la magistratura tra diritto e politica. Milano: Feltrinelli, 1996.

[128] A esse respeito, crítica: "O Parlamento perdeu sua supremacia, o que significa, também, a supremacia das normas concretas, individuais, sobre as normas gerais e abstratas. Substituiu-se a subordinação à lei pela subordinação ao juiz. Diversamente do juiz ultrapassado, que se limitava a declarar a existência ou inexistência de direitos, o juiz moderno (ou pós-moderno, se preferirem), cria e extingue direitos. Essa é a realidade gostemos dela ou não" (TESHEINER, José Maria Rosa. Processo e Constituição: algumas reflexões. In: MOLINARO, Carlos Alberto; MILHORANZA, Mariângela Guerreiro; PORTO, Sérgio Gilberto (coord.). *Constituição, jurisdição e processo*: estudos em homenagem aos 55 anos da Revista Jurídica. Sapucaia do Sul: Notadez, 2007, p. 418-419).

[129] GRAU, Eros Roberto. *Ensaio e discurso sobre a interpretação/aplicação do direito*. 5. ed. São Paulo: Malheiros, 2009, p. 41.

[130] É da ênfase da obra de Eros Roberto Grau que a interpretação e a aplicação "não se realizam autonomamente. A separação em duas etapas - de interpretação e aplicação - decorre da equivocada concepção da primeira como mera operação de subsunção." (GRAU, Eros

conflito concreto que deve ser solvido, contribui consideravelmente a esta expansão jurisdicional.

Portanto, a jurisdição passa alcançar espaços que antes não estavam ao seu abrigo. Trata-se de fenômeno contemporâneo que também influencia o direito processual civil e, em especial, o direito ao processo que traz, neste estudo, especial atenção.

2.4. Expansão da atividade jurisdicional + valorização dos princípios constitucionais = expansão da jurisdição constitucional

Não é de hoje que nota a doutrina um fenômeno de expansão da denominada jurisdição constitucional. Conceito este que, por vezes, é utilizado como sinônimo de controle de constitucionalidade e que já foi pensado mediante subdivisão em *stricto sensu* e *lato sensu*, o que, data vênia, parece equivocado. Aliás, não é demais lembrar que a expressão "jurisdição constitucional" é utilizada na doutrina europeia comumente para englobar todos os fenômenos e normas que correlacionam a Constituição e o direito processual como um sinônimo ao fenômeno que, na América Latina, é corriqueiramente denominado de direito processual constitucional.

A jurisdição constitucional é exercida no Brasil não apenas pela sua Suprema Corte, como também por todos os demais órgãos que integram o Poder Judiciário, compreendendo todo "[...] o conjunto das atribuições jurisdicionais que digam respeito à salvaguarda e à efetividade das normas constitucionais".[131]

Esse processo de expansão pode ser facilmente comprovado por algumas modificações legislativas e jurisprudenciais pelas quais se passa nos últimos anos. Servem de exemplos desse processo de expansão a inclusão da repercussão geral como requisito de admissibilidade do recurso extraordinário e as próprias súmulas vinculantes. Na jurisprudência, a possibilidade de concessão de eficácia *erga omnes* às declarações de inconstitucionalidades proferidas pelo Plenário do Supremo Tribunal Federal em sede de recurso ex-

---

Roberto. *Ensaio e discurso sobre a interpretação/aplicação do direito*. 5. ed. São Paulo: Malheiros, 2009, p. 35). É a expressa adesão às conclusões do ilustre jurista é que nos leva a afirmar que sempre que se ler neste estudo a expressão "interpretação" esta deve ser pensada conjuntamente com a expressão "aplicação" e vice-versa, por se tratarem de processos simultâneos que não atuam de forma separada.

[131] ZAVASCKI, Teori Albino. *Eficácia das sentenças na jurisdição constitucional*. São Paulo: Revista dos Tribunais, 2001, p. 14.

traordinário,[132] e a alteração do posicionamento quanto aos efeitos do mandado de injunção para admiti-lo como instrumento que não mais pode contentar-se em declarar a mora legislativa, mas acaba por impor o efetivo cumprimento do mandamento constitucional[133] mediante a criação da norma aplicável ao caso concreto, também servem como exemplos desse processo expansivo.

Com a expansão da jurisdição constitucional *potencializa-se a função primordial da jurisdição (comum) de tutela da ordem jurídica objetiva*. Tutela-se o direito objetivo, mediante efeitos expansivos de forma a acompanhar essa sociedade instantânea, globalizada e de relações de massa.

Esse procedimento expansivo, que já foi notado pela doutrina como integrante do movimento de constitucionalização dos direitos, parece decorrência dos dois fenômenos culturais retrodeclinados, são eles: a vocação desse tempo para a jurisdição e o neoconstitucionalismo, com a valorização dos princípios constitucionais que passam a ter reconhecida sua força normativa. Daí por que o fenômeno de expansão da jurisdição constitucional pode ser representado pela fórmula: expansão da atividade jurisdicional + valorização dos princípios constitucionais.

É justamente em momento contemporâneo marcado pelo Estado Constitucional e, portanto, na primazia da supremacia da

---

[132] A esse respeito indica-se: DIDIER JR., Fredie. O recurso extraordinário e a transformação do controle difuso de constitucionalidade no direito brasileiro. Disponível em: <http//: www.tex.pro.br>. Acesso em: 15 jun. 2009; .MENDES, Gilmar. O papel do Senado Federal no controle de constitucionalidade: um caso clássico de mutação constitucional. *Revista de Informação Legislativa*, Brasília, DF, v. 162, p. 149-168, 2004; STRECK, Lênio Luiz. *A nova perspectiva do Supremo Tribunal Federal sobre o controle difuso*. Disponível em: <http//:www.leniostreck.com.br>. Acesso em: 22 fev. 2009; TESHEINER, José Maria Rosa. *Objetivação do recurso extraordinário?*: variações em torno de um texto de Fredie Didier Jr. Disponível em: <http//:www.tex.pro.br>. Acesso em: 15 jun. 2009.

[133] A esse respeito e apenas a título ilustrativo de se destacar a íntegra da ementa do Mandado de Injunção nº 721-7/DF: BRASIL. Supremo Tribunal Federal. *Mandado de Injunção n. 721-7/DF*. MANDADO DE INJUNÇÃO – NATUREZA. Conforme disposto no inciso LXXI do artigo 5º da Constituição Federal, conceder-se-á mandado de injunção quando necessário ao exercício dos direitos e liberdades constitucionais e das prerrogativas inerentes à nacionalidade, à soberania e à cidadania. Há ação mandamental e não simplesmente declaratória de omissão. A carga de declaração não é objeto da impetração, mas premissa da ordem a ser formalizada. MANDADO DE INJUNÇÃO – DECISÃO – BALIZAS. Tratando-se de processo subjetivo, a decisão possui eficácia considerada a relação jurídica nele revelada. APOSENTADORIA – TRABALHO EM CONDIÇÕES ESPECIAIS – PREJUÍZO À SAÚDE DO SERVIDOR – INEXISTÊNCIA DE LEI COMPLEMENTAR – ARTIGO 40, § 4º, DA CONSTITUIÇÃO FEDERAL. Inexistente a disciplina específica da aposentadoria especial do servidor, impõe-se a adoção, via pronunciamento judicial, daquela própria aos trabalhadores em geral – artigo 57, § 1º, da Lei nº 8.213/91. Disponível em: <http://www.stf.jus.br/portal/inteiroTeor/obterInteiroTeor.asp?numero=721& classe=MI>. Acesso em: 18 jul. 2009.

Constituição, somado a uma época de evidente vocação para a jurisdição, com os juízes invadindo searas antes não pensadas e uma teoria dos princípios que revoluciona o pensamento constitucional, dando à hermenêutica jurídica o papel de protagonista que sempre mereceu, que deve ser examinado o direito processual civil.

Todos esses fenômenos, assim como a expansão da jurisdição constitucional, – este de ligação ainda mais estreita como ramo jurídico mais rente à vida – formam o atual estágio cultural do direito brasileiro e à luz destes fenômenos que deve ser pensada a tríade fundamental do direito processual civil.

2.5. Conclusões parciais

Esses fatos da cultura jurídica pós-moderna encontram-se estreitamente relacionados e irão influenciar diretamente o atual estágio cultural do direito processual civil. Note-se, por outro lado, que não se tratam de fenômenos instantaneamente simultâneos à promulgação da Constituição Federal de 1988, mas que se iniciam alguns anos após sua vigência com a assimilação de seus valores não apenas na sociedade, mas em especial na doutrina e na jurisprudência e que até hoje continuam em processo de solidificação. Mais do que isso, decorrem essencialmente do que já fora denominado de vontade constitucional,[134] sentimento constitucional[135] e até mesmo cultura constitucional.[136] O nome é o que menos importa. De relevo, apenas o fenômeno descrito.

Uma Constituição exige mais do que garantias jurídicas, exige também garantias sociais. A sociedade, ainda extremamente jovem diante de um regime democrático, começa a conceber esta cultura constitucional como imprescindível à efetiva subsunção de seus valores. Esta consciência e vontade de ver os valores constitucionais ganharem eficácia se arraiga na jurisprudência e na doutrina brasileira cada vez mais valorizadora e defensora de sua força normativa.

---

[134] HESSE, Konrad. *A força normativa da Constituição.* Trad. de Gilmar Ferreira Mendes. Porto Alegre: Sergio Antonio Fabris, 1991, p. 29.

[135] Esse fenômeno é denominado por Pablo Lucas Verdú de sentimento constitucional o qual, segundo o ilustre jurista, "consiste na adesão interna às normas e instituições fundamentais de um país, experimentada com intensidade mais ou menos consciente porque estima-se (sem que seja necessário um conhecimento exato de suas peculiaridades e funcionamento) que são boas e convenientes para a integração, manutenção e desenvolvimento de uma justa convivência." (VERDÚ, Pablo Lucas. *O sentimento constitucional: aproximação ao estudo do sentir constitucional como de integração política.* Rio de Janeiro: Forense, 2004, p. 75).

[136] REYES, Manoel Aragón. La Constitución como paradigma. In: CARBONELL, Miguel (org.). *Teoría del neoconstitucionalismo*: ensayos escogidos. Madrid: Trotta, 2007, p. 36.

Passados vinte anos de sua proclamação, a Carta Constitucional, em que pese o desforço que faça os demais poderes mediante inserção de excessivas emendas constitucionais, ganha relativa estabilidade. Os cidadãos começam a com ela familiarizar-se, e esse sentimento constitucional já parece timidamente em nossa jovem sociedade.

Sentimento esse que se transmite para realidade através do processo expansivo relatado, e justamente se faz possível porque o cumprimento dos preceitos constitucionais deixa de ser o objetivo de alguns para ser o desejo de toda sociedade, inclusive dos legisladores e dos juízes. O resultado, como não poderia deixar de ser, é o incremento de instrumentos a tornar eficazes os valores constitucionais.

Não por outro motivo que a cultura jurídica contemporânea vem se desapegando dos modos legais de interpretação para substituí-los pelo modo constitucional de interpretação, que concebe os direitos mais como direitos fundamentais do que legais. Em decorrência da contigência do uso de conceitos indeterminados, a interpretação constitucional exige uma interpretação que se ocupe da busca dos valores constitucionais, logo, "[...] *creatice, dinamica, costruttiva*",[137] com o que deve preencher as lacunas e concretizar aqueles conceitos ambíguos, sendo essa uma "[...] *condizione essenziale dell'effettiva attuazione della norma costituzionale nell'ordinamento*".[138] É que uma cultura jurídica legalista, ao invés de constitucionalista "[...] *es difícilmente compatible con la existencia una Constitución democrática, esto es, de una Constitución auténtica*".[139]

E é justamente esse movimento de guardiões constitucionais que forma o ambiente propício ao bom e fiel cumprimento dos valores constitucionais.

---

[137] VIGORITI, Vincenzo. Garanzie costituzionali della difesa nel processo civile. *Rivisita di Diritto Processuale*, Padova, v. XX, II serie, p. 516, 1965.

[138] VIGORITI, Vincenzo. Garanzie costituzionali della difesa nel processo civile. *Rivisita di Diritto Processuale*, Padova, v. XX, II serie, p. 517, 1965.

[139] REYES, Manoel Aragón. La Constitución como paradigma. In: CARBONELL, Miguel (org.). *Teoría del neoconstitucionalismo*: ensayos escogidos. Madrid: Trotta, 2007, p. 37.

3. Quarto estágio do Direito Processual Civil: o contemporâneo método de pensamento

Apontados os principais movimentos culturais que envolvem o direito, é chegado o momento de examinar a eventual formação de um novo estágio do direito processual civil ou, se do contrário, é o instrumentalismo o estágio que bem representa ainda as necessidades contemporâneas.

Cumpre advertir que a preocupação que se externa é a de responder quanto ao questionamento atinente à existência de um quarto método de pensamento e programa de reforma no processo civil,[140] desprovido do interesse quanto à sua terminologia que já fora apontado como formalismo-valorativo[141] ou ainda neoprocessualismo[142] por parte da doutrina. Também já se defendeu uma evolução do instrumentalismo, para o instrumentalismo substancial.[143] A preocupação é, portanto, exclusivamente com o fenômeno.

A alusão ao neoprocessualismo em cristalina correspondência ao fenômeno já examinado e denominado de neoconstitucionalismo corresponde à verdadeira faceta deste no direito processual, com o destaque para os valores constitucionais processuais que passam a ganhar força e aplicação imediata sobre os jurisdicionados. Se é

---

[140] Parafraseando explicitamente CAPPELLETTI, Mauro. Accesso alla giustizia come programma di riforma e come metodo di pensiero. *Rivista di Diritto Processuale*, v. 37, n. 2, p. 233-245, apr./giug. 1982.

[141] ALVARO DE OLIVEIRA, Carlos Alberto. *Do formalismo no processo civil*. 3 ed. São Paulo: Saraiva, 2009, p. 03.

[142] GOZAÍNI, Osvaldo Alfredo. Los câmbios de paradigmas en el derecho procesal "el neoprocesalismo". *Revista de Processo*, São Paulo, ano 32, n. 151, p. 59-71, set. 2007; CAMBI, Eduardo. Neoconstitucionalismo e neoprocesualismo. In: FUX, Luiz; NERY JR., Nelson; WAMBIER, Teresa Arruda Alvim (coord.). *Processo e Constituição*: estudos em homenagem ao professor José Carlos Barbosa Moreira. São Paulo: Revista dos Tribunais, 2006, p. 662-683; SAMPAIO JÚNIOR, José Herval. *Processo constitucional*: nova concepção de jurisdição. São Paulo: Método, 2008, p. 40-43.

[143] BEDAQUE, José Roberto. *Direito e processo*: influência do direito material sobre o processo. 5. ed. São Paulo: Malheiros, 2009, p. 67.

verdade que o neoconstitucionalismo traz a reaproximação do direito com a justiça devido à evidência dos valores constitucionais (e também com a ética e com a moral), no processo, a justiça do caso concreto passa a ser, por decorrência, a função precípua da jurisdição, adequando-se, assim, ao que dele se espera no Estado Constitucional.

Fredie Didier Jr., ao tentar explicar o movimento denominado de formalismo-valorativo e ao diferenciá-lo do neoprocessualismo, destaca que as premissas do primeiro são exatamente as mesmas do segundo, para acentuar posteriormente que aquele possui o "[...] reforço dos aspectos éticos do processo, com especial destaque para a afirmação do princípio da cooperação (examinado mais à frente), em decorrência da cláusula geral da boa-fé processual".[144]

As bases constitucionais com maior entrelaçamento entre as relações do processo com os direitos fundamentais, bem como o reforço nos aspectos éticos do processo também constituem característica do instrumentalismo. E não poderia ser diferente dado que esse fenômeno floresceu na Europa após a passagem do Estado Social, logo já atingido pelo sentimento e vontade de tornar eficazes os valores constitucionais mais preciosos ao Estado. Não por outra razão que Ada Pellegrini Grinover, já no ano 1973, afirma que "[...] a tendência processual é inegavelmente constitucionalista".[145] E que é o reforço entre a ligação do processo civil com a Constituição que "[...] transformará o processo, de simples instrumento de justiça, em garantia de liberdade".[146] [147]

Argumento mais sólido é apresentado por Daniel Mitidiero[148] ao ligar os estágios vivenciados pelo direito processual civil aos seus polos metodológicos, através de sua tríade fundamental: enquanto o cientificismo é marcado pela ação como polo metodológico; o instrumentalismo tem seu foco na jurisdição; e, o formalismo-valora-

---

[144] DIDIER JR., Fredie. *Curso de direito processual civil*: teoria geral do processo e processo de conhecimento. 11. ed. Salvador: Juspodivm, 2009. v. 1, p. 26.

[145] GRINOVER, Ada Pellegrini. *As garantias constitucionais do direito de ação*. São Paulo: Revista dos Tribunais, 1973, p. 13.

[146] GRINOVER, Ada Pellegrini. *As garantias constitucionais do direito de ação*. São Paulo: Revista dos Tribunais, 1973, p. 13.

[147] Antes da autora destacada na referência anterior, o mesmo fora afirmado por Enrico Tullio Liebman: "[...] Questa è la strada che dovrà permettere di riconoscere nel processo non solo uno strumento di giustizia, ma anche uno strumento o – se si preferisce – una garantia di liberta." (LIEBMAN, Enrico Tullio. Diritto costituzionale e processo civile. In: ——. *Problemi del processo civile*. Milano: Morano, 1962, p. 151).

[148] MITIDIERO, Daniel. *Colaboração no processo civil*: pressupostos sociais, lógicos e éticos. São Paulo: Revista dos Tribunais, 2009, p. 33-47.

tivo tem seu centro no processo. Aliás, a colocação do processo no epicentro do direito processual civil na contemporaneidade é uma ênfase de Elio Fazzalari.[149]

Efetivamente, a doutrina da fase cientificista ou autonomista centrou-se nos estudos sobre a ação e, diga-se de passagem, não poderia ser de outra forma, já que foi a descoberta de sua autonomia que justamente a marcou. Consequência natural dessa novidade que revolucionou o direito, como visto até então.

Por outro lado, com a evolução do estágio processual à fase instrumentalista, que tem como principal característica "[...] a conscientização de que a importância do processo está em seus resultados [...]",[150] a doutrina desenvolve maior interesse com os fins ou escopos da jurisdição. É chegada a hora de pensar o processo pelos seus resultados, passando a ter menor relevância suas questões internas. A efetividade torna-se a pedra de toque do direito processual, conceito de noção abrangente "de dose inevitável de fluidez",[151] que acaba por proteger lições e fins dos mais diversos.

Natural também que o polo metodológico deste estágio se alterasse. A jurisdição passa a ser o instituto-chave do direito processual. É a partir de seus escopos que a ciência processual alcançará sua primordial meta de "atuação da vontade concreta do direito". Grosso modo, o centro das atenções deixa de ser os jogadores e passa a ser o julgador. Desenvolve-se a ideia de que a jurisdição encontra-se no centro do sistema, e o processo serve a esta, e não o contrário.

---

[149] A esse respeito: FAZZALARI, Elio. La dottrina processualistica italiana: dall'azzione AL "processo" (1864-1994). *Rivista di Diritto Processuale*, Padova, 2. serie, v. 49, n. 4, p. 911-925, Ott.-Dic. 1994, em especial, 919-920. É do autor, também, a ideia do conceito de processo como procedimento em contraditório, com o que critica a insuficiência do conceito deste instituto como relação jurídica. Veja-se: "[...] *Il raporto giuridico è schema semplice, che non può contenere la complessità del processo, né, quale schema statico, può rappresentarne la dinâmica. I processualisti furono, appunto, astretti a distorcere l'originaria nozione di 'rapporto giuridico', assumendo che quelo processuale è rapporto 'complesso': una pura convenzione di linguaggio, che tiene conto della realtà, ma non la spiega, implicitamente rimandando ad altro.*" (FAZZALARI, Elio. La dottrina processualistica italiana: dall'azzione al "processo" (1864-1994). *Rivista di Diritto Processuale*, Padova, 2. serie, v. 49, n. 4, p. 916, Ott.-Dic. 1994).

[150] BEDAQUE, José Roberto. *Direito e processo*: influência do direito material sobre o processo. 5. ed. São Paulo: Malheiros, 2009, p. 17.

[151] BARBOSA MOREIRA, José Carlos. Efetividade do processo e técnica processual. In: ——. *Temas de direito processual*: sexta série. São Paulo: Saraiva, 1997, p. 17. Para quem desejar, ainda, aprofundar-se no tema da efetividade, imprescindível o exame do texto do professor Barbosa Moreira que acabou por ser um dos ensaios embrionários da fase instrumentalista no Brasil: BARBOSA MOREIRA, José Carlos. Notas sobre a efetividade do processo. In: GRINOVER, Ada Pellegrini [et al.]. *Estudos em homenagem a José Frederico Marques no seu 70° aniversário.* São Paulo: Saraiva, 1982, p. 203-222.

O direito processual civil chega à contemporaneidade com nova alteração do instituto central a embasar sua formação. Encerrando a tríade, o atual estágio mantém suas atenções primordiais no processo. Trata-se de consequência natural da "[...] dimensão essencialmente participativa que a democracia logrou alcançar na teoria do direito constitucional hodierno".[152] A qualidade do processo como espaço democrático é a grande impulsionadora desta nova mentalidade: "[...] a passagem da jurisdição ao processo corresponde, em termos de lógica jurídica, à passagem da lógica apodítica à lógica dialética: do monólogo jurisdicional ao diálogo judiciário".[153]

O processo que já fora visto como mera *procedura civile*[154] em sua fase praxista tem sua natureza procedimental revitalizada na contemporaneidade, agora qualificada pela nota do contraditório que ganha ares de máxima relevância. Todavia, sua natureza de relação jurídica[155] também continua sob os holofotes, agora revitalizada pelo Estado Constitucional.

É que ao não mais permitir normas constitucionais como mero programa, o Estado Constitucional evolui os princípios constitucionais do processo civil a direitos fundamentais processuais. Estes direitos subjetivos do processo conformam toda a atividade jurisdicional. Os direitos e deveres existentes entre as partes, em decorrência da relação jurídica processual firmada entre as partes e o juiz são qualificados pelo contraditório, que deixa de ser visto como uma garantia a assegurar a oportunidade de oitiva da parte contrária, passando a atuar como um "[...] direito de atuar de modo crítico e construtivo sobre o andamento do processo e seu resultado, desenvolvendo antes da decisão a defesa das suas razões".[156] [157]

---

[152] MITIDIERO, Daniel. *Colaboração no processo civil*: pressupostos sociais, lógicos e éticos. São Paulo: Revista dos Tribunais, 2009, p. 44.

[153] Idem, p. 46.

[154] A esse respeito: MARINONI, Luiz Guilherme. *Técnica processual e tutela dos direitos*. 2. ed. São Paulo: Revista dos Tribunais, 2008, p. 42.

[155] Correta ainda a antiga lição de Wach: "Donde hay proceso, hay relación jurídica, relacionamiento jurídico entre las personas participantes. El contenido de las relaciones jurídicas procesales lo constituyen derechos y deberes de naturaleza procesal, y los hechos-tipos que fundan esos derechos y deberes son sucesos, actos y omisiones procesales; no existe una relación processal que tenga por fundamento um hecho-tipo que sea de puro derecho material. [...]" (WACH, Adolf. *Manual de derecho procesal civil*. Buenos Aires: EJEA, 1977. v. 1, p. 64).

[156] ALVARO DE OLIVEIRA, Carlos Alberto. A garantia do contraditório. *Revista da Faculdade de Direito da Universidade Federal do Rio Grande do Sul*, Porto Alegre, v. 15, p. 12, 1998. No mesmo sentido: MARINONI, Luiz Guilherme. *Curso de processo civil*: teoria geral do processo. São Paulo: Revista dos Tribunais, 2006. v. 1, p. 266.

Em suma, ao acentuarem-se os direitos (fundamentais) e deveres processuais, acentua-se, por consequência, o próprio processo como formador de uma relação jurídica.

A elevação dos direitos fundamentais processuais revitaliza a relação jurídica no Estado Constitucional. As partes passam a exercer frente ao Estado uma série de direitos inter-relacionados. Ao Estado não apenas incumbe o exame da afirmação a lesão ou ameaça a direito. Deve também, dar direito à postulação, direito a meios de prova adequados e direito ao cumprimento das decisões jurisdicionais favoráveis de modo mais eficaz e adequado ao direito material em voga. De outra parte, os deveres de lealdade e boa-fé das partes para com juiz também ganham destaque no momento em que a justiça do caso concreto passa a ser o maior dos escopos do processo. Daí por que se afirma que a característica de relação jurídica continua como partícipe do conceito-chave do processo, em que pese seja verdade que se trata de uma relação jurídica continuada que atua mediante atos em sucessão (logo um procedimento) em constante contraditório,[158] como um direito de influenciar e atuar com eficiência no convencimento do juiz.

---

[157] Sobre a evolução do direito ao contraditório, indica-se o estudo da obra de Robert Wyness Millar a partir do princípio da bilateralidade da audiência (MILLAR, Robert Wyness. *Los principios formativos del procedimiento civil*. Buenos Aires: Ediar Editores, 1945, p. 47-55), e em sua visão contemporânea o texto de Carlos Alberto Álvaro de Oliveira (ALVARO DE OLIVEIRA, Carlos Alberto. A garantia do contraditório. *Revista da Faculdade de Direito da Universidade Federal do Rio Grande do Sul*, Porto Alegre, v. 15, p. 07-20, 1998.), além de Luiz Guilherme Marinoni (MARINONI, Luiz Guilherme. *Curso de processo civil*: teoria geral do processo. São Paulo: Revista dos Tribunais, 2006. v. 1, p. 409-414).

[158] A visão esposada, portanto, vai de encontro ao que defendeu Jaime Guasp para quem o processo possui a natureza de instituição jurídica composta de complexo de expectativas, cargas e possibilidades de obrar. Segundo o ilustre jurista espanhol: "[...] *El juez tiene obligación de conocer de la demanda y de decidir sobre ella pero esta obligación es de carácter público, no estrictamente procesal, como no es tampoco el derecho correspondiente a dicha obligación. El demandante no tiene, por tanto, un derecho de carácter procesal frente al Juez como tampoco frente al demandado puesto que este no tiene obligácion alguna sino cargas: la no comparecencia del demandado en el proceso moderno no lleva consigo sanción alguna sino simplesmente el perjuicio que, para el próprio interés del demandado en que el actor no obtenga una sentencia favorable, supone la declaración o constitución en rebeldía. Lo mismo puede decirse de los pretendidos derechos del demandado en relación con el demandante que soporta asimismo en el proceso cargas pero no obligaciones.*" (GUASP, Jayme. *Concepto y metodo de derecho procesal*. Madrid: Editorial Civitas, 1997, p. 34). Ora, resta evidente e notório a existência de direitos e deveres processuais existentes entre as partes e o juiz (exemplificando: direito de alegar, de provar, de cumprir as decisões, dever de lealdade, de colaboração com o julgador, de não embaraçar o cumprimento de decisões, etc.). De outra banda, só existe direitos e deveres entre dois sujeitos onde há relação jurídica: é o óbvio. Se estes direitos e deveres possuem natureza processual, a relação jurídica é processual e, principalmente, no que importa, distinta daquela de direito material. Aliás, o próprio autor se contradiz, em parte, ao admitir a existência destes direitos e deveres: "[...] *Es cierto que la obligación del Juez de fallar no es una obligación procesal hacia la parte sino una obligación ex officio hacia el Estado y es cierto que el derecho correlativo de la parte no tiene tampoco natureza procesal, pero*

Não parece inoportuno recordar que o próprio Büllow pontuou a dificuldade da doutrina da época em notar a qualidade do processo como relação jurídica autônoma justamente no fato de se tratar de uma "[...] *relación jurídica continua. El proceso es una relación jurídica que avanza gradualmente y que se desarrolla paso a paso*".[159] O que se vê é que, desde sua origem, jamais pareceu desconhecido dos processualistas que o processo é antes de tudo um procedimento, todavia, era necessário justamente combater que era apenas isso. Daí por que parece correto, mediante harmônica convivência dos dois conceitos, afirmar que o processo "[...] é a celebração contraditória do procedimento, assegurada a participação dos interessados mediante exercício das faculdades e poderes integrantes da relação jurídica processual".[160] [161]

Note-se, trata-se das mesmas características que serviram de alicerce à autonomia do direito processual. *Nenhuma novidade de essência, portanto*. Do instrumentalismo, o grande ganho é a reaproximação com o direito material e a adequação das normas processuais ao direito substancial afirmado. Pela consciência de que o direito processual não pode nem deve ser neutro surge a necessidade de que as técnicas processuais se adaptem ao direito material a ponto de tornar efetiva a proteção jurisdicional. Da nova ordem constitucional, adveio a reaproximação do direito processual civil brasileiro aos valores fundamentais. Valores estes essenciais à sociedade, tais como, ética, moral e justiça, que passam a integrar o interesse da doutrina processualística com maior frequência.

---

de aqui no puede afirmarse, sin más, que no existan derechos y deberes procesales; por el contrario, el proceso lleva consigo una serie de vínculos de este carácter de los que existen supuestos característicos lo mismo en lo que toca a las partes que a los terceros; así, las partes tienen el deber, no simplesmente moral sino jurídico, de no faltar a la verdad en sus alegaciones, de no actuar dolosa o negligentemente, de prestar la debida colaboración; el tercero tiene obligación de declarar como testigo, etc. Por otra parte, no siendo las cargas y atribuiciones, de las que el proceso muestra abundantísimos ejemplos, figuras jurídicas autônomas sino aspectos especiales de las dos figuras fundamentales: el derecho y la obligación, se compreende que no cabe negar la existencia de unos y otras en el proceso." (Ibidem, p. 34). Melhor teria sido a crítica se apenas destacasse a insuficiência deste conceito, dada a necessidade contemporânea de enfatizar a natureza democrática e dialética do processo, concedendo ao contraditório espaço de protagonista.

[159] BÜLLOW, Oskar. *Las excepciones y los presupuestos procesales*. Buenos Aires: EJEA, 1964, p. 02.

[160] DINAMARCO, Cândido Rangel. *A instrumentalidade do processo*. 13. ed. São Paulo: Malheiros, 2008, p. 77.

[161] Uma visão oposta, aparentemente não aceitando a convivência entre estes dois conceitos nas seguintes obras: ALVARO DE OLIVEIRA, Carlos Alberto. *Do formalismo no processo civil*. 3. ed. São Paulo: Saraiva, 2009, p. 130; MITIDIERO, Daniel. *Elementos para uma teoria contemporânea do processo civil brasileiro*. Porto Alegre: Livraria do Advogado, 2005, p. 138-145.

Por fim, informam também o atual método de pensamento, a primazia da juridicidade sobre a legalidade com o abandono de uma visão positivista pela influência do pensamento constitucional pós-moderno. O processo civil deixa o dogmatismo para adotar uma lógica argumentativa. No mais, como observou Carlos Alberto Alvaro de Oliveira "[...] o emprego de princípios, de conceitos jurídicos indeterminados e juízos de equidade, em detrimento de uma visão puramente formalista na aplicação do direito, haveria obviamente de se refletir no processo".[162]

O resultado é um quadro doutrinário focado no fruto do processo sobre as relações substanciais, na relativização do binômio direito-processo e que tem na constituição o elo[163] e o conteúdo mínimo das garantias formadoras da tutela jurisdicional qualificada devida pelo Estado Constitucional. Este novo "modo de pensar constitucional"[164] parece quebrar a tradicional ideia dos planos normativos que pouco se comunicavam. É que na atual concepção, "ainda que se conserve a idéia de planos, para marcar a superioridade das normas constitucionais, há entre eles completa integração. A Constituição como que absorve a legislação infraconstitucional com ela compatível (princípio da legalidade). Se não absorve, repele".[165]

A tríade[166] que alicerça o direito processual civil merece reexame à luz desse novo estágio evolutivo. O centro das atenções desse

---

[162] ALVARO DE OLIVEIRA, Carlos Alberto. O formalismo-valorativo no confronto com o formalismo-excessivo. In: DIDIER JR., Fredie (org.). *Leituras complementares de processo civil.* 5 ed. Salvador: Podivm, 2007, p. 359.

[163] Válido destacar a lição de Carlos Alberto Alvaro de Oliveira ao tratar das relações entre o processo e Constituição na contemporaneidade: "... a solução do tormentoso problema das relações entre direito material e processo e dos contornos da tutela jurisdicional só pode ser bem encaminhada se centrarmos o foco numa perspectiva de direito constitucional, visto que aí se situa o núcleo duro do direito fundamental à outorga de jurisdição, desde que o Estado chamou a si o monopólio de prestá-la." (ALVARO DE OLIVEIRA, Carlos Alberto. *Teoria e prática da tutela jurisdicional.* Rio de Janeiro: Forense, 2008, p. 82) E prossegue em outra passagem: "Hoje, com a constitucionalização da tutela jurisdicional dos direitos, a ponte entre o direito material e o processo dá-se por meio do direito fundamental constitucional de proteção, instrumentalizado pela outorga de jurisdição e respectiva pretensão (ambas situadas no plano do direito público), com regulação ainda pelas normas de direito público integrantes do ordenamento processual." (Ibidem, p. 83)

[164] MITIDIERO, Daniel. *Colaboração no processo civil*: pressupostos sociais, lógicos e éticos. São Paulo: Revista dos Tribunais, 2009, p. 42.

[165] TESHEINER, José Maria Rosa. Reflexões politicamente incorretas sobre direito e processo. *Revista da Ajuris*, Porto Alegre, ano 35, n. 110, p. 193, jun. 2008.

[166] Está-se a referir à tríade: ação, jurisdição e processo. A esse respeito ver: PODETTI, Ramiro. *Teoria y tecnica del proceso civil y trilogia estructural de la ciencia del proceso civil.* Buenos Aires: Ediar Editores, 1963; ALCALÁ-ZAMORA Y CASTILLO, Niceto. *Proceso, autocomposición y autodefensa.* México, D.F.: Unam, 1970, p. 103-104. Mais recentemente: MITIDIERO, Daniel. *Elementos para uma teoria contemporânea do processo civil brasileiro.* Porto Alegre: Livraria do

estudo residirá entre a ação e o processo, em que pese seja examinada, ainda que reflexamente, também a jurisdição.

Assim, pode-se afirmar que um quarto e contemporâneo método de pensamento se forma com o processo em seu epicentro, constituindo-se este em um espaço democrático para o debate jurisdicional que visa ao alcance da justiça para o caso concreto. Trata-se de modo de pensar que já integra nosso ambiente cultural por intermédio da doutrina e até mesmo da jurisprudência, todavia, o marco legislativo infraconstitucional ainda não parece bem definido em nosso ordenamento.

Poderá, todavia, ser estabelecido com a aprovação do projeto de novo Código de Processo Civil apresentado no Congresso Nacional em junho de 2010 que traz um capítulo inicial dedicado à aplicação dos princípios informadores do direito processual civil, com destaque ao contraditório não apenas em sua superada visão como direito de contra-manifestação, mas como uma efetiva possibilidade de influenciar no convencimento do julgador, mediante equivalente e equilibrada oportunidade de intervenção das partes.[167]

O direito à colaboração também ganha destaque através de sua inserção entre os direitos informadores do código em combinação com os artigos 110, parágrafo único,[168] e 107, inciso IX,[169] que determinam a prévia oitiva dos litigantes para o conhecimento de matérias de ordem pública impedindo a surpresa dos jurisdicionados e a obrigatória concessão de oportunidade para a supressão de ausência de pressuposto processual e o saneamento de nulidades, cooperando com as partes para o desfecho meritório do litígio.

Advogado, 2005, em especial, p. 75-145. Aos que sentirem falta da "defesa", cabe destacar que se trata de direito contraposto ao de ação. Trata-se de faces opostas da mesma moeda. Boa a lição de Paolo Comoglio: "Sul piano costituzionale, è anzitutto significativo il rapporto fra azione e difesa. È stato giustamente osservato che la regola del contraddittorio in cui fondamentalmente si esprime la garanzia costituzionale della 'difesa', rappresenta in realtà 'un aspetto integrante del diritto stesso di azione. Infatti, non ha senso compiuto parlare di 'azione' se non in rapporto alla 'difesa', poichè l'attuazione di entrambe le garanzie si fonda su identiche componenti (cfr. § 6). Di ciò è agevole convincersi." (COMOGLIO, Paolo. *La garanzia costituzionale dell'azione ed il processo civile*. Padova: Cedam, 1970, p. 140-141)

[167] Nesse sentido, dispõe o art. 7º do projeto-lei: "É assegurada às partes paridade de tratamento em relação ao exercício de direitos e faculdades processuais, aos meios de defesa, aos ônus, aos deveres e à aplicação de sanções processuais, competindo ao juiz velar pelo efetivo contraditório em casos de hipossuficiência técnica."

[168] Art. 110 [...]. Parágrafo único. As partes deverão ser previamente ouvidas a respeito das matérias de que deve o juiz conhecer de ofício.

[169] Art. 107. O juiz dirigirá o processo conforme as disposições deste Código, incumbindo-lhe: IX – determinar o suprimento de pressupostos processuais e o saneamento de outras nulidades.

Parte II

O modelo constitucional do Processo Civil brasileiro e o direito ao processo no estado constitucional

1. Modelo constitucional do Processo Civil brasileiro

O direito brasileiro dispõe de um modelo próprio de supremacia do direito.[170] Sua origem na tradição romano-germânica de herança lusitana,[171] somada às influências da tradição de *common law*, traz as vantagens de um sistema codificado e técnico, acrescido da valorização da jurisprudência como fonte do direito, com uma porta para lógica da argumentação.[172] Conta, ainda, com amplo controle jurisdicional[173] sobre os atos dos demais poderes.

[170] MITIDIERO, Daniel. *Colaboração no processo civil*: pressupostos sociais, lógicos e éticos. São Paulo: Revista dos Tribunais, 2009, p. 48-61.

[171] Como bem expressa Pontes de Miranda, o direito brasileiro "não pode ser estudado desde as sementes; nasceu do galho de planta, que o colonizador português, – gente de rija têmpera, no ativo século XVI e naquele cansado século XVII em que se completa o descobrimento da América, – trouxe e enxertou no novo continente." (PONTES DE MIRANDA, Francisco Cavalcanti. *Fontes e evolução do direito civil brasileiro*. 2. ed. Rio de Janeiro: Forense, 1981, p. 27) As origens e influências brasileiras, portanto, devem ser buscadas no direito lusitano. Este, por sua vez, possui sua origem no direito comum medieval, o qual surge do encontro de três grandes fontes: O direito romano, o germânico primitivo e o canônico (LACERDA, Galeno. *Teoria geral do processo*. Rio de Janeiro: Forense, 2008, p. 13). Uma diferença central entre estes três sistemas: "Três sistemas diferentes, um, mais político do que moral e religioso, o romano; e outro, mais moral do que político e religioso, o germânico; e outro, mais religioso do que político e moral, o canônico. O direito de feição econômico, ou veio das noções modernas, ou nasceu do próprio solo, como fecunda emanação da vida." (PONTES DE MIRANDA, Francisco Cavalcanti. *Fontes e evolução do direito civil brasileiro*. 2. ed. Rio de Janeiro: Forense, 1981, p. 28). Em razão dessas grandes influências, somadas à própria lusitana, por vezes, neste estudo, far-se-á referência à tradição romano-canônica, outras à tradição romano-germânica. A alternância é proposital para enfatizar todas estas grandes influências. Aos que desejarem um estudo sobre a influência do direito comum no direito brasileiro, através das origens lusitanas ver: LIEBMAN, Enrico Tullio. Istituti del diritto comune nel proceso civile brasiliano. In: ——. *Problemi del processo civile* Milano: Morano, 1962, p. 490-516.

[172] A esse respeito, afirma Hermes Zaneti Jr.: "Da ligação entre um sistema da legalidade (État légal ou o Estado de Direito alemão – códigos) e um sistema de criação judicial (*rule of law* – controle de poderes e vinculatividade das decisões judiciais) surge a particularidade híbrida do sistema brasileiro. [...]" (ZANETI JR., Hermes. *Processo constitucional*: o modelo constitucional do processo civil brasileiro. Rio de Janeiro: Lumen Juris, 2007, p. 45).

O *judicial review*, que se constituía, até o advento da Constituição de 1946, em uma garantia implícita do direito brasileiro[174] e que, desde então, é representado pelo princípio da inafastabilidade da jurisdição, *constitui-se no pilar deste modelo de supremacia jurídica, impondo-se como a mais basilar de todas as normas do modelo hibrido e próprio da cultura brasileira.*

O modelo constitucional do processo civil brasileiro, por sua vez, é produto direto desta miscigenação. A lógica argumentativa ganha relevo no direito processual, em especial, pela abertura das normas contemporâneas. Os conceitos jurídicos indeterminados que também invadem os enunciados normativos de natureza processual,[175] como se examinará com maior rigor adiante, também passam a exigir do processualista uma maior preocupação com a hermenêutica jurídica. A jurisprudência, por sua vez, passa a ser uma fonte primária do direito por intermédio da absorção do sistema das súmulas vinculantes.[176]

Também não pode ser esquecida a singulariedade do sistema de controle de constitucionalidade brasileiro, cuja função é essencialmente política[177] e que permite a convivência dos dois grandes modos de controle mundialmente conhecidos.[178] A miscigenação, portanto, não é apenas uma marca de nosso povo.

---

[173] A amplitude do princípio da inafastabilidade do controle judicial ou da ubiquidade da justiça foi notada por Pontes de Miranda no comentar o art. 153, § 4°, da Constituição Federal de 1967 de redação similar ao atual verbete enunciado no art. 5°, inciso XXXV, da Constituição Federal de 1988: "[...] Em todo o caso, no sistema jurídico brasileiro, o contrôle judicial vai muito mais longe do que nos outros sistemas jurídicos, inclusive no dos Estados Unidos da América." (PONTES DE MIRANDA, Francisco Cavalcanti. *Comentários à Constituição de 1967*. São Paulo: Revista dos Tribunais, 1971. t. 5, p. 106)

[174] Nesse sentido: PONTES DE MIRANDA, Francisco Cavalcanti. *Comentários à Constituição de 1946*. 3. ed. Rio de Janeiro: Editor Borsoi, 1960. t. 4, p. 410.

[175] Não por acaso Ruy Alves Henriques Filho apresentou recente estudo entre as relações dos direitos fundamentais com o processo, tendo como tônica a invasão das cláusulas de conceitos indeterminados nas normas de natureza processual: HENRIQUES FILHO, Ruy Alves. *Direitos fundamentais e processo*. Rio de Janeiro: Renovar, 2008.

[176] A respeito da jurisprudência como fonte primária do direito ver, por todos: ZANETI JR., Hermes. *Processo constitucional*: o modelo constitucional do processo civil brasileiro. Rio de Janeiro: Lumen Juris, 2007, p. 235-268.

[177] TESHEINER, José Maria Rosa. Processo e Constituição: algumas reflexões. In: MOLINARO, Carlos Alberto; MILHORANZA, Mariângela Guerreiro; PORTO, Sérgio Gilberto (coord.). *Constituição, jurisdição e processo*: estudos em homenagem aos 55 anos da Revista Jurídica. Sapucaia do Sul: Notadez, 2007, p. 410.

[178] Aos que desejarem examinar uma crítica ao modelo misto de controle de constitucionalidade, interessante o posicionamento de Nelson Nery Jr., para quem seria "irregular" o modelo concentrado de controle de constitucionalidade no Brasil, dado que o órgão que exerce este controle (Supremo Tribunal Federal) integra o Poder Judiciário. Tal forma de controle de constitucionalidade apenas seria lícita se exercida por Cortes políticas compostas por mem-

Antes de prosseguir, cabe definir o que se entende por modelo constitucional do processo civil brasileiro. Ele abrange todos os enunciados normativos constitucionais que envolvem ou contornam as relações processuais e aufere, na doutrina, uma diversidade de sinônimos: "direito processual constitucional";[179] ou ainda "processo constitucional";[180] "direito constitucional processual";[181] e, também, por "tutela constitucional do processo".[182]

A imprecisão terminológica, que de certa forma caracteriza os estudos sociais e, em especial, os estudos jurídicos, pode prejudicar a compreensão do fenômeno a ser examinado.

É conhecida por todos a tradicional divisão doutrinária entre o direito processual constitucional e o direito constitucional processual.[183] O primeiro, seria a reunião das normas constitucionais destinadas a regular a denominada jurisdição constitucional; enquanto que o segundo é representado pelo "conjunto das normas de direito processual que se encontra na Constituição Federal".[184]

---

bros dos três poderes, a rigor do que ocorre no direito francês. (NERY JR., Nelson. *Princípios do processo na Constituição Federal:* processo civil, penal e administrativo. 9. ed. São Paulo: Revista dos Tribunais, 2009, p. 44-51). Quem desejar aprofundar-se no estudo dos modelos de controle de constitucionalidade, imprescindível a leitura da seguinte obra: CAPPELLETTI, Mauro. *O controle judicial de constitucionalidade das leis no direito comparado.* Porto Alegre: Fabris, 1984, em especial, p. 65-131.

[179] GRINOVER, Ada Pellegrini. *Os princípios constitucionais e o código de processo civil.* São Paulo: Bushatsky, 1975, p. 07-08; THEODORO JR., Humberto. Direito processual constitucional. *Revista IOB de Direito Civil e Processual Civil,* São Paulo, v. 9, n. 55, p. 66-78, set./out. 2008; BARACHO, José Alfredo de Oliveira. *Processo constitucional.* Rio de Janeiro: Forense, 1984, p. 125-126.

[180] ZANETI JR., Hermes. *Processo constitucional*: o modelo constitucional do processo civil brasileiro. Rio de Janeiro: Lumen Juris, 2007, p. 174; SAMPAIO JÚNIOR, José Herval. *Processo constitucional*: nova concepção de jurisdição. São Paulo: Método, 2008, p. 131.

[181] Para descrever apenas os direitos fundamentais de natureza processual: NERY JÚNIOR, Nelson. *Princípios do processo civil na Constituição Federal*: processo civil, penal e administrativo. 9. ed. São Paulo: Revista dos Tribunais, 2009, p. 44.

[182] Cândido Rangel Dinamarco utiliza a expressão para designar as relações no sentido Constituição-processo, com o "significado e escopo de assegurar a conformação dos institutos do direito processual e o seu funcionamento aos princípios que descendem da própria ordem constitucional. [...]" (DINAMARCO, Cândido Rangel. *A instrumentalidade do processo.* 13. ed. São Paulo: Malheiros, 2008, p. 27). Além desta, as relações entre o processo e a Constituição ainda contam com a *jurisdição constitucional,* voltada ao controle de constitucionalidade de leis e atos administrativos, além da própria instrumentalidade do processo em si.

[183] Apenas a título ilustrativo dois autores que a seguem: DANTAS, Ivo. Teoria do processo constitucional: uma breve visão pessoal. In: MAC-GREGOR, Eduardo Ferrer; LARREA, Arturo Zaldívar Lelo de. *Estudos de direito processual constitucional*: homenagem brasileira a Héctor Fix-Zamudio em seus 50 anos como pesquisador do direito. São Paulo: Malheiros, 2009, p. 105-147, em especial, p. 144-147; NERY JR., Nelson. *Princípios do processo na Constituição Federal:* processo civil, penal e administrativo. 9. ed. São Paulo: Revista dos Tribunais, 2009, p. 41-44.

[184] NERY JR., Nelson. *Princípios do processo na Constituição Federal:* processo civil, penal e administrativo. 9. ed. São Paulo: Revista dos Tribunais, 2009, p. 41.

Pertencem, nessa perspectiva, ao direito processual constitucional as ações e recursos constitucionais; enquanto, ao direito constitucional processual, os princípios (direitos fundamentais) constitucionais de natureza processual.

A divisão não traz qualquer benefício ao ordenamento jurídico nacional. Uma classificação "[...] depende de sua utilidade ao agrupar os fenômenos que têm certas particularidades".[185] Daí por que ao "se pensar em classificação há que se tomar em conta os conceitos classificados. Porém, os conceitos que podem explicar uma classificação são aqueles que levaram à sua formação, e não outros".[186] Como bem pontua Marcelo Cattoni,[187] a divisão em exame está inserida no contexto histórico de criação de uma jurisdição constitucional concentrada.

Sua relevância prática é evidente para separar as relações entre o processo e a Constituição, que pertenceriam exclusivamente à competência da Corte Constitucional, formando uma jurisdição voltada às normas constitucionais que conformam o processo comum. Contudo, no Brasil, por conta da adoção do controle misto de constitucionalidade, a divisão ganha pouca ou nenhuma relevância prática. Não apenas isso: é que ela é forjada em premissa que deve ser afastada contemporaneamente.

É que a alusão a direito constitucional processual traz ínsita a ideia de normas constitucionais que consagram princípios processuais; enquanto o direito processual constitucional seria formado por ações, sejam de tutela constitucional de direitos fundamentais, sejam de ações para controle (concentrado) de constitucionalidade.

Note-se que quando se privilegia a expressão "constitucional", trazendo-a em primeiro plano, *princípios*; quando se privilegia a expressão "processual", *ações*. Trata-se de perspectiva calcada em pensamento essencialmente positivista que não deve ser reforçada. Além de desprovida de qualquer função, a classificação pode transpor uma falsa ideia de baixa densidade normativa dos primeiros.[188]

---

[185] MARINONI, Luiz Guilherme. As novas sentenças e os novos poderes do juiz para a prestação da tutela jurisdicional efetiva. In: DIDIER JR., Fredie (org.). *Leituras complementares de processo civil*. 5. ed. Salvador: Podivm, 2007, p. 220.

[186] Ibidem.

[187] CATTONI, Marcelo. Direito constitucional processual e direito processual constitucional: limites da distinção em face do modelo constitucional brasileiro do controle jurisdicional de constitucionalidade. In: —— (coord.). *Jurisdição e hermenêutica constitucional*. Belo Horizonte: Mandamentos, 2004, p. 463-467.

[188] Esse parece, também, ser o fundamento pelo qual a divisão não é aceita por Hermes Zanetti Jr.: "Essa distinção se mostra meramente 'metafórica' e portanto, mesmo que acobertada

Por aqui, se utilizará de forma abrangente e como sinônimos as expressões *"modelo constitucional de processo"* e *"direito processual constitucional"*. Superada a terminologia, passa-se ao fenômeno.

O primeiro autor a conceder ares de autonomia à matéria foi Hans Kelsen.[189] O primeiro jurista conhecido a manejar da expressão "direito processual constitucional" foi Eduardo Couture.[190] E o principal responsável pela "[...] *consolidación en cuanto a su denominación, contenido y delimitación, al haber iniciado su sistematización científica específicamente con dicha expresión desde hace casi medio siglo, en 1956"*[191] foi Hector Fix-Zamudio.

O direito processual constitucional (ou modelo constitucional de processo, como se preferir) pode ser subdividido em quatros categorias de estudo: *(i)* os direitos constitucionais de natureza processual; *(ii)* as funções essenciais da justiça; *(iii)* as normas de organização judiciária; e, *(iv)* os instrumentos jurisdicionais constitucionalmente identificados.[192]

A primeira categoria destina-se ao exame dos princípios ou direitos informadores do processo, que não serão examinados neste

---

sob o pálio de 'didática', revela-se desnecessária e deve ser repudiada, frente à possibilidade de mitigação da importância do tema e sua diluição em discussões meramente terminológicas, de menor importância. Por outro lado, a divisão estanque representa mais um elo na cadeia de raciocínios do paradigma anterior. Olhando bem, vê-se que a separação procura deixar claro que parte do direito é predominantemente processual (ações) e parte é constitucional (princípios), reforçando a noção de que nem todo o processo é constitucional (com o que não se pode concordar, frente às premissas estabelecidas)." (ZANETI JR., Hermes. *Processo constitucional*: o modelo constitucional do processo civil brasileiro. Rio de Janeiro: Lumen Juris, 2007, p. 173). No mesmo sentido ainda: SAMPAIO JÚNIOR, José Herval. *Processo constitucional*: nova concepção de jurisdição. São Paulo: Método, 2008, p. 131.

[189] Essa é a opinião de Niceto Alcalá-Zamora y Castillo, em que pese não se utilize da expressão direito processual constitucional, mas *"proceso constitucional"*. A esse respeito ver: ALCALÁ-ZAMORA Y CASTILLO, Niceto. *Proceso, autocomposición y autodefensa*. México, D.F.: Unam, 1970, p. 214-215.

[190] O autor denomina a terceira parte do tomo I, de sua obra *"Estudios de derecho procesal civil"* de *"casos de derecho procesal constitucional"*. Ver, por todos: COUTURE, Eduardo J. *Estudios de derecho procesal civil:* la Constitución y el proceso civil. 3. ed. Buenos Aires: Depalma, 1998. t. 1, p. 193-265.

[191] MAC-GREGOR, Eduardo Ferrer. Aportaciones de Hector Fix-Zamudio al derecho procesal constitucional. *Revista da Ajuris*, Porto Alegre, v. 33, n. 103, p. 356, 1974. Aos que desejarem maior incursão na evolução do direito processual constitucional, e nos argumentos de defesa de sua autonomia bem como o estudo sobre as contribuições de Kelsen, Alcalá-Zamora, Couture, Calamandrei e Fix-Zamudio ver: MAC-GREGOR, Eduardo Ferrer. *Derecho procesal constitucional*: origen cientifico (1928-1956). Madrid: Marcial Pons, 2008.

[192] Nesse sentido: BUENO, Cássio Scarpinella. "O modelo constitucional do direito processual civil": um paradigma necessário de estudo do direito processual civil e algumas de suas aplicações. *Revista de Processo*, São Paulo, ano 33, n. 161, p. 264, jul. 2008. Classificação similar é adotada em: ZANETI JR., Hermes. *Processo constitucional*: o modelo constitucional do processo civil brasileiro. Rio de Janeiro: Lumen Juris, 2007, p. 176.

momento, porque receberão exame específico em item que segue.[193] A segunda, disciplinada de maneira quase que exaustiva pela carta constitucional, diz respeito às normas que descrevem o que é e qual é a função de cada um dos partícipes (não integrantes do Poder Judiciário) envolvidos no processo judicial, isto é, Ministério Público, advogados (públicos e privados), e inclusive a Defensoria Pública.[194]

As normas de organização judiciária justamente visam a disciplinar as competências e a forma de atuação da máquina judiciária.[195] Por fim, os denominados instrumentos jurisdicionais constitucionalmente identificados: as ações constitucionais de tutela das liberdades e dos direitos sociais, tais como o *habeas corpus*, o mandado de segurança, o *habeas data* e a ação popular; como também o controle concentrado e difuso de constitucionalidade e os recursos previstos na Constituição Federal.

Aliás, em boa obra de reconstrução histórica, Eduardo Ferrer Mac-Gregor[196] destaca que este método de pensamento que estuda as normas constitucionais de natureza processual vem merecendo o status de disciplina do direito. Aduz que esse fenômeno na Europa acabou sendo tomado pelos constitucionalistas que passaram a estudá-lo sob a denominação de *jurisdição constitucional*. Na América Latina, por outro lado, essa incumbência tem ficado a cargo dos processualistas que o tarjam mais comumente por *direito processual constitucional*.

No Brasil, já se posicionaram contrariamente ao direito processual constitucional como ramo autônomo do direito, Cândido Rangel Dinamarco,[197] Cássio Scarpinella Bueno[198] e Hermes

---

[193] Trata-se dos direitos fundamentais de natureza processual que serão examinados a seguir, ainda neste capítulo. Estão dispostos no art. 5° da Constituição Federal, havendo ainda outro que consideramos como materialmente integrante dos direitos fundamentais processuais, mas que se encontra fora do capítulo destinado a eles: o art. 93, IX da Constituição Federal, que garante o direito à motivação das decisões jurisdicionais.

[194] Artigos 127 ao 135 da Constituição Federal de 1988.

[195] Artigos 92 ao 126 da Constituição Federal de 1988.

[196] MAC-GREGOR, Eduardo Ferrer. *Derecho procesal constitucional*: origen cientifico (1928-1956). Madrid: Marcial Pons, 2008, em especial, p. 19-43.

[197] O Autor defende a ausência de autonomia didática do direito processual constitucional incumbindo à teoria geral do processo o estudo dos direitos fundamentais processuais e dos institutos centrais do direito processual. A esse respeito ver, por todos: DINAMARCO, Cândido Rangel. *A instrumentalidade do processo*. 13. ed. São Paulo: Malheiros, 2008, p. 67-89.

[198] BUENO, Cássio Scarpinella. "O modelo constitucional do direito processual civil": um paradigma necessário de estudo do direito processual civil e algumas de suas aplicações. *Revista de Processo*, São Paulo, ano 33, n. 161, p. 263-264, jul. 2008.

Zaneti Jr.[199] O argumento aos que se opõem à formação de uma disciplina própria e específica para os estudos das relações entre a Constituição e o processo civil é irrefutável: "[...] todo processo é constitucional. [...] Não há um direito processual da Constituição e um direito processual da lei. Esse é um falso paradoxo. Todo processo judicial ou de direito é processo constitucional".[200] [201]

Mais adequado que sejam estudadas tais relações, em especial, os direitos fundamentais processuais, no campo da teoria geral do processo, criando uma base constitucional processual sólida aos graduandos do direito, com aguçamento crítico ao pensar o processo de forma menos dogmática, mediante constante reflexão da constitucionalidade das leis; reflexão que aufere especial relevo no direito processual civil quando se recorda que o próprio Código de Processo Civil brasileiro (como de rigor também ocorre com o Código de Processo Penal) é anterior à atual ordem constitucional, merecendo seus enunciados normativos conformação com a atual carta fundamental: "[...] Isso porque, à raiz dos princípios fundamentais do processo, se encontra sempre – cumprido ou violado – preceito constitucional".[202]

Tal afirmação não importa refutação à criação de tais disciplinas nos currículos universitários. Em que pese não detenha autonomia dogmática – tratando-se com mais evidência "[...] de uma colocação científica, de um ponto de vista metodológico e sistemático, do qual se pode examinar o processo em suas relações com a Constituição"[203] –, uma disciplina voltada ao estudo do direito processual constitucional traria vantagens práticas de relevo. São notórias as dificuldades de se tratar destes temas nas cátedras de direito constitucional dado a vastidão das questões que o compõem; fruto de uma carta que prima pela busca quase que exaustiva da tutela dos mais variados direitos. Também no direito processual civil, os tópicos apontados que constituem o direito processual constitucional acabam não sendo em geral abordados, ao menos, não mais do

[199] ZANETI JR., Hermes. *Processo constitucional*: o modelo constitucional do processo civil brasileiro. Rio de Janeiro: Lumen Juris, 2007, p. 171.

[200] Ibidem, p. 172.

[201] Parece desfrutar dessa opinião também ainda que não a exponha de forma expressa Humberto Theodoro Júnior: THEODORO JR., Humberto. Direito processual constitucional. *Revista IOB de Direito Civil e Processual Civil*, São Paulo, v. 9, n. 55, p. 66-78, set./out. 2008.

[202] GRINOVER, Ada Pellegrini. *Os princípios constitucionais e o código de processo civil*. São Paulo: Bushatsky, 1975, p. 34-35.

[203] BARACHO, José Alfredo de Oliveira. *Processo constitucional*. Rio de Janeiro: Forense, 1984, p. 125.

que superficialmente. O resultado é uma deficiente formação neste ínterim.

Por enquanto, cabe o destaque de que a Constituição Federal brasileira possui uma alta gama de enunciados normativos de natureza processual, o que torna o modelo constitucional do processo civil brasileiro não apenas complexo, servindo também como um norte de fortes amarras ao legislador infraconstitucional.

Mais do que garantias mínimas do processo, o modelo constitucional do processo civil brasileiro estabelece minuciosos contornos da atividade jurisdicional, o que importa em exercício hermenêutico constante por parte do legislador infraconstitucional, que deve mensurar a forma como determinada lei que conforma em maior ou menor extensão um determinado valor constitucional hostiliza ou mitiga outro.

2. O direito ao processo como princípio-síntese do modelo constitucional do Processo Civil brasileiro

Em 1215, compelido por seus barões, João Sem Terra outorga[204] a *Magna Charta Libertatum*. Trata-se da primeira notícia que se tem de "[...] uma lei que se impõe ao próprio governante, antecipando a ideia fundamental de constitucionalismo do século XVIII".[205] Entre suas principais garantias está a do art. 39, que utiliza pela primeira vez a expressão *law of the land*. A referida expressão é interpretada como a necessidade de observância das leis do país (da terra).

Trata-se de expressão que antecede diretamente a cláusula *due process of law*, a qual apenas é utilizada pela primeira vez por Eduardo III, no estatuto de 1354. As referidas expressões podem ser vistas historicamente como sinônimos.[206] Na evolução do Estado Absoluto ao Estado de Direito, e na ausência de um sistema codificado, o direito ao devido processo legal (ou constitucional), "[...] com as influências do pensamento do século XVIII, transforma-se na garantia fundamental do processo inglês".[207]

---

[204] Como bem observa Riccardo Guastini, existem diversos procedimentos de formação de uma Constituição. Ela pode ser fruto de elaboração e aprovação de uma assembleia constituinte eleita para este fito; pode ganhar legitimidade por um referendo popular; outras vezes é fruto de um decisão unilateral do soberano. Nesse último caso, diz-se que foi outorgada, ou seja, dada generosamente (ou imposta) pelo soberano a seu povo. (GUASTINI, Riccardo. Sobre el concepto de Constitución. In: CARBONELL, Miguel (org.). *Teoría del neoconstitucionalismo*: ensayos escogidos. Madrid: Editorial Trotta, 2007, p. 21).

[205] GRINOVER, Ada Pellegrini. *As garantias constitucionais do direito de ação*. São Paulo: Revista dos Tribunais, 1973, p. 23-24.

[206] Nesse sentido: BRAGA, Paula Sarno. *Aplicação do devido processo legal*. Salvador: Podivm, 2008, p. 161. A autora lembra, ainda, que no direito inglês, a limitação do *due process* não limita o legislador, mas o rei: "A máxima do devido processo legal, em solo inglês, não assegurava um controle do teor de sua legislação. O *due process of law* implicava a limitação dos poderes do rei e, não, dos parlamentares." (BRAGA, Paula Sarno. *Aplicação do devido processo legal*. Salvador: Podivm, 2008, p. 165).

[207] GRINOVER, Ada Pellegrini. *As garantias constitucionais do direito de ação*. São Paulo: Revista dos Tribunais, 1973, p. 26.

As colônias norte-americanas, influenciadas pela doutrina inglesa, passam a utilizar-se do *due process* "[...] não só como garantia de legalidade, mas ainda como garantia de justiça, vinculante para todos os poderes do Estado".[208] O *due process* é acolhido constitucionalmente pela cultura estaduniense primeiramente em textos estaduais, passando posteriormente a integrar a ordem constitucional dos Estados Unidos através da Emenda V, e depois da Emenda XIV[209] da Constituição. A cláusula de conteúdo vago acaba por se constituir no "[...] fundamento constitucional para permitir ao Judiciário o controle do exercício do Poder Legislativo".[210] A garantia constitucional equipara-se ao dever de razoabilidade das leis na restrição dos direitos e se torna o princípio-síntese da *Common Law*.[211] Em suma, na tradição da *Commom Law*, o *dues process* tem o papel de garantir a inafastabilidade da jurisdição;[212] é ele a base constitucional para o *judicial review*.[213]

O devido processo legal, que tem no direito estaduniense função insuperável,[214] no qual se constitui sob a dupla dimensão *substance* e *procedure due process*, passa a ser visto por parte da doutrina

---

[208] GRINOVER, Ada Pellegrini. *As garantias constitucionais do direito de ação.* São Paulo: Revista dos Tribunais, 1973, p. 26.

[209] Tradução livre: "Nenhum Estado privará qualquer pessoa de sua vida, liberdade ou propriedade sem o devido processo legal, nem denegará, a qualquer pessoa dentro de sua jurisdição, a igual proteção da lei."

[210] GRINOVER, Ada Pellegrini. *As garantias constitucionais do direito de ação.* São Paulo: Revista dos Tribunais, 1973, p. 35.

[211] O *due process* ultrapassa ao menos três estágios históricos do sistema anglo-saxão: em um primeiro momento atua como garantia de legalidade; depois, como garantia de um processo em conformidade com a *common law*; e, por fim, como verdadeira garantia da justiça. Nesse sentido: GRINOVER, Ada Pellegrini. *Os princípios constitucionais e o código de processo civil.* São Paulo: Bushatsky, 1975, p. 11.

[212] A esse respeito é valido destacar os ensinamentos de Daniel Mitidiero: "[...] no Rule of Law, seja qual for a sua vertente, há inafastabilidade da jurisdição (judicial review) com o emprego de um devido processo legal (due process of Law). Agregando-se a esses dois elementos uma Constituição escrita, chega-se ao controle difuso de constitucionalidade, deferido a todos os membros do Poder Judiciário. As principais personagens convocadas para o tablado em que nasce e movimenta-se o direito, nessa vereda, são os juízes. O Rule of Law, pois, significa proteção pela via do Judiciário contra 'qualquer exercício arbitrário de poder'." (MITIDIERO, Daniel. *Processo civil e Estado constitucional.* Porto Alegre: Livraria do Advogado, 2007, p. 20)

[213] Não por acaso o Juiz Marshall, em sua célebre decisão, fundou-se no art. VI, 2ª cláusula da Constituição Federal estadunidense de 1787, que dispunha ser a Constituição "[...] shall be the supreme Law of the land; [...]", conforme: CAPPELLETI, Mauro. *O controle judicial de constitucionalidade das leis no direito comparado.* Porto Alegre: Fabris, 1984, p. 47.

[214] Como observa Hector Fix-Zamudio: "El conjunto de garantías constitucionales en el sistema jurídico estadounidense se deprende y se concentra en el concepto del 'due process of law, [...]" (FIX-ZAMUDIO, Hector. *Constitución y proceso civil en Latinoamérica.* México: Unam, 1974, p. 23).

de tradição romano-canônica de forma similar por forte influência de Eduardo Couture. Esse autor defende a dupla dimensão com pioneirismo no sistema codificado no ano de 1946, visualizando o dever da razoabilidade das normas na dimensão substancial: o *due process* como verdadeiro critério de constitucionalidade das leis.

Natural que a acolhida desta alta dimensão ao devido processo legal substancial levasse à conclusão de parte da doutrina[215] de visualizar no devido processo legal o princípio-síntese do ordenamento jurídico processual brasileiro.

Como bem pondera Humberto Ávila,[216] é incorreta a concessão desta magnânima dimensão ao devido processo legal. O devido processo não pode ser confundido com os deveres de proporcionalidade e razoabilidade. As razões são de extremo relevo: as constituições brasileiras anteriores não previam o princípio do devido processo legal, o que jamais impediu a aplicação da exigência da proporcionalidade e razoabilidade no ordenamento jurídico constitucional. A Lei Fundamental alemã também não o prevê, o que, por sua vez, também não impede o tribunal constitucional daquele país em aplicá-los com largo uso.

Outrossim, o devido processo legal, na forma como exposto no inciso LIV do artigo 5° da Constituição Federal ("ninguém será privado da liberdade ou de seus bens sem o devido processo legal"), atua com evidência apenas no plano processual, não apenas judicial, mas sempre durante e diante do processo; enquanto "[...] os deveres de proporcionalidade e de razoabilidade são aplicados mesmo fora do âmbito processual, razão pela qual perde sentido o uso da expressão 'devido processo legal substancial' para representá-los; [...]"[217]

É de se recordar que, ao prometer o controle jurisdicional, resta evidente também a promessa de justiça material da decisão, já que é esta sua fonte legitimadora. Nas palavras de Pontes de Miranda: "Existem direito e pretensão à sentença, que se presume justa, porque o Estado ou os árbitros 'prometem' justiça. Implícita em tal promessa está a de ser favorável ao que tenha razão".[218] Todavia, é de

[215] NERY JR., Nelson. *Princípios do processo na Constituição Federal:* processo civil, penal e administrativo. 9. ed. São Paulo: Revista dos Tribunais, 2009, p. 76-81.

[216] ÁVILA, Humberto. O que é "devido processo legal"? *Revista de Processo*, São Paulo, ano 33, n. 163, p. 56, set. 1998.

[217] Ibidem.

[218] PONTES DE MIRANDA, Francisco Cavalcanti. *Tratado da ação rescisória das sentenças e de outras decisões*. 5. ed. Rio de Janeiro: Forense, 1975, p. 16.

relevância a lembrança de Nelson Nery Jr.: "Entre o justo absoluto, utópico, e o justo possível, realizável, o sistema constitucional brasileiro, a exemplo do que ocorre na maioria dos sistemas democráticos ocidentais, optou pelo segundo (justo possível), [...]"[219] Não por acaso que a doutrina extraiu, anteriormente a ordem constitucional vigente, do direito ao processo, a cláusula do *due process*: "[...] por ser inimaginável que se garanta ao cidadão o direito ao controle jurisdicional dos atos, sem que se faça mediante o uso de instrumental apropriado, devidamente previsto no ordenamento jurídico".[220] [221]

E, por não ser acolhida a dimensão extraprocessual do devido processo legal, como se expressasse os deveres de proporcionalidade e razoabilidade, entende-se não ser este o princípio processual do qual todos os demais emanam. Não se justifica, portanto, a afirmativa de que "[...] bastaria a norma constitucional haver adotado o princípio do *due process of law* para que daí decorressem todas as consequências processuais [...]",[222] e que é este "[...] o gênero do qual todos os demais princípios e regras constitucionais são espécies".[223] Aliás, chama a atenção o fato de os próprios autores que defendem a condição do devido processo legal como sobreprincípio do qual os demais emanam reconhecerem que "[...] o acesso efetivo à justiça (art. 5°, XXXV, da Constituição) representa o objetivo final do princípio do devido processo legal".[224] Reconhecendo ainda que o

---

219 NERY JR., Nelson. *Princípios do processo na Constituição Federal:* processo civil, penal e administrativo. 9. ed. São Paulo: Revista dos Tribunais, 2009, p. 52.

220 Cita-se a interessante passagem na íntegra: "No direito positivo brasileiro, o princípio do devido processo legal somente chegou ao texto constitucional, de modo expresso e claro, na Constituição de 1946, onde veio insculpido em seu art. 141, § 4°. Se bem que, nesse texto, decorre límpido, de fato, apenas o princípio da justiciabilidade, segundo o qual nenhuma lesão ao direito, de qualquer cidadão, poderá deixar de ser apreciada pelo Poder Judiciário. Da garantia do controle jurisdicional, todavia, deflui tranquilamente a do devido processo legal, por ser inimaginável que se garanta ao cidadão o direito ao controle jurisdicional dos atos, sem que se faça mediante o uso de instrumental apropriado, devidamente previsto no ordenamento jurídico." (WAMBIER, Luiz Rodrigues. Anotações sobre o princípio do devido processo legal. *Revista de Processo*, São Paulo, n. 63, p. 59, 1991).

221 No mesmo sentido Ada Pellegrini Grinover ao comentar o art. 153, § 4°, da Constituição Federal de 1967, após a Emenda de 1969: "O § 4° do art. 153 liga-se diretamente, em nosso entender, à cláusula do due process of law do sistema anglo-saxão e a esta deve ser associado. Representa uma garantia constitucional, cujo conteúdo é o direito ao processo." (GRINOVER, Ada Pellegrini. *As garantias constitucionais do direito de ação*. São Paulo: Revista dos Tribunais, 1973, p. 156).

222 NERY JR., Nelson. *Princípios do processo na Constituição Federal:* processo civil, penal e administrativo. 9. ed. São Paulo: Revista dos Tribunais, 2009, p. 77.

223 Ibidem.

224 MATTOS, Sérgio Luís Wetzel de. O princípio do devido processo legal revisitado. *Genesis*: revista de direito processual civil, Curitiba, n. 34, p. 798, out./dez. 2004.

direito ao processo não se inclui dentre os subprincípios deste.[225] Se o devido processo legal visa apenas a concretizar o direito ao processo, e este possui força normativa própria, resultaria até mesmo sem finalidade o *due process*.

Não bastasse tais ponderações, é de se recordar que a Constituição brasileira, como é da tradição nas constituições europeias e nas latino-americanas, adota expressamente o direito à jurisdição ou de inafastabilidade da proteção jurisdicional. Note-se que, sendo o *judicial review* a norma fundante do sistema jurídico brasileiro "[...] que assegura a revisibilidade dos atos estatais que desbordem da juridicidade constitucional [...]"[226] e tendo ele sua base constitucional no art. 5°, XXXV, não há razões para uma elevação quase sublimar do devido processo legal. Conclusão contrária pode decorrer de um mito já denominado certa feita por José Carlos Barbosa Moreira de supervalorização dos modelos estrangeiros (ou "*a galinha da vizinha é sempre mais gorda que a minha*"), caracterizado por "[...] um deslumbramento ingênuo que impele à imitação acrítica de modelos estrangeiros".[227]

O direito fundamental processual síntese e que mesmo assim necessita dos demais para se potencializar é o *direito ao processo*. É nele que todos os demais atuam; mais do que isso, é ele o garantidor da própria eficácia de todos os demais direitos. Trata-se, portanto, do "[...] requisito fundamental – o mais básico dos direitos humanos – de um sistema jurídico moderno e igualitário que pretenda garantir, e não apenas proclamar os direitos de todos".[228] Daí por que, em que pese seja correto afirmar o caráter instrumental do direito processual, é também induvidoso que entre o direito material e o processual existe uma "[...] *relação de reciprocidade*, porque as normas materiais são o substrato material das normas formais, e as

---

[225] É afirmação do autor: "Como se vê, o acesso à justiça, na medida em que impõe que 'o sistema deve ser igualmente acessível a todos' e, além disso, 'produzir resultados que sejam individual e socialmente justos', revela-se, a um só tempo, como pressuposto e objetivo final do devido processo legal. Por isso, naturalmente não pode ser um dos elementos estruturais do princípio do devido processo legal, como os subprincípios da igualdade de armas, do contraditório e da ampla defesa, do juiz natural, etc." (MATTOS, Sérgio Luís Wetzel de. O princípio do devido processo legal revisitado. *Genesis*: revista de direito processual civil, Curitiba, n. 34, p. 804, out./dez. 2004.)

[226] MITIDIERO, Daniel. *Processo civil e Estado constitucional*. Porto Alegre: Livraria do Advogado, 2007, p. 25.

[227] BARBOSA MOREIRA, José Carlos. O futuro da justiça: alguns mitos. In: ——. *Temas de direito processual*: oitava série. São Paulo: Saraiva, 2004, p. 07.

[228] CAPPELLETTI, Mauro; GARTH, Bryant. *Acesso à justiça*. Porto Alegre: Sergio Fabris, 1988, p. 12.

normas formais consubstanciam instrumentos formais de eficácia das normas materiais".[229] Em síntese, o direito se faz da soma do direito material e do direito processual havendo uma "[...] relação de retroalimentação entre ambos. Cada um é instrumento do outro e sevem ambos à regulação da vida social".[230]

Portanto, se é correto afirmar que o processo é instrumento apto a fazer atuar o direito,[231] não é menos correto concluir que o direito substancial também se serve do processo para se constituir ou mesmo qualificar-se. De um lado, demonstra-se indispensável o direito material ao direito processual, no sentido de que este não teria razão de existir sem aquele; de outro, "[...] sem o direito processual não poderia existir um ordenamento que é caracterizado pela proibição de autotutela".[232]

Ao aceitar-se que as normas processuais não detêm apenas natureza instrumental, aproxima-se também da lição de Pontes de Miranda,[233] o que, por certo, é sempre companhia tranquilizadora. Por outro lado, a paralela aceitação da natureza instrumental do direito processual traz a companhia de outros tantos juristas de relevo, entre os quais, apenas a título ilustrativo, pode-se destacar Galeno Lacerda[234] e Cândido Rangel Dinamarco;[235] mas note-se instrumental e não formal[236] ou secundário. Nessa perspectiva, o direito processual

---

[229] ÁVILA, Humberto. O que é "devido processo legal"? *Revista de Processo*, São Paulo, ano 33, n. 163, p. 54, set. 1998.

[230] TESHEINER, José Maria Rosa. Reflexões politicamente incorretas sobre direito e processo. *Revista da Ajuris*, Porto Alegre, ano 35, n. 110, p. 192, jun. 2008.

[231] A esse respeito interessante a lição de Adolf Wach ainda no século XIX: "El proceso sirve a la finalidad del derecho material en la más amplia acepción de la palabra. Su finalidad no es la de la relación jurídica que constituye el objeto del proceso; es independiente de la existencia de la relación jurídica material, porque se trata de resolver sobre la pretensión de tutela jurídica que ha sido afirmada. [...]" (WACH, Adolf. *Manual de derecho procesal civil.* Buenos Aires: EJEA, 1977. v. 1, p. 67).

[232] ALVARO DE OLIVEIRA, Carlos Alberto. *Teoria e prática da tutela jurisdicional.* Rio de Janeiro: Forense, 2008, p. 94.

[233] PONTES DE MIRANDA, Francisco Cavalcanti. *Tratado da ação rescisória das sentenças e de outras decisões.* 5. ed. Rio de Janeiro: Forense, 1975, p. 56-57.

[234] LACERDA, Galeno. *Comentários ao código de processo civil.* Rio de Janeiro: Forense, 1998. v. 8, p. 23-24.

[235] DINAMARCO, Cândido Rangel. *A instrumentalidade do processo.* 13. ed. São Paulo: Malheiros, 2008, em especial, p. 177-364.

[236] Vale destacar duas belas passagens de Galeno Lacerda em dois textos diversos que bem demonstram sua ênfase no caráter instrumental das normas processuais: "No momento em que se descobre a verdadeira hierarquia de interesses tutelados pelos textos de um Código, desvenda-se o sentido profundo e vital do sistema que o anima. Neste sentido, tratando-se de um Código de Processo, o interesse público superior, que o inspira e justifica, é que se preste ele a meio eficaz para definição e realização concreta do direito material. Não há outro inte-

civil atua "[...] *fra instrumentalità operativa ed autonomia concettuale di norme e istituti processuali* [...]",[237] dado que não é uma ciência que tenha um fim em si mesmo, mas que tem suas instituições autônomas que se desligam do direito material para a ele dar eficácia.

A finalidade (jurídica)[238] do processo é a "atuação da vontade concreta do direito".[239] Ao atuar o direito objetivo[240] (e, em decorrência, proteger os interesses legítimos), o processo realiza a justiça do caso concreto.[241] Com isso, não se nega a atividade criativa ou

---

resse público mais alto, para o processo, do que o de cumprir sua destinação de veículo, de instrumento de integração da ordem jurídica mediante a concretização imperativa do direito material." (LACERDA, Galeno. O código e o formalismo processual. *Revisita da Ajuris*, Porto Alegre, ano 10, n. 28, p. 10-11, jul. 1983.).

"O paralelo se revela primário em seu simplismo sofístico. O direito material há de regular as formas próprias que substanciam e especificam os atos jurídicos materiais, ao passo que o direito processual, como instrumento de definição e realização daquele em concreto, há de disciplinar, também, as formas que substanciam e especificam os atos jurídicos processuais. Em suma, a antítese não é direito material – direito formal, e sim, direito material – direito instrumental. Isto porque instrumento, como ente a se, possui matéria e forma próprias, independentes da matéria e da forma da realidade jurídica, dita material sobre a qual opera." (LACERDA, Galeno. *Comentários ao código de processo civil*. Rio de Janeiro: Forense, 1998. v. 8, p. 24).

[237] TARUFFO, Michele. L'insegnamento accademico del diritto processuale civile. *Rivista Trimestrale di Diritto e Procedura Civile*, Milano, ano L, n. 2, p. 554, giugno 1996.

[238] É que este não é o único escopo do processo, aliás, não é sequer o principal. Na correta lição de Cândido Rangel Dinamarco, são as destinações social e política do processo que mais importam. Os escopos sociais são a pacificação com justiça e a educação. De outro lado, os escopos políticos são constituídos pela liberdade, participação, afirmação da autoridade do Estado e do seu ordenamento. A esse respeito ver, por todos: DINAMARCO, Cândido Rangel. *A instrumentalidade do processo*. 13. ed. São Paulo: Malheiros, 2008, p. 177-263.

[239] DINAMARCO, Cândido Rangel. *A instrumentalidade do processo*. 13. ed. São Paulo: Malheiros, 2008, p. 250. Ao assim afirmar-se, distanciamo-nos da ideia por vezes pregada de que o processo tem por escopo principal a tutela dos direitos subjetivos, como afirmam, *v.g.*, Luiz Guilherme Marinoni (MARINONI, Luiz Guilherme. *Curso de processo civil*: teoria geral do processo. São Paulo: Revista dos Tribunais, 2006. v. 1, p. 240-241) e Marcelo Lima Guerra (GUERRA, Marcelo Lima. *Direitos fundamentais e a proteção do credor na execução*. São Paulo: Revista dos Tribunais, 2003, p. 17-18). Nesse ponto acolhe-se a crítica de Jaime Guasp (GUASP, Jayme. *Concepto y metodo de derecho procesal*. Madrid: Editorial Civitas, 1997, p. 12-13). É que se trata de uma evidente contradição, já que os direitos subjetivos são, por definição, interesses juridicamente protegidos, com o que o processo não daria às partes mais do que já têm. No mais, quem eventualmente almeja a tutela do direito é o autor não o processo (ou mesmo a jurisdição). Este visa à atuação do direito objetivo. Trata-se, portanto, de uma visão privatista do sistema: herança do praxismo que deve ser combatida.

[240] Para quem desejar analisar a histórica divergência entre as correntes subjetiva, objetiva e intermediária, no exame da finalidade do processo, ver: SANTOS, Moacyr Amaral. *Primeiras linhas de direito processual civil*. 3. ed. São Paulo: Max Limond, 1970. v. 1, p. 37-38. Sobre a influência que a adesão a uma ou a outra corrente impõe na visão de vários institutos de natureza 'bifronte', e a incoerência apontada por Liebman quanto às escolhas do legislador italiano, ver: LIEBMAN, Enrico Tullio. Norme processuali nel codice civile. In: ——. *Problemi del processo civile*. Milano: Morano, 1962, p. 155-173.

[241] Nesse sentido: LACERDA, Galeno. O código e o formalismo processual. *Revisita da Ajuris*, Porto Alegre, ano 10, n. 28, p. 10, jul. 1983. A questão parece superada. O processo tutela

reconstrutiva do juiz: é que toda a aplicação ou atuação é também interpretação. Na tônica de Eros Grau: não existe aplicação sem interpretação.[242] É que o processo não é um caminho lógico para descobrimento de uma norma preconstituída. É através da interpretação que a norma se faz aplicável e é aplicada, sendo correto afirmar com apoio nos ensinos de Tullio Ascarelli que legislação e a interpretação são momentos sucessivos de uma mesma experiência.[243] Em outras palavras "[...] a aplicação da lei não é mera interpretação reprodutiva, mas simultaneamente, produtiva e evolutiva".[244]

Exercido o direito de ação, este dá ensejo à sua antítese: o direito de defesa. O primeiro pertence exclusivamente ao autor (porque por ele exercido), o segundo ao réu. Mais do que isso, enseja também o direito à tutela jurídica; este pertencente a ambos.[245] O direito de agir em juízo não apenas por questão cronológica, mas em especial por ser a válvula condutora para o desenvolvimento de todos os demais direitos fundamentais do processo, constitui-se não apenas em instrumento de justiça social e de garantia de liberdade, como também no princípio-síntese do ordenamento jurídico processual nos países de tradição romano-canônica. *Em suma:* por se tratar do "[...] mais fundamental de todos os direitos, já que imprescindível à efetiva concreção de todos eles",[246] parece mais correto concluir que é o devido processo legal que decorre do direito ao processo, e não o contrário.

---

direito. O direito objetivo, todavia, apenas pode provar sua eficácia quando aplicado a uma relação concreta da vida. Trata-se, portanto, de atuação do direito para que ele não apenas exista, mas se faça valer. Nesse sentido: WACH, Adolf. *Manual de derecho procesal civil*. Buenos Aires: EJEA, 1977. v. 1, p. 21-29.

[242] GRAU, Eros Roberto. *Ensaio e discurso sobre a interpretação/aplicação do direito*. 5 ed. São Paulo: Malheiros, 2009, p. 35.

[243] ASCARELLI, Tullio. Processo e democrazia. *Rivista Trimestrale di Diritto e Procedura Civile*, Padova, ano XII, n. 3, p. 844-860, set. 1958, em especial, p. 856-860.

[244] DELFINO, Lúcio; ROSSI, Fernando. Interpretação jurídica e ideologias: o escopo da jurisdição no Estado Democrático de Direito. In: MOLINARO, Carlos Alberto; MILHORANZA, Mariângela Guerreiro; PORTO, Sérgio Gilberto (coord.). *Constituição, jurisdição e processo*: estudos em homenagem aos 55 anos da Revista Jurídica. Sapucaia do Sul: Notadez, 2007, p. 455.

[245] Nesse sentido: MARINONI, Luiz Guilherme. *Curso de processo civil*: teoria geral do processo. São Paulo: Revista dos Tribunais, 2006. v. 1, p. 260-261; MITIDIERO, Daniel. *Elementos para uma teoria contemporânea do processo civil brasileiro*. Porto Alegre: Livraria do Advogado, 2005, p. 49. Ao afirmar que a tutela jurisdicional não pertence apenas ao vencedor da demanda, diverge-se de corrente processual tradicional que se afirmou a partir dos ensinamentos de Enrico Tullio Liebman. A esse respeito, veja-se: LIEBMAN, Enrico Tullio. *Manual de direito processual civil*. Rio de Janeiro: Forense, 1984. v. 1, p. 147; YARSHELL, Flávio Luiz. *Tutela jurisdicional*. São Paulo: Atlas, 1998, p. 28-30; BEDAQUE, José Roberto dos Santos. *Efetividade do processo e técnica processual*. 2. ed. São Paulo: Malheiros, 2007, p. 509-510.

[246] MARINONI, Luiz Guilherme. *Curso de processo civil*: teoria geral do processo. São Paulo: Revista dos Tribunais, 2006. v. 1, p. 205.

3. A evolução do direito ao processo nas Constituições brasileiras

O direito ao processo como direito constitucional é relativa novidade no ordenamento jurídico brasileiro, dado que as primeiras constituições não o elevaram ao *canon* constitucional.

A Constituição de 1824, assim como as de 1891 e de 1934, sequer chegou a tratar do tema do direito à jurisdição. Quanto à primeira, nada que surpreenda: tratando-se de uma Constituição Imperial com critérios diversos no que tange ao tradicional sistema de separação de poderes, "[...] uma vez que entre estes se alinhava, com força dominante, o poder moderador [...]",[247] natural que o Poder Judiciário ganhasse pouca relevância.

Todavia, a subordinação da lei à Constituição, regra cujo direito ao processo apenas explicita,[248] já se encontrava na ordem constitucional brasileira. Basta recordar que a Constituição de 1891 já previa a possibilidade de recurso ao Supremo Tribunal Federal para "[...] questionar a validade ou aplicação de tratados e leis federais, e a decisão do tribunal do Estado fôr contra ela".[249] Tendo, ainda, posteriormente, o controle jurisdicional de constitucionalidade auferido enunciação "[...] numa fórmula genérica, de modo expresso e categórico",[250] através do art. 13, § 10, da Lei nº 221, de 20 de novembro de 1894.[251]

---

[247] ROCHA, Carmen Lúcia Antunes. O direito constitucional à jurisdição. In: TEIXEIRA, Sálvio de Figueiredo (coord.). *As garantias do cidadão na justiça.* São Paulo: Saraiva, 1993, p. 47.

[248] PONTES DE MIRANDA, Francisco Cavalcanti. *Comentários à Constituição de 1946.* 3. ed. Rio de Janeiro: Editor Borsoi, 1960. t. 4, p. 410.

[249] O dispositivo legal é citado em: BUZAID, Alfredo. *Da ação direta de declaração de inconstitucionalidade no direito brasileiro.* São Paulo: Saraiva, 1958, p. 30.

[250] BUZAID, Alfredo. *Da ação direta de declaração de inconstitucionalidade no direito brasileiro.* São Paulo: Saraiva, 1958, p. 30.

[251] Dispõe o referido artigo, conforme Alfredo Buzaid: "Os juízes e tribunais apreciarão a validade das leis e regulamentos e deixarão de aplicar aos casos ocorrentes as leis manifestamente inconstitucionais e os regulamentos manifestamente incompatíveis com as leis e com a

Também a Constituição Federal de 1937, que bem da verdade "[...] serviu de frontespício legal a uma ditadura ilegítima [...]",[252] deixou de reconhecer o direito à jurisdição. Não menos natural que, em meio a um ambiente cultural antidemocrático, fosse esquecido o direito à proteção jurisdicional. O direito ao exame da lesão ou da ameaça a direitos não se correlaciona com ambientes ditatoriais. É corolário lógico da democracia.

E é justamente a frequente lesão a direitos fundamentais cometida na ditadura de Vargas, e a paralela ausência de possibilidade de concreta proteção aos direitos contra tais ataques, que alertou o Constituinte de 1946 para a necessidade de prevê-lo constitucionalmente.[253] O artigo 141, § 4°, rezou que: "A lei não poderá excluir da apreciação do Poder Judiciário qualquer lesão de direito individual". O constituinte, portanto, ao invés de optar pela formulação normativa direta, com a titularização do sujeito ativo do direito à tutela jurisdicional escolhe a "[...] fórmula indireta da negação de competência ao legislador infra-constitucional para tolher aquele direito [...]",[254] consequência direta do ambiente que se buscava repelir, dado que as maiores atrocidades contra o direito de ação eram fruto de atos praticados pelo próprio governo. Para Pontes de Miranda tratou-se da "[...] mais típica e prestante criação de 1946".[255]

Como já anotado em passagem anterior, trata-se do primeiro texto receptivo do Estado Constitucional no Brasil que tem entre seus alicerces a previsão ao exame incondicional da afirmação de lesão a direitos. O verbete do art. 141, § 4°, da Constituição de 1946 recebeu crítica de Luis Eulálio de Bueno Vidigal por se demonstrar incompleto. É observação do jurista: "O texto permite ao legislador ordinário excluir da apreciação jurisdicional as simples declarações de direitos. O art. 141, § 4°, deve ser completado: 'nem impedir a

---

Constituição". (BUZAID, Alfredo. *Da ação direta de declaração de inconstitucionalidade no direito brasileiro*. São Paulo: Saraiva, 1958, p. 30).

252 ROCHA, Carmen Lúcia Antunes. O direito constitucional à jurisdição. In: TEIXEIRA, Sálvio de Figueiredo (coord.). *As garantias do cidadão na justiça*. São Paulo: Saraiva, 1993, p. 47.

253 Idem, p. 48.

254 Idem, p. 49.

255 PONTES DE MIRANDA, Francisco Cavalcanti. *Comentários à Constituição de 1946*. 3. ed. Rio de Janeiro: Editor Borsoi, 1960. t. 1, p. 412. Segundo o autor: "[...] Dirige-se ela aos legisladores (*verbis* "A lei não poderá [...]"): os legisladores ordinários nenhuma regra jurídica podem edictar, que permita preclusão em processo administrativo, ou em inquérito parlamentar, de modo que se exclua (coisa julgada material) a cognição pelo Poder Judiciário, se a res deducta é direito individual. [...]" (PONTES DE MIRANDA, Francisco Cavalcanti. *Comentários à Constituição de 1946*. 3. ed. Rio de Janeiro: Editor Borsoi, 1960. t. 1, p. 412)

mera declaração jurisdicional de direitos e obrigações'".[256] A crítica, porém, não procede. Declarações contidas em lei que prejudiquem ou impeçam o exercício de direitos, por evidente se constituem em lesões. Daí por que nunca se duvidou desde sua origem que o direito à jurisdição inclui o direito à tutela declaratória.

Em que pese a expressa previsão constitucional, após a Revolução de 1964, é editado o Ato Institucional n. 2, de 27 de outubro de 1965, excluindo da apreciação jurisdicional os atos praticados pelo Comando da Revolução. Como dito alhures, *o direito ao processo não encontra ambiente propício em regimes antidemocráticos.*

A Constituição Federal de 1967, outorgada sob o comando ditatorial, manteve o direito à jurisdição, agora no art. 150, § 4°. Todavia, repetindo o que ocorrera na ordem constitucional anterior, promulgou-se o Ato Institucional n. 5, de 13 de dezembro de 1968, que vedou "[...] de qualquer apreciação judicial todos os atos praticados de acordo com este Ato Institucional e seus Atos Complementares, bem como os respectivos efeitos". Não bastasse isso, "[...] o episódio histórico que envergonhou o direito brasileiro [...]"[257] ainda suspendeu as garantias constitucionais dos magistrados, criando ambiente de intenso temor dentro do referido Poder.[258]

Em evidente "hipocrisia legal",[259] a denominada Emenda Constitucional n. 1, de 1969 reafirmou o direito de ação, renumerando-o para o artigo 153, § 4°, da Constituição Federal.

Com a promulgação da Constituição Federal de 1988, o direito ao processo continua tendo previsão constitucional. O próprio enunciado normativo é similar àquele contido no artigo 153, § 4°, da Constituição Federal de 1967, porém com *duas relevantes novidades*: por um lado, o art. 5°, XXXV, da Constituição Federal de 1988

---

[256] VIDIGAL, Luiz Eulálio de Bueno. *Direito processual civil*. São Paulo: Saraiva, 1965, p. 236.

[257] NERY JR., Nelson. *Princípios do processo na Constituição Federal:* processo civil, penal e administrativo. 9. ed. São Paulo: Revista dos Tribunais, 2009, p. 170.

[258] A esse respeito disciplinou: Art. 6º Ficam suspensas as garantias constitucionais ou legais de: vitaliciedade, inamovibilidade e estabilidade, bem como a de exercício em funções por prazo certo. § 1º O Presidente da República poderá mediante decreto, demitir, remover, aposentar ou pôr em disponibilidade quaisquer titulares das garantias referidas neste artigo, assim como empregado de autarquias, empresas públicas ou sociedades de economia mista, e demitir, transferir para a reserva ou reformar militares ou membros das polícias militares, assegurados, quando for o caso, os vencimentos e vantagens proporcionais ao tempo de serviço.

[259] ROCHA, Carmen Lúcia Antunes. O direito constitucional à jurisdição. In: TEIXEIRA, Sálvio de Figueiredo (coord.). *As garantias do cidadão na justiça*. São Paulo: Saraiva, 1993, p. 49.

prevê a possibilidade de exame à *ameaça a direito*;[260] de outro, exclui a *expressão "individual"*. O constituinte começa a combater o caráter repressivo e individualista que domina o direito processual civil brasileiro a partir do direito fundamental ao processo.[261]

O ordenamento jurídico-processual brasileiro, como a rigor também ocorre em outros países, passa a conviver sob certo choque de ideologias.[262] De um lado a Constituição com caráter social; de outro o Código de Processo Civil, última das codificações processuais conhecidas, construída sob a influência do *Code de Procedure Civile* de 1806. Este último de caráter repressivo e individualista, adaptado, assim, ao direito material vigente, dado que o Código Civil de 1916 tem no *Code Civile* sua principal fonte, seguido dos códigos portugueses, italiano e do então projeto alemão.[263] Calha oportuna a observação de Hermes Zanetti Jr. ao afirmar que "[...] uma sociedade patrimonialista, privatista, civilista, terá, como conformação, um processo dispositivo, defensor da propriedade como valor e cediço das relações obrigacionais".[264] [265]

---

[260] Alfredo Buzaid destaca que a grande inovação do art. 5º, XXXV, da Constituição Federal de 1988, em relação às anteriores (de 1946, art. 141, § 4º; de 1967, art. 155, § 4º), é a tutela não apenas da lesão, mas em especial, da ameaça a direito. (Inafastabilidade do controle jurisdicional. In: BUZAID, Alfredo. *Estudos e pareceres de direito processual civil*. São Paulo: Revista dos Tribunais, 2002, p. 313).

[261] A respeito da concepção de caráter social do processo, com a superação da antiga visão puramente individualista e liberal instituída pela Constituição Federal de 1988 e o seu choque com o Código de Processo Civil ver, por todos: ALVARO DE OLIVEIRA, Carlos Alberto. *Do formalismo no processo civil*. 3. ed. São Paulo: Saraiva, 2009, p. 121-126. No mesmo sentido, algumas considerações são encontradas em conferência de Galeno Lacerda proferida no ano de 1991 publicada recentemente: LACERDA, Galeno. *Teoria geral do processo*. Rio de Janeiro: Forense, 2008, p. 245-275.

[262] A natureza privatista e individual do Código de Processo Civil italiano, por conta de sua influência no Código Civil é apontada por Mauro Cappelletti: "Si può concludere constatando che il codice di procedura civile vigente, nonostante la sua originariamente proclamata ispirazione autoritaria, ha in effetti recepito la concezione accentuatamente privatistica ed individualistica del diritto civile, che fu propria del secolo scorso e della sua ideologia 'liberale': concezione comportante un potere 'monopolístico' dell'individuo nella dispozione dei suoi diritti econômico-patrimoniali, com tutti i reflessi che da tale concezione derivano sul piano del diritto processuale." (CAPPELLETTI, Mauro. Libertà individuale e giustizia socieale nel processo civile italiano. *Rivista di Diritto Processuale*. Padova, v. 27, 2. serie, p. 20, 1972).

[263] PONTES DE MIRANDA, Francisco Cavalcanti. *Fontes e evolução do direito civil brasileiro*. 2. ed. Rio de Janeiro: Forense, 1981, p. 93.

[264] ZANETTI JR., Hermes. Processo constitucional: relações entre processo e Constituição. *Genesis*: revista de direito processual civil, Curitiba, n. 36, p. 260, abr./ jun. 2005.

[265] Em que pese o princípio dispositivo não tenha sua origem na revolução burguesa ou no Estado liberal, ele se adaptava com fluidez na ideologia oitocentista. Trata-se de princípio expresso pelos antigos doutores nas fórmulas *"non judex sine parte"*, *"ne procedat judex ex officio"*, *"ne eat judex ultra petita partium"* e *"judex secundum allegata, non secundum conscientiam*

Em consequência, o ordenamento jurídico processual acaba demonstrando-se despreparado para prevenir lesões a direitos e lidar com direitos coletivos. Esse choque ideológico é combatido primeiro através de legislações esparsas,[266] depois através de três ondas reformatórias que descaracterizaram o denominado Código de Buzaid.

No mais, a Constituição Federal de 1988 tem o condão de resgatar o ambiente democrático. Com o fim do regime ditatorial, o direito ao processo encontra espaço para se desenvolver e para deixar de ser uma garantia fictícia e se tornar o instrumento mais eficaz e sólido de defesa dos direitos fundamentais. Mais do que isso, torna-se garantidor da própria manutenção da ordem democrática, estabelecendo-se ele próprio em um ambiente propício para seu desenvolvimento.

judicat". Negar o caráter privado e disponível da propriedade, assim como dos demais direitos de natureza econômica-patrimonial, redundaria na negativa do princípio dispositivo no processo civil, sendo justamente aquela negação ao núcleo central da consciência marxista do direito e da sociedade que a ideologia Oitocentista necessitava combater. A esse respeito: CAPPELLETTI, Mauro. Libertà individuale e giustizia socieale nel processo civile italiano. *Rivista di Diritto Processuale*. Padova, v. 27, 2. serie, p. 20, 1972.

[266] ALVARO DE OLIVEIRA, Carlos Alberto. *Do formalismo no processo civil*. 3. ed. São Paulo: Saraiva, 2009, p. 124.

4. A suposta dicotomia entre o direito ao processo previsto na Constituição e o direito ao processo infraconstitucional

É da afirmação de Enrico Tullio Liebman que o direito ao processo previsto na Constituição não se identifica com o direito ao processo previsto no ordenamento processual, por se tratar aquele de poder jurídico de natureza pública, indeterminado e genérico, sem qualquer relação com uma situação concreta.[267] Daí por que concluiu o memorável jurista que o direito à ação ("processual"), previsto constitucionalmente devido à sua abstração e indeterminação, não possui

> [...] rilevanza alcuna nella vita e nel funzionamento pratico del processo, perché, spettando a chiunque in qualsiasi circonstanza, non permette di distinguere caso da caso, né di stabilire un colegamento tra il processo e la fattispecie concreta per la quale esso viene proposto.[268]

Em que pese o direito de ação possa existir sem previsão constitucional, como, aliás, se viu alhures, dado que apenas a partir da Constituição Federal de 1946 a evolução histórica constitucional passou a prevê-lo, sem que se constasse nos ordenamentos jurídicos anteriores a existência de um efetivo direito de ascensão ao Poder Judiciário, sua previsão em nível constitucional traz significativos impactos que acabam por afastar a conclusão de Liebman.

Em um primeiro momento, é de se refletir que o direito ao processo previsto constitucionalmente não cria um direito diverso daquele previsto no sistema processual; trata-se de verdadeira constitucionalização deste direito.[269] Se é correto afirmar que "[...]

---

[267] LIEBMAN, Enrico Tullio. L'azione nella teoria del processo civile. In: ——. *Problemi del processo civil*. Milano: Morano, 1962, p. 41.

[268] Idem, p. 43.

[269] Essa parece ser a lição de José Roberto Bedaque dos Santos: "[...] A ação constitucional e a ação processual constituem, na verdade, aspectos do mesmo fenômeno." (SANTOS, José

cada um dos institutos do processo civil significa o desenvolvimento de um preceito constitucional [...]",[270] não é menos oportuno afirmar que *o ordenamento jurídico processual civil como um todo é a mera regulamentação do direito fundamental de acesso ao Poder Judiciário para exame da afirmação de lesão ou ameaça a direito.* Ou, nas palavras do próprio Liebman, com apoio nas lições de Couture, em outro de seus históricos ensaios: "[...] *il codice di procedura civile altro non è che 'la legge regolamentare della garanzia di giustizia contenuta nella costituzione'".*[271] Mais do que isso, o direito ao processo previsto constitucionalmente não é um direito de todo abstrato e genérico sem qualquer consequência prática. Trata-se de afirmação forjada no ambiente cientificista do processo. O direito ao processo, que possibilita o exame da afirmação de uma ameaça ou lesão a direito, inclui a necessidade de um espaço dialético, para alegações e meios de prova adequados a proteção jurisdicional. Inclui, assim, uma tutela jurisdicional adequada ao direito material a ser preservado ou reparado.[272]

Em um segundo momento, também há que se afastar a irrelevância desta constitucionalização. A constitucionalização do direito ao processo e, mais do que isso, sua elevação a direito fundamental, impede que óbices legais ou fáticos se imponham diante dele. Traz, ainda, a necessidade de interpretar todas as normas infraconstitucionais de maneira mais favorável à sua concretização, com reflexos de monta, por exemplo, na interpretação dos pressupostos processuais de forma *pro actione*, para que não se constituam em verdadeiros óbices ou restrições infraconstitucionais ao direito fundamental de acesso. *Enfim, traz evidentes consequências de aspectos práticos.*[273]

Não por acaso já se afirmou ser o direito processual o direito constitucional aplicado, já que além de sua função de realização do direito material, constitui-se mais amplamente na "[...] ferramenta

---

Roberto Bedaque dos. *Efetividade do processo e técnica processual.* 2 ed. São Paulo: Malheiros, 2007, p. 237).

[270] VIDIGAL, Luiz Eulálio Bueno. O processo civil e a reforma constitucional. In: ——. *Direito processual civil.* São Paulo: Saraiva, 1965, p. 225.

[271] LIEBMAN, Enrico Tullio. Diritto costituzionale e processo civile. In: ——. *Problemi del processo civile.* Milano: Morano, 1962, p. 150.

[272] A esse respeito, válida a lição: "O art. 151, § 4°, consagra, no plano constitucional, o próprio direito de ação. Representa, até certo ponto, o fundamento constitucional sobre o qual se estriba a ação, em sentido processual: pois a ação se situa, inicialmente, no plano jurídico-constitucional." (GRINOVER, Ada Pellegrini. *As garantias constitucionais do direito de ação.* São Paulo: Revista dos Tribunais, 1973, p. 156).

[273] Em sentido similar: idem, p. 158.

de natureza pública indispensável para a realização de justiça e pacificação social".[274]

A importância e os reflexos da constitucionalização do direito de ação, acrescidos do modo pós-positivista (ou neoconstitucionalista) de pensar o direito, será alvo de análise mais profunda adiante; por enquanto cabe apenas refutar a afirmação de Liebman.

[274] ALVARO DE OLIVEIRA, Carlos Alberto. *Do formalismo no processo civil.* 3. ed. São Paulo: Saraiva, 2009, p. 75.

5. As teorias sobre o direito ao processo na processualística[275]

Como adiantado no limiar deste estudo, por muito tempo negou-se a autonomia do direito processual. A ação, nessa época, era mero apêndice do direito material. O processo era visto e pensado como instrumento servil ao direito substancial integrando a própria relação de direito privado. Não por outra razão a doutrina da época manejava de definições romanistas para conceituar o direito de ação como o direito de alguém perseguir em juízo o que lhe é devido ou um poder imanente ao direito de reagir contra a violação.

Para a mudança desse quadro, foi imprescindível a conhecida polêmica entre Windscheid e Muther. Em 1856, Windscheid publica seus estudos (A *Actio* do direito civil romano do ponto de vista do direito moderno)[276] em torno do direito romano e conclui que a *actio* romana não era um meio de defesa ou um direito que surgia em decorrência da violação, equivalendo, outrossim, ao que

---

[275] Para quem desejar se aprofundar no estudo da evolução histórica sobre as teorias da ação, a bibliografia disponível demonstra-se vasta. Aliás, talvez não haja exagero em afirmar que se trata do tema mais examinado nas obras de processo civil. Destaca-se, portanto, apenas algumas dentre tantas de relevo: CHIOVENDA, Giuseppe. L'azione nel sistem dei dirititti. In: ——. *Saggi di diritto processuale civile (1894-1937)*. Milano: Giuffrè, 1993. v. 1, p. 03-99; ESTELLITA, Guilherme. *Direito de ação direito de demandar*. 2. ed. Rio de Janeiro: Livraria Jacinto, 1942, em especial, p. 07-96; GRINOVER, Ada Pellegrini. *As garantias constitucionais do direito de ação*. São Paulo: Revista dos Tribunais, 1973, p. 45-68; SANTOS, Moacyr Amaral. *Primeiras linhas de direito processual civil*. 3. ed. São Paulo: Max Limond, 1970. v. 1, p. 175-196; TESHEINER, José Maria Rosa. *Elementos para uma teoria geral do processo*. São Paulo: Saraiva, 1993, p. 85-107; MARINONI, Luiz Guilherme. *Curso de processo civil*: teoria geral do processo. São Paulo: Revista dos Tribunais, 2006. v. 1, p. 157-182; MITIDIERO, Daniel. *Elementos para uma teoria contemporânea do processo civil brasileiro*. Porto Alegre: Livraria do Advogado, 2005, p. 90-110; ALVARO DE OLIVEIRA, Carlos Alberto. *Teoria e prática da tutela jurisdicional*. Rio de Janeiro: Forense, 2008, p. 23-69.

[276] CHIOVENDA, Giuseppe. L'azione nel sistem dei dirititti. In: In: ——. *Saggi di diritto processuale civile (1894-1937)*. Milano: Giuffrè, 1993. v. 1, p. 06.

modernamente se denomina de pretensão.[277] Analisando-o comparativamente com o direito alemão em vigência, concluiu que enquanto a *actio* se referia a uma atividade dirigida contra o obrigado, a *Klage* ou *Klagerecht*, que se constituía no direito de querela, dirigia-se contra o Estado.[278]

Muther, contestando as referidas ideias, sustenta um direito de agir em face do Estado e também que a própria *actio* seria um direito do autor para que o Pretor lhe outorgasse a tutela jurídica. Portanto, junto ao direito originário havia um direito de agir que, "embora não se confundindo com o direito material, tem ele como pressuposto".[279] Muther, portanto, concebe o direito de ação como um direito contra o Estado na pessoa de seus órgãos jurisdicionais, como um direito à fórmula ou à tutela jurídica. Este direito, todavia, "[...] *ha per presupposto il primo, il diritto processuale d'agire ha, come si vede, una base di diritto privato*".[280]

Em réplica, Windscheid acolhe em parte os argumentos de Muther para admitir a existência de uma ação processual ao lado da pretensão de direito material,[281] deixando claro, por outro lado, que a *actio* romana estava no plano do direito privado, devendo ser vista como uma pretensão de direito material.

A doutrina alemã continua em destaque: Oskar Bülow[282] contribui para a autonomia do direito de agir ao enfatizar a natureza do processo como relação jurídica (processual). O autor destaca que o processo é uma relação jurídica de direito público, que se desenvolve de modo progressivo entre o tribunal e as partes.

Estavam definitivamente plantadas as sementes para a elaboração do direito processual como ciência. O praxismo perdia espaço diante da autonomia do direito processual. Daí para frente, duas correntes passam a disputar a natureza do direito ao processo: de um lado a teoria do direito concreto à jurisdição; de outro, a teoria do direito abstrato à tutela jurídica.

---

[277] MARINONI, Luiz Guilherme. *Curso de processo civil*: teoria geral do processo. São Paulo: Revista dos Tribunais, 2006. v. 1, p. 160.

[278] CHIOVENDA, Giuseppe. L'azione nel sistem dei dirititti. In: ——. *Saggi di diritto processuale civile (1894-1937)*. Milano: Giuffrè, 1993. v. 1, p. 07.

[279] MARINONI, Luiz Guilherme. *Curso de processo civil*: teoria geral do processo. São Paulo: Revista dos Tribunais, 2006. v. 1, p. 162.

[280] CHIOVENDA, Giuseppe. L'azione nel sistem dei dirititti. In: ——. *Saggi di diritto processuale civile (1894-1937)*. Milano: Giuffrè, 1993. v. 1, p. 09.

[281] Idem, p. 162.

[282] BÜLOW, Oskar. *Las excepciones y los presupuestos procesales*. Buenos Aires: EJEA, 1964, p. 03.

Alguns anos depois da obra de Bülow, Plósz e Degenkolb[283] afirmam que o direito de agir em juízo independe da efetiva existência do direito privado, constituindo-se em um direito subjetivo público, logo, abstrato ao direito material. Para estes autores, fundadores da teoria da ação como direito abstrato, uma vez exercido o direito de ação, estará o Estado obrigado a prestar jurisdição mediante apreciação do pedido formulado. Mesmo que desprovido de qualquer amparo no direito material, faz-se firme a obrigação do Estado de se pronunciar quanto ao pleito. A ação, nessa visão, é direito de invocar a jurisdição, tendo como correspondência a obrigação do Estado de exercício da atividade jurisdicional.[284]

Na teoria concreta, o primeiro destaque é Adolf Wach, que aduz que o direito à tutela jurídica é autônomo, porque não depende necessariamente da existência do direito material, todavia, concreto por depender de uma sentença favorável.[285] O direito à tutela jurídica, nessa teoria, corresponde ao direito à sentença favorável. O autor alemão distingue ainda a pretensão à tutela jurídica da pretensão à sentença: a primeira apenas é devida à parte que tem direito; a segunda pertence a ambas. Na síntese do autor, a pretensão de proteção do direito é de natureza pública e se dirige por um lado contra o Estado e, por outro, contra a parte contrária. Ao Estado incumbe a proteção do direito mediante a administração da justiça; à parte contrária incumbe apenas tolerar a proteção estatal.[286] O direito ao processo é um direito público subjetivo de quem tem razão, a fim de que o Estado conceda a tutela jurídica mediante sentença procedente.

Em histórica *prolusione* proferida na Universidade de Bolonha em 03 de fevereiro de 1903,[287] que marcou o nascimento da moderna

---

283 Tratam-se, segundo Chiovenda, das seguintes obras: "Degenkolb, Eintanssungswang und Urteilsnorm, Leipzig, 1877; Plósz, Beiträge zur Theorie des Klagerechts, Leipzig, 1880." CHIOVENDA, Giuseppe. L'azione nel sistem dei dirititti. In: ——. *Saggi di diritto processuale civile (1894-1937)*. Milano: Giuffrè, 1993. v. 1, p. 64, nota 35.

284 Segundo Ada Pellegrini Grinover: "Cabe a Degenkolb o mérito de ter criado, desde 1877, a teoria da ação, não apenas como direito autônomo e abstrato, mas ainda subjetivo, porquanto direito pré-processual à movimentação da atividade jurisdicional. [...]" (GRINOVER, Ada Pellegrini. *As garantias constitucionais do direito de ação*. São Paulo: Revista dos Tribunais, 1973, p. 54).

285 WACH, Adolf. *Manual de derecho procesal civil*. Buenos Aires: EJEA, 1977. v. 1, p. 42-43.

286 Idem. *La pretension de declaracion*: un aporte a la teoria de la pretension de proteccion del derecho. Buenos Aires: EJEA, 1962, p. 59.

287 Publicada em: CHIOVENDA, Giuseppe. L'azione nel sistem dei dirititti. In: ——. *Saggi di diritto processuale civile (1894-1937)*. Milano: Giuffrè, 1993. v. 1, p. 03-99.

escola processual italiana,[288] Giuseppe Chiovenda elabora sua teoria da ação como direito potestativo. Para Chiovenda, a ação é o poder de realizar a condição necessária à atuação da vontade da lei. O direito de ação seria, assim, um direito potestativo que sujeitaria o réu a sofrer os efeitos jurídicos decorrentes de seu exercício sem nada poder fazer para impedir.[289] Tratar-se-ia não de direito subjetivo público frente ao Estado, mas de direito potestativo exercido em face do réu, que em nada contribui para a realização da obrigação, mas apenas sofre os efeitos da pretensão exercida.[290]

Em linha diversa à de Chiovenda, uma contribuição importante é a de Alfredo Rocco que "[...] desenvolve a teoria germânica da ação, como direito cívico: a posição de quem se dirige ao órgão jurisdicional, qualificada como *diritto ad una pubblica prestazione*, é própria *di qualsiasi cittadino in quanto tale*".[291] A ação pressupõe o *status civitatis*. Segue-se a ele Ugo Rocco também incluindo a ação entre os direitos públicos subjetivos na categoria de direitos cívicos.

Em uma tentativa conciliadora, Enrico Tullio Liebman propõe uma teoria da ação que reside entre as duas diretivas fundamentais, "[...] *l'una che studia l'azione dal punto di vista dell'atore, l'altra che la considera dal punto di vista del giudice*".[292]

Segundo Liebman, a ação não é totalmente abstrata e genérica, referindo-se, ao contrário, à situação determinada e individualizada. Trata-se de direito a provimento jurisdicional sobre a pretensão formulada. A ação é condicionada a três requisitos: interesse de agir, "[...] *che è l'interesse della'attore ad ottenere il provvedimento domandato (art. 100 cod. Proc. Civ.)* [...]";[293] legitimidade para agir, "[...] *che è l'appartenenza dell'azione a colui che la propone e in confronto*

---

[288] LIEBMAN, Enrico Tullio. L'azione nella teoria del processo civile. In: ——. *Problemi del processo civil*. Milano: Morano, 1962, p. 25.

[289] CHIOVENDA, Giuseppe. L'azione nel sistem dei dirititti. In: ——. *Saggi di diritto processuale civile (1894-1937)*. Milano: Giuffrè, 1993. v. 1, p. 15.

[290] A esse respeito, afirma o autor: "A ação é um poder que nos assiste em face do adversário em relação a quem se produz o efeito jurídico da atuação da lei. O adversário não é obrigado a coisa nenhuma diante desse poder: simplesmente lhe está sujeito. Com seu próprio exercício exaure-se a ação, sem que o adversário nada possa fazer, quer para impedi-la, que pra satisfazê-la. Sua natureza é privada ou pública, consoante a vontade de lei, cuja atuação determina, seja de natureza privada ou pública." (CHIOVENDA, Giuseppe. *Instituições de direito processual civil*. São Paulo: Saraiva, 1969. v. 1, p. 24)

[291] GRINOVER, Ada Pellegrini. *As garantias constitucionais do direito de ação*. São Paulo: Revista dos Tribunais, 1973, p. 58.

[292] LIEBMAN, Enrico Tullio. L'azione nella teoria del processo civile. In: ——. *Problemi del processo civil.*. Milano: Morano, 1962, p. 28.

[293] Idem, p. 46.

alla controparte (art. 81 cod. proc. civ.) [...]";[294] e, a possibilidade jurídica "[...] *che è l'amissibilità in astratto del provvedimento chiesto, secondo le norme vigenti nell'ordine giuridico nazionale.* [...]".[295] Ausentes quaisquer desses requisitos, o autor será carecedor de ação e o juiz não deverá emitir provimento sobre o mérito da ação. Não exercida ação, também não atua a jurisdição: "*Tra azione e giurisdizione esiste perciò esatta correlazione, non potendo aversi l'una senza l'altra*".[296]

Alguns anos mais tarde, Couture desenvolve a ideia do direito à tutela jurídica como espécie do direito de petição,[297] ganhando uma série de adeptos, inclusive no Brasil.[298] Todavia, esse entendimento demonstra-se incompatível com o atual texto constitucional brasileiro. Primeiro por estar o direito ao processo previsto em inciso próprio, representando direito subjetivo público autônomo e independente do direito de petição, por sua vez também previsto dentre os direitos fundamentais processuais. Depois, uma vez garantido o direito de petição "[...] independentemente do pagamento de taxas" (art. 5°, XXXIV), a premissa de que o direito ao processo é espécie do direito de petição levaria a conclusão de inconstitucionalidade de todo o sistema brasileiro de custas judiciárias.

O Código de Processo Civil brasileiro adota a teoria eclética de Liebman mediante a previsão das condições da ação, sem as quais o autor faz-se carente de ação havendo o afastamento do pedido formulado, sem resolução de mérito.

Atualmente, diante do Estado Constitucional em movimento, parece inapropriada qualquer outra análise do direito ao processo que não tenha por ponto de partida a teoria dos direitos fundamentais. Feitas estas considerações históricas, passa-se ao seu exame sob a perspectiva mais própria ao atual estágio cultural brasileiro.

---

[294] LIEBMAN, Enrico Tullio. L'azione nella teoria del processo civile. In: ——. *Problemi del processo civil.*. Milano: Morano, 1962, p. 46.

[295] Ibidem.

[296] Idem, p. 47.

[297] COUTURE, Eduardo J. *Estudios de derecho procesal civil:* la Constitución y el proceso civil. 3. ed. Buenos Aires: Depalma, 1998. t. 1, p. 34-45.

[298] Adotando a teoria de Couture no Brasil: BUZAID, Alfredo. *Da ação direta de declaração de inconstitucionalidade no direito brasileiro.* São Paulo: Saraiva, 1958, p. 103-104; GRINOVER, Ada Pellegrini. *As garantias constitucionais do direito de ação.* São Paulo: Revista dos Tribunais, 1973, p. 76; ZANETTI JR., Hermes. Processo constitucional: relações entre processo e Constituição. *Genesis*: revista de direito processual civil, Curitiba, n. 36, p. 261, abr./jun. 2005, BERMUDES, Sérgio. *Direito processual civil*: estudos e pareceres. São Paulo: Saraiva, 1983, p. 170-173.

6. A ação na perspectiva dos direitos fundamentais: o trato do direito ao processo no método de pensamento contemporâneo do Direito Processual Civil

A evolução do conceito do direito ao processo na doutrina processual foi propositalmente esboçada de forma econômica. Não se quer desprezar a experiência de mais de cento e cinquenta anos de debate da processualística sobre o tema. Como já dito alhures, o homem é produto e produtor da cultura, a experiência desta evolução será de grande valia para evitar regressos. Lembre-se que não é a lógica que explica as instituições, é a história.

Por outro lado, o marco teórico estabelecido para o estudo do direito ao processo é justamente o novo modo de pensar constitucional. Trata-se de direito a ser examinado pelo seu viés constitucional na perspectiva dos direitos fundamentais, única forma adequada de análise à luz do atual estágio do direito processual civil. Não é por outra razão que Carlos Alberto Alvaro de Oliveira, com apoio na doutrina italiana, já afirmou que deveria deixar-se a cargo dos direitos fundamentais precisar o conteúdo do direito ao processo, incumbindo às normas processuais "[...] a função primária de codificar a relação fundamental entre a iniciativa judiciária do individuo e a possibilidade de se obter em juízo uma adequada tutela jurisdicional".[299] A ressalva é de que se respeite a tradição latinoamericana, deixando-se a cargo dos processualistas o estudo do conteúdo dos direitos fundamentais processuais, diferentemente do que ocorre na tradição europeia em que tal espaço passou a pertencer aos constitucionalistas.[300] Essa não é, todavia, a tradição latinoamericana, na qual não apenas o direito ao processo, como o

[299] ALVARO DE OLIVEIRA, Carlos Alberto. *Teoria e prática da tutela jurisdicional*. Rio de Janeiro: Forense, 2008, p. 73-74.

[300] A esse respeito a obra já indicada de MAC-GREGOR, Eduardo Ferrer. *Derecho procesal constitucional*: origen cientifico (1928-1956). Madrid: Marcial Pons, 2008, em especial, p. 19-64.

direito processual constitucional em sua totalidade continua a ser preponderantemente examinado pela doutrina processual.

Melhor mesmo seria respeitar essa cultura, porém com a consciência de que devem os processualistas acompanhar a contemporaneidade marcada pela mitigação da separação dos ramos jurídicos. Devem, assim, manter o aprimoramento nas demais áreas, em especial no direito constitucional. O estreitamento com a hermenêutica jurídica e a lógica argumentativa também se faz imprescindível.

É a partir desse novo estágio que atinge também o direito processual civil, que se analisa com maior acuidade a evolução do direito ao processo, almejando-se explorar os principais traços do processo devido pelo Estado Constitucional.

7. Breves considerações sobre os direitos fundamentais: premissas imprescindíveis ao entendimento da ação sob a perspectiva contemporânea

Antes de prosseguir no aprofundamento do exame do direito ao processo sob seu viés constitucional, com ênfase em sua natureza de direito fundamental, faz-se mister traçar algumas premissas essenciais quanto aos próprios direitos fundamentais. Conceitos que servirão de norte na formação das conclusões específicas. Passa-se a eles.

7.1. A dignidade da pessoa humana como valor fundamental da ordem constitucional

Não parece correto na ordem constitucional brasileira falar em direito fundamental à dignidade humana. No inciso III do art. 1º da Constituição Federal, a dignidade humana foi elevada a princípio fundamental do sistema jurídico brasileiro.

Nessa perspectiva, como assevera José Carlos Viera Andrade,[301] os direitos fundamentais são a própria concretização deste valor fundamental.[302] Valor de máxima hierarquia axiológica que

---

[301] Para o autor, alguns direitos fundamentais constituem explicitações de 1º grau da ideia de dignidade da pessoa humana (vida, liberdade física etc.), e outros se revelam uma decorrência destes direitos primários, completando-os como explicitações de 2º grau, de acordo com as circunstâncias sociais, econômicas, políticas e ideológicas concretas de cada ordem constitucional (ANDRADE José Carlos Viera. *Os direitos fundamentais na Constituição Portuguesa de 1976*. 3. ed. Coimbra: Almedina, 2004, p. 101 e ss.).

[302] De idêntica posição, Konrad Hesse assevera que a dignidade do homem, como princípio supremo da Constituição, é desenvolvida pelos direitos fundamentais. (HESSE, Konrad. *Elementos de direito de direito constitucional da República Federal da Alemanha*. Trad. de Luís Afonso Heck. Porto Alegre: Fabris, 1998, p. 244).

justifica o próprio ordenamento jurídico.[303] Positivam-se as diversas dimensões e perspectivas desse valor supremo à ordem constitucional através dos direitos fundamentais.

Daí por que possível conceituar os direitos fundamentais a partir desse princípio fundamental. Sendo assim, direitos fundamentais são os direitos do ser humano, reconhecidos e positivados na esfera constitucional de determinado Estado, motivando-se numa pretensão geral de respeito e proteção à dignidade da pessoa humana.

7.2. Direitos fundamentais formais e materiais

A expressão "direitos fundamentais" é usada na doutrina, por vezes, como sinônimo de outras expressões tais como "direitos humanos", "direitos do homem", "direitos naturais" ou "direitos subjetivos públicos".

Essa multiplicidade de expressões ora usada como sinônimos, ora com parciais distinções, é uma das dificuldades encontradas no tempo para o avanço e aprofundamento do estudo do fenômeno que atualmente se denomina com maior largueza de direitos fundamentais. Dificuldade essa que é reconhecida na doutrina mais autorizada.[304]

Em decorrência da adesão à corrente que diferencia conceitualmente as expressões "direitos humanos" (ou "direitos do homem") e "direitos fundamentais", não se usará como sinônimo da segunda no presente estudo. Isso porque, entende-se que o primeiro diz com os documentos de direito internacional, referindo-se, portanto, a posições jurídicas reconhecidas ao ser humano independentemente do acolhimento perante o ordenamento jurídico constitucional de determinado país; enquanto o segundo, refere-se aos direitos humanos positivados no direito constitucional de determinado Estado.

[303] Edilson Pereira de Farias afirma que a dignidade da pessoa humana é a própria fonte jurídico-positiva dos direitos fundamentais, dando-lhes unidade e coerência (FARIAS, Edilson Pereira. *Colisão de direitos*: a honra, a intimidade, a vida privada e a imagem versus a liberdade de expressão e informação. Porto Alegre: Fabris, 1996, p. 54).

[304] Nesse sentido: SILVA, José Afonso da. *Curso de direito constitucional positivo.* 16. ed. São Paulo: Malheiros, 1999, p. 179. Apontando ainda a mesma dificuldade terminológica: GOMES NETO, José Mario Wandereley; PORTO, Júlia Pinto Ferreira. Análise sociojurídica do acesso à justiça. In: GOMES NETO, José Mário Wanderley. *Dimensões do acesso à justiça.* Salvador: Podivm, 2008, p. 136.

O Título II, por sua vez, restou dividido em cinco capítulos: dos direitos e deveres individuais e coletivos (art. 5º); dos direitos sociais (arts. 6º a 11); da nacionalidade (arts. 12 e 13); dos direitos políticos (arts. 14 a 16); e, dos partidos políticos (art.17). Esses, portanto, os direitos fundamentais formais.

É que, como se extrai do § 2º do art. 5º da Carta Constitucional, não apenas os direitos ali mencionados pertencem ao seu corpo fundamental.[305] Todos os demais direitos do ser humano positivados na Constituição, mesmo que dispersos, ganharão o mesmo *status*.

Ancorados nessa ideia, pode-se afirmar que os direitos podem ser formal e materialmente ou apenas materialmente fundamentais. Os primeiros são os direitos que integram o catálogo do art. 5º da Magna Carta (não taxativo), os demais são aqueles direitos que, mesmo fora do catálogo, por representarem a própria concretização do princípio da dignidade da pessoa humana, são também considerados fundamentais.

A questão ganha ares de relevo quando se recorda que o constituinte proíbe a deliberação de emenda que almeje abolir "os direitos e garantias individuais" (art. 60, § 4º, IV, da CF/88). A consideração de que não apenas existem direitos formal e materialmente fundamentais, mas também direitos apenas materialmente fundamentais, faz com que parte da doutrina[306] importe essa limitação legislativa a estes direitos não expressamente previstos na Constituição, que, por sua natureza fundamental, também não poderão ser objeto de emenda constitucional.

7.3. Dupla perspectiva dos direitos fundamentais

Os direitos fundamentais podem também ser identificados na condição de direitos objetivos ou subjetivos. Em outras palavras, os direitos fundamentais revelam uma dupla perspectiva: *objetiva* e *subjetiva*.

[305] A esse respeito, a obra de leitura obrigatória de Ingo Wolgang Sarlet: "O que se conclui do exposto é que o conceito materialmente aberto de direitos fundamentais consagrado pelo art. 5º, § 2º, da Constituição é de uma amplitude ímpar, encerrando expressamente, ao mesmo tempo, a possibilidade de identificação e construção jurisprudencial de direitos materialmente fundamentais não escritos (no sentido de não expressamente positivos), bem como de direitos fundamentais constantes em outras partes do texto constitucional e nos tratados internacionais." (SARLET, Ingo Wolfgang. *A eficácia dos direitos fundamentais*. 7. ed. Porto Alegre: Livraria do Advogado, 2007, p. 101).

[306] Nesse sentido: Idem, p. 189.

Na perspectiva objetiva, os direitos fundamentais caracterizam-se como elementos objetivos da comunidade, como decisões valorativas de natureza jurídico-objetiva da Constituição, fornecendo diretrizes para os órgãos legislativos, judiciários e executivos. Por conta disso, Pérez Luño[307] aduz que os direitos fundamentais deixam de ser apenas garantias negativas dos interesses individuais, apresentando-se como um conjunto de valores objetivos básicos e fins diretivos da ação positiva dos poderes públicos.

Como desdobramentos da perspectiva objetiva dos direitos fundamentais, encontram-se as eficácias dirigente e irradiante.[308] A primeira refere-se à ordem dirigida ao Estado no sentido de obrigação constante de concretização e realização dos direitos fundamentais. A segunda, por sua vez, relaciona-se aos direitos objetivos fundamentais que dão diretrizes à aplicação e à interpretação do direito infraconstitucional.

Sem dúvida, uma das mais relevantes consequências da aceitação da perspectiva objetiva dos direitos fundamentais é que sua irradiação não ocorre apenas nos direitos oponíveis aos poderes públicos, mas também nas relações privadas,[309] impedindo que os valores contidos nestas normas sejam lesados ou ameaçados, mesmo que por particulares.

Já na perspectiva subjetiva, os direitos fundamentais são considerados direitos subjetivos individuais, manifestando-se através de uma relação trilateral formada pelo titular, pela ação (ou omissão) exigível e pelo destinatário (o obrigado).[310]

---

[307] PÉREZ LUÑO, Antonio-Enrique. *Derechos humanos, estado de derecho y constitucion*. 5. ed. Madrid: Tecnos, 1995, p. 20 e ss.

[308] A expressão é utilizada por SARLET, Ingo Wolfgang. *A eficácia dos direitos fundamentais*. 7. ed. Porto Alegre: Livraria do Advogado, 2007, p. 173-174. A esse respeito dispõe J.J. Gomes Canotilho: "os efeitos irradiantes da cláusula de vinculação dos poderes públicos pelos direitos fundamentais exige, pelo menos, que se tomem a sério as várias dimensões dessa vinculação, ou seja, a sua actualidade, positividade e normatividade." (CANOTILHO, José Joaquim Gomes. Tomemos a sério o silêncio dos poderes públicos: o direito à emanação de normas jurídicas e a protecção judicial contra as omissões normativas. In: TEIXEIRA, Sálvio de Figueiredo (coord.). *As garantias do cidadão na justiça*. São Paulo: Saraiva, 1993, p. 359).

[309] SARLET, Ingo Wolfgang. *A eficácia dos direitos fundamentais*. 7. ed. Porto Alegre: Livraria do Advogado, 2007, p. 174.

[310] Nesse sentido é a lição de Alexy, que vale transcrever: "Enquanto direitos subjetivos, todos os direitos a prestações são relações triádicas entre um titular do direito fundamental, o Estado e uma ação estatal positiva. Se o titular do direito fundamental *a* tem um direito em face do Estado *(s)* a que o Estado realize a ação positiva *h*, então, o Estado tem, em relação a *a*, o dever de realizar *h*. Sempre que houver uma relação constitucional desse tipo, entre um titular de direito fundamental e o Estado, o titular do direito fundamental tem a competência de exigir judicialmente esse direito." (ALEXY, Robert. *Teoria dos direitos fundamentais*. Trad. Virgílio Afonso da Silva. São Paulo: Malheiros, 2008, p. 444).

Na perspectiva subjetiva do direito fundamental, encontra-se justamente o grau de exigibilidade pelo titular do direito (seja pessoa individual, seja ente coletivo), perante o Poder Judiciário. Frise-se que essa exigibilidade é de intensidade variável, dependente da normatividade de cada um dos direitos fundamentais.

Essa dupla faceta é essencial para bem compreendê-los. O direito fundamental individual de cada cidadão como direito subjetivo, justamente encontra uma limitação (em especial financeira) enquanto constitui-se também direito objetivo de toda a comunidade.[311]

7.4. Classificação dos direitos fundamentais

Se inicialmente, em uma concepção liberal clássica, os direitos fundamentais eram vistos exclusivamente como garantias de defesa do particular contra interferências do Estado[312] e com limitações em sua aplicação exclusiva às relações entre o indivíduo e o Estado, atualmente não mais se discute na doutrina que os direitos fundamentais também representam direitos a prestações (atitudes positivas do Estado) e pouco se questiona, na doutrina contemporânea, a sua eficácia nas relações privadas,[313] sendo, contudo, tortuosa a forma como se dá esta incidência (mediata ou imediata).

---

[311] Similar parece ser a compreensão sobre o tema de ilustre jurista alemão: "b) Ao significado dos direitos fundamentais como direitos subjetivos que, por casa de sua atualização, são garantidos, corresponde seu significado jurídico-objetivo como elementos da ordem jurídica total da coletividade, pela qual o status do particular é organizado, delimitado e protegido, que, porém, por sua vez, primeiro pode ganhar realidade quando ela, pela atualização dos direitos fundamentais como direitos subjetivos, é cumprida com vida." (HESSE, Konrad. *Elementos de direito de direito constitucional da República Federal da Alemanha*. Trad. Luís Afonso Heck. Porto Alegre: Fabris, 1998, p. 240).

[312] Dentre outros: MARINONI, Luiz Guilherme. *Técnica processual e tutela dos direitos*. 2. ed. São Paulo: Revista dos Tribunais, 2008, p. 137. Em posição análoga, Carmen Lúcia Antunes Rocha, ao destacar a substituição da ideia de liberdades formais pela de liberdades reais, com a concomitante alteração da posição do Estado frente aos direitos fundamentais, passando da passividade "a pessoa ativa a implantar e fazer realizar aqueles direitos [...]" (ROCHA, Carmen Lúcia Antunes. O direito constitucional à jurisdição. In: TEIXEIRA, Sálvio de Figueiredo (coord.). *As garantias do cidadão na justiça*. São Paulo: Saraiva, 1993, p. 32)

[313] Conforme comenta Daniel Sarmento, no direito atual de tradição romano-germânico, pouco se diverge quanto à aplicação destes nas relações entre particulares, em que pese muito ainda se questione se tal aplicação deve ser direta e imediata ou, ao contrário, indireta e mediata. É entre os estadunidenses, mais especificamente na doutrina do *State action* que se encontra a maior resistência à vinculação dos particulares aos direitos fundamentais. (SARMENTO, Daniel. A vinculação dos particulares aos direitos fundamentais no direito comparado e no Brasil. In: DIDIER JR., Fredie (org.). *Leituras complementares de processo civil*. 5. ed. Salvador: Podivm, 2007, p. 121-182, em especial, a esse respeito, p. 123-132). Para quem almejar se aprofundar no interessantíssimo tema da aplicabilidade (direta ou indireta)

Como destaca José Carlos Viera Andrade, devido à sua complexidade e heterogeneidade, os direitos fundamentais "[...] são susceptíveis de classificação segundo múltiplos critérios".[314] A mais relevante e com maior adesão na doutrina é a que se baseia na funcionalidade dos direitos fundamentais e tem origem na teoria dos status de Jellinek.[315]

Adota-se, neste estudo, a classificação de Ingo Wolfgang Sarlet, que acolhe parcialmente no Brasil a classificação de Robert Alexy, que justamente parte do critério da funcionalidade. Ingo W. Sarlet classifica os direitos fundamentais em dois grandes grupos: os direitos fundamentais como direitos de defesa e como direitos a prestações, seja de natureza fática, seja jurídica. Esse segundo grupo subdivide-se em dois: direitos a prestações em sentido amplo (que abrange os direitos à proteção e os direitos à participação na

---

dos direitos fundamentais nas relações privadas, recomenda-se, além do texto supracitado: SARLET, Ingo Wolfgang. A influência dos direitos fundamentais no direito privado: O caso brasileiro. In: MONTEIRO, Antônio Pinto; NEUNER, Jorg; SARLET, Ingo Wolfgang. Direitos Fundamentais e Direito privado: Uma perspectiva de direito comparado. Almedina, 2007, p. 111-144. Destaca-se, ainda, que recentemente, em importantíssimo *leading case*, o Supremo Tribunal Federal, justamente diante de princípios informadores do processo (o devido processo legal e a ampla defesa) posicionou-se pela *aplicação direta dos direitos fundamentais nas relações privadas*. Vale destacar parte da ementa do julgado: "EFICÁCIA DOS DIREITOS FUNDAMENTAIS NAS RELAÇÕES PRIVADAS. As violações a direitos fundamentais não ocorrem somente no âmbito das relações entre o cidadão e o Estado, mas igualmente nas relações travadas entre pessoas físicas e jurídicas de direito privado. Assim, os direitos fundamentais assegurados pela Constituição vinculam diretamente não apenas os poderes públicos, estando direcionados também à proteção dos particulares em face dos poderes privados. [...] A autonomia privada, que encontra claras limitações de ordem jurídica, não pode ser exercida em detrimento ou com desrespeito aos direitos e garantias de terceiros, especialmente aqueles positivados em sede constitucional, pois a autonomia da vontade não confere aos particulares, no domínio de sua incidência e atuação, o poder de transgredir ou de ignorar as restrições postas e definidas pela própria Constituição, cuja eficácia e força normativa também se impõem, aos particulares, no âmbito de suas relações privadas, em tema de liberdades fundamentais." (Recurso Extraordinário nº 201.819-8/RJ, rel. p/acórdão Min. Gilmar Mendes, 2ª Turma do STF, j. em 11/10/2005).

[314] ANDRADE José Carlos Viera. *Os direitos fundamentais na Constituição Portuguesa de 1976*. 3. ed. Coimbra: Almedina, 2004, p. 177.

[315] A Teoria de Jellinek é cuidadosamente examinada por Alexy, que dedica um capítulo de sua bela obra para descrevê-la e tecer breves críticas. Segundo Alexy, Jellinek diferenciava quatro status: "o status passivo ou status subiectionis, o status negativo ou status liberatis, o status positivo ou status civitatis e o status ativo ou status da cidadania ativa." O status, segundo Jellinek, é uma situação, uma relação com o Estado que qualifica o indivíduo. (ALEXY, Robert. *Teoria dos direitos fundamentais*. Trad. Virgílio Afonso da Silva, São Paulo: Malheiros, 2008, p. 255) Ao comentar, em nota, a obra de Jellinek, José Carlos Viera Andrade, estranhamente, faz referência a uma tríade de status: "Esta distinção inspira-se na célebre tríade de Jellinek, que referia os direitos do 'status negativus', do 'status activae civitatis' (ou status activiu) e do 'status civitatis' (ou status positivus)" (ANDRADE José Carlos Viera. *Os direitos fundamentais na Constituição Portuguesa de 1976*. 3. ed. Coimbra: Almedina, 2004, p. 178, nota 16).

organização e procedimento) e em sentido estrito (que se refere aos direitos a prestações materiais sociais).[316]

Os direitos de defesa[317] caracterizam-se por dirigirem uma obrigação de abstenção por parte dos poderes públicos (omissão de ingerências e de intervenções), implicando um dever de respeito a certos interesses individuais.

Por outro lado, os direitos à prestação implicam uma posição ativa por parte dos poderes públicos. Esses direitos fundamentais de promoção exigem do Estado uma obrigação ativa para colocar à disposição dos indivíduos prestações de natureza jurídica e material.

No subgrupo da categoria de direitos à prestação em sentido amplo, encontram-se os direitos à proteção (que decorrem do dever geral de efetivação dos direitos fundamentais por parte do Estado) e os *direitos à organização e procedimento*, os quais possuem maior interesse ao estudo ora proposto, já que o direito fundamental ao processo tempestivo, justo e adequado, aqui melhor se enquadra.

Na última categoria, destacam-se os direitos a prestações em sentido estrito, que correspondem a prestações materiais; são comumente identificados como os direitos fundamentais sociais a prestações, que visam a assegurar, compensando as desigualdades sociais, o exercício da liberdade e da igualdade (material e real), por meio de comportamentos ativos do Estado.

Note-se que os direitos fundamentais a prestações não almejam apenas a preservação da liberdade dos jurisdicionados, mas seu exercício por intermédio do Estado, mediante a premissa de que seu gozo, diante de uma situação concreta, passou a depender de uma postura ativa dos poderes públicos.

Importante ressalvar que os direitos fundamentais podem ter variadas facetas ou feixes de posições distintas (como observa Alexy),[318] com o que um mesmo direito pode ensejar funções protetivas

---

[316] Nesse sentido: SARLET, Ingo Wolfgang. *A eficácia dos direitos fundamentais*. 7. ed. Porto Alegre: Livraria do Advogado, 2007, p. 196.

[317] Robert Alexy divide os direitos de defesa (ou a ações negativas), em sua perspectiva jurídico-subjetiva, em três categorias: a) direitos ao não impedimento de ações por parte do titular do direito; b) direitos à não-afetação de propriedades e situações do titular do direito; c) direitos à não-eliminação de posições jurídicas. (ALEXY, Robert. *Teoria dos direitos fundamentais*. Trad. Virgílio Afonso da Silva. São Paulo: Malheiros, 2008, p. 196-201).

[318] Válido a esse respeito, o exemplo do direito fundamental ao meio ambiente dado por Alexy: "Ele é formado por um feixe de posições de espécies bastante distintas. Assim, aquele que propõe a introdução de um direito fundamental ao meio ambiente, ou que pretende atribuí-lo por meio de interpretação a um dispositivo de direito fundamental existente, pode

ou omissivas diante das variadas ameaças ou violações que se apresentam na vida real.

Essas premissas afetarão o conteúdo e a perspectiva do direito ao processo a partir do Estado Constitucional e da teoria dos direitos fundamentais. Antes, é o momento de visualizar o conteúdo dos direitos fundamentais processuais que qualificam o direito ao processo.

7.5. Os direitos informativos do Processo Civil no modelo constitucional brasileiro de processo

Uma Constituição democrática constitui-se, antes de outros fatores, em um *pactum societatis*, no qual a sociedade acorda as condições de convivência que, através do respeito comum, impede o conflito extremo, qual seja, a guerra civil. Sobre a base deste acordo atua um implícito *pactum subiectionis*, em que toda a sociedade compromete-se reciprocamente a obedecer, sujeitando-se às decisões do governo legítimo. Nessa senda, a democracia depende do respeito ao *pactum societatis* e, portanto, às regras e princípios constitucionais.[319] Os dois pactos demonstram-se imprescindíveis: "[...] *establecer las condiciones de la convivencia sin sujetarse a un poder colectivo es impotência; sujetarse a un poder colectivo sin el respeto de esas condiciones es tiranía*".[320]

Daí por que a Constituição, na expressão de Gustavo Zagrebelsky, é algo que não se vota, "[...] o mejor, en referencia a las constituciones democráticas, es aquello sobre lo que ya no se vota, porque ya ha sido votado de una vez por todas, en su origen".[321]

E se é verdade que o direito é um produto cultural, os direitos fundamentais atuam como verdadeiros *valores permanentes da sociedade* positivados que não podem ser retirados da ordem jurídica constitucional. É de se ressalvar que também eles sofrem mutações

---

incorporar a esse feixe, dentre outros, um direito a que o Estado se abstenha de determinadas intervenções no meio ambiente (direito de defesa), um direito a que o Estado proteja o titular do direito fundamental contra intervenções de terceiros que sejam lesivas ao meio ambiente (direito a proteção), um direito a que o Estado inclua o titular do direito fundamental nos procedimentos relevantes ao meio ambiente (direitos a procedimentos) e um direito a que o próprio Estado tome medidas fáticas benéficas ao meio ambiente (direito a prestação fática)." (ALEXY, Robert. *Teoria dos direitos fundamentais*. Trad. Virgílio Afonso da Silva. São Paulo: Malheiros, 2008, p. 443)

[319] ZAGREBELSKY, Gustavo. *Princípios y votos*: el Tribunal Constitucional y la política. Madrid: Trotta, 2008, p. 29.

[320] Idem, p. 30.

[321] Idem, p. 27.

diante da evolução social (integram, portanto, o direito como *processo de adaptação social*), podendo comportar releituras à luz de novas pré-concepções. Todavia, como valores jurídicos em si não podem ser retirados ou mitigados, integram de forma permanente o *pactum societatis;* aliás, representam seu núcleo, que deve ser preservado com maior rigor, porque sua concretização será a maior das garantias da convivência harmônica que se espera.

O modelo constitucional do processo civil brasileiro também possui seus valores permanentes.[322] Trata-se dos *direitos fundamentais processuais civis* ou, na expressão que mais comumente se empregará neste estudo, *direitos informativos do processo civil*. Enquanto vigente a ordem constitucional, tais valores devem ser promovidos servindo de norte à interpretação de todo sistema processual. Mais do que isso, trata-se de valores que transcendem determinado ambiente cultural, sendo, portanto, transnacionais e transtemporais, dado que correspondem a uma exigência sem fronteiras.[323]

O direito ao processo como princípio-síntese do ordenamento jurídico processual desencadeia a atuação de todos os demais direitos processuais de forma a proteger, ao cabo, a atuação do direito material. Como direito complexo que se desenrola através do procedimento positivado no ordenamento jurídico, é composto por uma série de situações subjetivas processuais. A criação dessas situações decorre da positivação desses valores que "[...] formam um verdadeiro direito processual fundamental e principiológico, na macrocompreensão do sistema, eis que representam primados constitucionais incidentes em todos os microssistemas processuais [...]".[324]

Acompanha-se a lição de Sérgio Gilberto Porto, ao referir que os direitos informativos do processo civil: "[...] vem configurados como o direito propriamente dito – por constituírem o direito em si, ou seja são formativas de direito para exercício da jurisdição [...]".[325] Em suma, trata-se de direitos que formam o direito processual civil

[322] A expressão já foi usada anteriormente em belo ensaio de Elio Fazzalari, todavia, com sentido diverso. O autor referiu que tais valores positivados em geral como direitos fundamentais processuais transcendem o tempo e o local por estarem ligados ao direito natural. A esse respeito ver: FAZZALARI, Elio. Valori permanenti del processo. *Rivista di Diritto Processuale*, v. 44, n.1, p. 01-11, gen./mar. 1989.

[323] FAZZALARI, Elio. Valori permanenti del processo. *Rivista di Diritto Processuale*, v. 44, n.1, p. 08, gen./mar. 1989.

[324] PORTO, Sérgio Gilberto. *Ação rescisória atípica*: instrumento de defesa da ordem jurídica. São Paulo: Revista dos Tribunais, 2009, p. 152.

[325] Idem, p. 153.

ou o modo e a estrutura do processo prometido pelo Estado Constitucional. Constituem para o Estado o dever de criar mecanismos para concretizá-los.

No mais já pode ter chamado atenção do leitor a não adesão à divisão dos direitos fundamentais em direitos e garantias. Na formulação clássica de Rui Barbosa, direitos seriam "as disposições meramente declaratórias que exprimem a existência legal de direitos reconhecidos", enquanto garantias seriam disposições assecuratórias que, em defesa dos direitos, limitam o poder.[326] Em que pese a classificação continue hígida até por conta da adesão do constituinte à doutrina de Rui Barbosa ao nominar o Título II da Constituição Federal de 1988 em *"Dos direitos e garantias fundamentais"*, não parece de maior relevo ao atual modo de pensar constitucional em que a eficácia das normas constitucionais, em especial dos direitos fundamentais, é cobrada por todos.

Como asseverou com precisão Carmen Lúcia Rocha, em artigo de fôlego,[327] quando ainda prestigiava a Procuradoria do Estado de Minas Gerais, não se pode, na atualidade, pensar em direitos como positivações meramente declaratórias. Nenhum direito no Estado Constitucional detém mero sabor programático. Todos os direitos humanos positivados na Constituição não apenas reconhecem valores, como também asseguram atuação positivas ou negativas, estabelecendo limitações de poder ou arbítrio ao estabelecer direitos. Nos dizeres da autora: "O fio que separa o direito da garantia é o elo que une o corpo e a alma de um instituto, o qual não se dissocia de qualquer dos dois e guarda em todos eles a sua mesma natureza".[328]

Enfim, todos os enunciados normativos positivados no rol do Título II da Constituição Federal de 1988 tratam-se, de certa forma, de direitos-garantias. Essa característica é ressalvada no direito à jurisdição "[...] cuja essência se marca pela natureza assecuratória: é, pois, direito-garantia, quero dizer, é direito instrumentalizador, a dar valência e prevalência a outro ou outros direitos agredidos no fluxo de sua aplicação".[329]

---

[326] BARBOSA, Rui. *República*: teoria e prática. Petrópolis: Vozes, 1978, p. 128.

[327] ROCHA, Carmen Lúcia Antunes. O direito constitucional à jurisdição. In: TEIXEIRA, Sálvio de Figueiredo (coord.). *As garantias do cidadão na justiça*. São Paulo: Saraiva, 1993, p. 31-51.

[328] Idem, p. 43, nota 4.

[329] Idem, p. 44, nota 4.

Poder-se-ia acolher um conceito mais moderno de garantia, como meio processual pelo qual é possível proteger e dar eficácia aos direitos.[330] Aliás, idêntica parece ser a acolhida da Constituição Italiana, cujo Título VI da Parte II é intitulado "*Garanzie costituzionali*", identificando-se, assim, as garantias com os direitos fundamentais de natureza processual. Parece, todavia, de pouca utilidade a distinção, bastando se referir, então, a direitos fundamentais processuais ou de natureza processual.

Expostas algumas premissas terminológicas, cabe voltar-se ao conteúdo dos direitos informativos do processo civil, isto é os direitos que dão azo ou criam posições jurídicas (direitos, ônus e deveres), mediante a formação da relação jurídica processual complexa.

E se é verdade que o tema dos direitos fundamentais ganha contornos preocupantes quando se aborda os direitos a prestações materiais (os direitos sociais prestacionais), em vista da necessidade do respeito à reserva do possível,[331] [332] o mesmo não ocorre com os direitos de defesa e com os direitos à proteção e à participação na organização e no procedimento, por terem conteúdos determinados ou determináveis em nível constitucional,[333] sendo que justamente

---

330 FIX-ZAMUDIO, Hector. *Constitución y proceso civil en Latinoamérica*. México: Unam, 1974, p. 26-27.

331 O problema é identificado por Ingo Wolfgang Sarlet (SARLET, Ingo Wolfgang. *A eficácia dos direitos fundamentais*. 7. ed. Porto Alegre: Livraria do Advogado, 2007, p. 297), que em outra passagem explica que "a reserva do possível constitui, em verdade (considerada toda a sua complexidade), espécie de limite jurídico e fático dos direitos fundamentais, mas também poderá atuar, em determinadas circunstâncias, como garantia dos direitos fundamentais, por exemplo, na hipótese de conflitos de direitos, quando se cuidar de inovação – observados sempre os critérios da proporcionalidade e da garantia do mínimo existencial em relação a todos os direitos – da indisponibilidade de recursos com o intuito de salvaguardar o núcleo essencial de outro direito fundamental" (Ob. cit., p. 305). A esse respeito, ver, por todos: SARLET, Ingo Wolfgang; TIMM, Luciano B. (org.). *Direitos fundamentais, orçamento e reserva do possível*. Porto Alegre: Livraria do Advogado, 2008.

332 Reclamando por uma maior eficácia dos direitos sociais, Victor Abramovich e Christian Courtis: "*Este recurso a la proteción judicial en caso de afectación del bien que se pretende tutelar constituye un elemento central en la definición de la noción de 'derecho' – aunque, como lo hemos sugerido, no el único -: la existencia de algún poder jurídico de reclamo de su titular en caso de incumplimiento de la obligación debida. El reconocimiento de los derechos sociales como derechos plenos no se alcanzará hasta superar las barreras que impiden su adecuada justiciabilidad, entendida como la posibilidad de reclamar ante un juez o tribunal de justicia el cumplimiento al menos de algunas de las obligacines que se derivan del derecho.*" (ABRAMOVICH, Victor; COURTIS, Christian. Apuntes sobre la exigibilidad judicial de los derechos sociales. In: ABRAMOVICH, V; AÑÓN, M.J.; COURTIS, C. (Ed.). *Derechos sociales. Instrucciones de uso*. México DF: Doctrina Jurídica Contemporânea, 2003, p. 61).

333 Nesse sentido, é a lição de José Carlos Viera Andrade: "A constituição pressupõe dois tipos de direitos: aqueles cujo conteúdo principal é essencialmente determinado ou determinável ao nível das opções constitucionais e aqueles outros cujo conteúdo principal terá de ser, em maior ou menor medida, determinado por opções do legislador ordinário, ao qual

nos últimos se encontram os direitos fundamentais processuais que por ora interessam.

Os direitos fundamentais de caráter processual ou informativos do processo civil não tiveram sua eficácia plena condicionada à lei inferior, com o que se pode afirmar que tanto o Poder Público, através de suas três esferas, como os particulares, se encontram vinculados ao seu cumprimento.

Estes valores constitucionais formadores do processo civil brasileiro são enumerados pela doutrina com pequenas divergências. José Augusto Delgado[334] elenca cinco princípios constitucionais: princípio da garantia da via judiciária; princípio garantidor do juiz natural; princípio da isonomia processual; princípio do devido processo legal ou do justo processo;[335] e, princípio da motivação das decisões. De outra banda, Rogério Lauria Tucci e José Rogério Cruz e Tucci destacam, além daqueles, as garantias[336] da plenitude da defesa (com os meios a ela inerentes) e do acesso à justiça gratuita aos necessitados (através do acesso financeiro e técnico). Nelson Nery Jr., em obra dedicada ao tema, reconhecendo o devido processo legal como uma norma suprema de onde todos os demais princípios processuais derivam, arrola, além deste, os princípios: da isonomia; do juiz natural e do promotor natural; da inafastabilidade do controle jurisdicional; do contraditório e da ampla defesa; da proibição da prova ilícita; da publicidade dos atos processuais; do duplo grau de jurisdição; da motivação das decisões judiciais e administrativas; da presunção de não culpabilidade; e, da celeridade e da duração

---

a Constituições confere poderes de determinação ou concretização. Isto é, que o regime dos direitos, liberdades e garantias se aplica aos direitos susceptíveis de concretização ao nível constitucional, mas já não àqueles que, para além de um mínimo, só se tornam líquidos e certos no plano da legislação ordinária" (ANDRADE José Carlos Viera. *Os direitos fundamentais na Constituição Portuguesa de 1976.* 3. ed. Coimbra: Almedina, 2004, p. 187).

[334] DELGADO, José Augusto. A supremacia dos princípios nas garantias processuais do cidadão. In: TEIXEIRA, Sálvio de Figueiredo (coord.). *As garantias do cidadão na justiça.* São Paulo: Saraiva, 1993, p. 63-78.

[335] Correta a visão do autor ao identificar, já no limiar da vigência da Carta Constitucional, o devido processo legal com o justo processo. A esse respeito assevera Carlos Alberto Alvaro de Oliveira: "O direito fundamental a um processo justo é a face dinâmica da garantia do devido processo legal." (ALVARO DE OLIVEIRA, Carlos Alberto. *Teoria e prática da tutela jurisdicional.* Rio de Janeiro: Forense, 2008, p. 14, nota 17)

[336] Os autores adotam a diferenciação entre direitos e garantias. Os princípios informadores do processo, nessa perspectiva são, sem exceção, garantias, pois se tratam de normas que visam preservar e tutelar, através do processo, os direitos fundamentais estatuídos na própria Constituição Federal. (TUCCI, Rogério Lauria; CRUZ E TUCCI, José Rogério. *Constituição de 1988 e processo:* regramentos e garantias constitucionais do processo. São Paulo: Saraiva, 1989, p. 07)

razoável do processo.[337] Além destas, outras tantas[338] poderiam ser destacadas.

Assim, o processo deve ser instrumento apto a tutelar com eficiência os direitos, em especial, os fundamentais. Deve ser regido com respeito às regras processuais (*due process*, art. 5º, LIV, CF) previstas na Constituição: amplo acesso às técnicas adequadas a tutelar os direitos materiais (acesso à justiça, art. 5º, XXXV, CF); garantia do acesso ao juiz natural (art. 5º, XXXVII e LIII, CF); isonomia processual; preservação do caráter dialético e busca pela igualdade material entre as partes (art. 5º, *caput*, CF), mediante instrumentos técnicos e financeiros[339] de mitigação da eventual desigualdade existente no plano social; plenitude de defesa (art. 5º, LV, CF);[340] proibição do uso de provas obtidas por meios ilícitos (art. 5º, LVI, CF); publicidade dos atos processuais (arts. 5º, LX, e 93, IX, CF); motivação das decisões judiciais (art. 93, IX, CF); decisões prestadas sem dilações indevidas (art. 5º, LXXVIII, CF); e, respeito à coisa julgada (art. 5º, XXXVI, CF).

Note-se que não se inclui entre os direitos informativos do processo civil a independência e a imparcialidade do juiz.[341] É que o

---

[337] NERY JR., Nelson. *Princípios do processo na Constituição Federal:* processo civil, penal e administrativo. 9. ed. São Paulo: Revista dos Tribunais, 2009, p. 96-321.

[338] Destaca-se algumas, apenas a título ilustrativo. Fredie Didier Jr. refere os seguintes direitos fundamentais processuais: a um devido processo; à efetividade; a um processo sem dilações indevidas; à igualdade; à participação em contraditório; à amplitude da defesa; à publicidade; e, à assistência jurídica e à assistência judiciária (DIDIER JR., Fredie. *Curso de direito processual civil*: teoria geral do processo e processo de conhecimento. 11. ed. Salvador: Juspodivm, 2009. v. 1, p. 29-66). Por outro lado, Hermes Zanetti Jr. conclui pela existência de cinco princípios processuais constitucionais: acesso à justiça; devido processo legal (substancial e formal); contraditório e ampla defesa; juiz natural; e, motivação das decisões (ZANETTI JR., Hermes. Processo constitucional: relações entre processo e Constituição. *Genesis*: revista de direito processual civil, Curitiba, n. 36, p. 259, abr./jun. 2005).

[339] A respeito dos instrumentos garantidores da acessibilidade econômica e técnica de acesso à justiça, ver a ainda atual obra: TUCCI, Rogério Lauria; CRUZ E TUCCI, José Rogério. *Constituição de 1988 e processo:* regramentos e garantias constitucionais do processo. São Paulo: Saraiva, 1989, p. 19-27.

[340] Trata-se de direito fundamental que até o advento da Constituição Federal de 1988 constituía-se expressamente apenas em benefício do direito penal. É o que se vê na evolução constitucional histórica brasileira: art. 179, § 8º, da Constituição de 1824; art. 72, § 16, da Constituição de 1891; art. 113, n. 24, da Constituição de 1934; art. 122, n. 11, segunda parte, da Constituição de 1937; art. 141, § 25, da Constituição de 1946; art. 150, § 15, da Constituição 1967; art. 153, § 15, da Constituição de 1967, após a EC de 1969. Uma visão crítica sobre sua aplicação: BAPTISTA DA SILVA, Ovídio Araújo. A "plenitude de defesa" no processo civil. In: TEIXEIRA, Sálvio de Figueiredo (coord.). *As garantias do cidadão na justiça.* São Paulo: Saraiva, 1993, p. 149-165.

[341] A independência e imparcialidade do julgador depende da conjunção de cinco garantias que devem ser observadas em prol do julgador, mas que mediatamente servem à própria sociedade: inamovibilidade; dignidade da profissão judicial, mediante instituição de carreira;

consideramos como fenômenos que pressupõem a própria existência da atividade jurisdicional. *Vale dizer, onde inexiste julgador independente e imparcial, sequer existe jurisdição.*[342]

Na lição de Héctor Fix-Zamúdio,[343] por direito ao juiz natural deve-se entender a proibição de ser submetido a um tribunal especialmente constituído para um processo determinado. Conforme o autor mexicano, esse princípio restou estabelecido originariamente no art. 4° da Constituição francesa de 03 de setembro de 1791, segundo o qual nenhum cidadão poderia ser privado do julgamento por juízes designados pela lei, para ser submetido a uma comissão ou a outros organismos com atribuições distintas daquela determinada em lei. Por influência desse dispositivo, o art. 247 da Constituição espanhola de Cádiz de 1812 dispôs: "Nenhum espanhol poderá ser julgado em causas cíveis ou criminais por nenhuma comissão, senão por tribunal competente, determinado anteriormente por lei" (tradução livre). Essas disposições legais serviram de modelo às novas nações latinoamericanas que lograram sua independência de Espanha e Portugal, da qual é exemplo o artigo 179, § 11, da Constituição brasileira de 1824, tradição que se seguiu nas demais constituições brasileiras.

Contraditório e isonomia são direitos informativos correlacionados. Por contraditório pode entender-se o caráter dialético do processo que, por sua vez, deve atuar com igualdade de oportunidades, o que significa que o processo requer a constante intervenção equilibrada das partes.[344] Justamente por ver no contraditório o contemporâneo conceito do princípio da igualdade das partes que Calamandrei afirmou tratar-se aquele do "[...] *principio fundamentale del processo, la sua forza motrice, la sua garanzia suprema* [...]".[345]

É o contraditório a mais legítima fonte do direito à prova. Direito de produzi-la, participar de sua produção, mesmo daquelas determinadas de ofício, e participar de sua valoração mediante exercício do

---

independência econômica (remuneração decorosa e irredudibilidade de remuneração); execução de suas decisões e auxílio para o seu cumprimento (autoridade); e, um órgão adequado para assegurar a realização das condições anteriores. A esse respeito, ver: FIX-ZAMUDIO, Hector. *Constitución y proceso civil en Latinoamérica*. México: Unam, 1974, p. 35-53.

342 Essa parece ser em parte a opinião de Sérgio Bermudes ao ver na independência uma condição de justiça. A esse respeito: BERMUDES, Sérgio. *Direito processual civil*: estudos e pareceres. São Paulo: Saraiva, 1983, p. 174-176.

343 FIX-ZAMÚDIO, Héctor. *Constitución y proceso civil en Latinoamérica*. México: Unam, 1974, p. 35-36.

344 Nesse sentido: Idem, p. 63.

345 CALAMANDREI, Piero. Processo e democrazia. In: ——. *Opere giuridiche*. Napoli: Morano Editore, 1965. v. 1, p. 678.

contraditório. A prova é corolário-lógico do poder de influenciar no convencimento.[346] [347] Talvez seja por conta de tal desiderato que, ao analisar a alegação de ofensa ao direito ao processo, em decorrência de uma lei que extraía a disponibilidade de determinados meios de prova, que o Tribunal Constitucional Italiano, no julgamento da *sentenza* n. 45 de 1963, declarou-a constitucional, dado que o direito a produzir provas não restava incluso no conteúdo daquele direito.

A decisão recebeu justa crítica de Vincenzo Vigoriti.[348] A Constituição italiana, diferentemente da brasileira, não dispunha, à época do julgamento, de um dispositivo constitucional que contivesse o contraditório ou mesmo o devido processo legal.[349] Na ausência de cláusulas gerais de escape, seria imprescindível conceder maior amplitude aos direitos ao processo e à ampla defesa, sob pena de se manter sem proteção direitos inerentes ao efetivo controle jurisdicional.

Também o direito à assistência judiciária gratuita pode ser visto de forma umbilical à atuação dialética e equilibrada das partes. Trata-se de direito fundamental prestacional do Estado de arcar com as despesas daquele que não possui condições financeiras para ter sua pretensão examinada pelo Poder Judiciário, ao menos enquanto não se alterem tais condições. A esse respeito, podem ser divididos os sistemas mundialmente conhecidos em dois: alguns países optam pela gratuidade da justiça, sendo exemplos, Bolívia[350]

---

[346] Nesse sentido: GRINOVER, Ada Pellegrini. Princípios processuais e princípios de direito administrativo no quadro das garantias constitucionais. In: MAC-GREGOR, Eduardo Ferrer; LARREA, Arturo Zaldívar Lelo de (coord.). *Estudos de direito processual constitucional*: homenagem brasileira a Héctor Fix-Zamúdio em seus 50 anos como pesquisador do direito. São Paulo: Malheiros, 2009, p. 174-182.

[347] De forma contrária, entendendo integrar o direito à prova no direito ao devido processo legal: BAPTISTA DA SILVA, Ovídio Araújo. A "plenitude de defesa" no processo civil. In: TEIXEIRA, Sálvio de Figueiredo (coord.). *As garantias do cidadão na justiça*. São Paulo: Saraiva, 1993, p. 150.

[348] A respeito da decisão e dos comentários do autor, ver: VIGORITI, Vincenzo. Garanzie costituzionali della difesa nel processo civile. *Rivisita di Diritto Processuale*, Padova, v. XX, II serie, p. 516-517, 1965, p. 516-533.

[349] Atualmente, dispõe o art. 111 da Constituição italiana: "*La giurisdizione si attua mediante il giusto processo regolato dalla legge. Ogni processo si svolge nel contraddittorio tra le parti, in condizioni di parità, davanti a giudice terzo e imparziale. La legge ne assicura la ragionevole durata.* [...]". O princípio do justo processo, todavia, apenas restou inserido na Constituição Italiana com a modificação da redação do artigo apontado pela lei constitucional 23 de novembro de 1999, n. 2.

[350] *Artículo 115. I. Toda persona será protegida oportuna y efectivamente por los jueces y tribunales en el ejercicio de sus derechos e intereses legítimos. II. El Estado garantiza el derecho al debido proceso, a la defensa y a una justicia plural, pronta, oportuna, gratuita, transparente y sin dilaciones.*

e México;[351] outros optam pela concessão de benefício de pobreza, assegurando certas vantagens econômicas aos jurisdicionados financeiramente carentes, sendo exemplos deste sistema, além do Brasil, também a República do Uruguai.[352] O Brasil, todavia, não tem ficado imune a críticas de parte da doutrina para quem este serviço público estatal, assim como a educação e a saúde deveriam ser custeado a todos.[353]

Com razão Héctor Fix-Zamúdio ao observar que nenhuma destas opções mostra-se suficiente sozinha, faz-se imprescindível "[...] *una assistencia letrada obrigatoria y gratuita* [...]".[354] Daí a importância, no Brasil, da Defensoria Pública como instrumento de concretização da paridade de armas no processo, realizando a necessidade de mitigação da eventual desigualdade social entre as partes para o alcance da justiça do caso concreto.

Direito à publicidade não engloba apenas as decisões judiciais. Ele se refere, como bem pondera Sérgio Gilberto Porto,[355] a todos os atos processuais; aliás, todos os atos estatais. Nessa senda, as normas disciplinadoras do segredo de justiça do Código de Processo Civil devem ser examinadas à luz da nova ordem constitucional, preservando-se o núcleo essencial da publicidade, "[...] mediante

---

Além disso, a nova Constituição Boliviana ainda assegura o direito a defensor gratuito aos que comprovarem necessidade econômica:
Artículo 119. II. Toda persona tiene derecho inviolable a la defensa. El Estado proporcionará a las personas denunciadas o imputadas una defensora o un defensor gratuito, en los casos en que éstas no cuenten con los recursos económicos necesarios. (BOLÍVIA. *Constituição da República Boliviana*. Disponível em: <http://www.presidencia.gob.bo/download/constitucion.pdf>. Acesso em: 20 nov. 2009)

[351] Consta do artigo 17 da Constituição Mexicana: "*Ninguna persona podrá hacerse justicia por sí misma, ni ejercer violencia para reclamar su derecho. Toda persona tiene derecho a que se le administre justicia por tribunales que estarán expeditos para impartirla en los plazos y términos que fijen las leyes, emitiendo sus resoluciones de manera pronta, completa e imparcial. Su servicio será gratuito, quedando, en consecuencia, prohibidas las costas judiciales.* [...]"

[352] Dispõe o artigo 254 da Constituição da República Uruguaia: "*La justicia será gratuita para los declarados pobres con arreglo a la ley. En los pleitos en que tal declaración se hubiere hecho a favor del demandante, el demandado gozará del mismo beneficio hasta la sentencia definitiva, la cual lo consolidará si declara la ligereza culpable del demandante en el ejercicio de su acción.*" (URUGUAI. *Constituição da República Uruguaia*. Disponível em: <http://www.parlamento.gub.uy/constituciones/const004.htm>. Acesso em: 20 nov. 2009).

[353] A esse respeito: ROCHA, Carmen Lúcia Antunes. O direito constitucional à jurisdição. In: TEIXEIRA, Sálvio de Figueiredo (coord.). *As garantias do cidadão na justiça*. São Paulo: Saraiva, 1993, p. 36-37.

[354] FIX-ZAMÚDIO, Héctor. *Constitución y proceso civil en Latinoamérica*. México: Unam, 1974, p. 68.

[355] A esse respeito ver, por todos: PORTO, Sérgio Gilberto; USTARROZ, Daniel. *Lições de direitos fundamentais no processo civil*: o conteúdo processual da Constituição Federal. Porto Alegre: Livraria do Advogado, 2009, p. 60-65.

interpretações que harmonizem a tutela dos direitos colidentes (privacidade, intimidade e outros direitos da personalidade, etc.)".[356] Daí por que o sigilo jamais poderá servir como fundamento a impedir o acesso às próprias partes sujeitas pela decisão à repercussão em sua esfera jurídica.

Outrossim, ao referir-se à motivação, fez-se menção apenas a decisões. Com isso, incluem-se as interlocutórias, e não apenas sentenças (e acórdãos); excluem-se os despachos. A garantia de motivação dos atos decisórios, como ressalva Jonathan Iovane Lemos, é "[...] parte integrante indissociável do conceito de Estado Democrático de Direito [...]",[357] tendo três funções profícuas: auxilia na visualização dos motivos que levaram o magistrado a decidir daquela forma, sendo meio de fiscalização da conexão entre as razões alegadas pelas partes e a decisão; assegura o controle vertical do juiz, dando ao Tribunal um meio eficaz de revisar os motivos que convenceram o magistrado de primeira instância; e, por fim, serve como elemento útil para a uniformização da jurisprudência quanto ao julgamento de questões similares.[358]

De outra banda, dentre os valores permanentes do processo civil brasileiro, encontra-se a regra da vedação ao uso de provas obtidas por meio ilícito.[359] Como se sabe, todas as normas jurídicas

---

[356] PORTO, Sérgio Gilberto; USTARROZ, Daniel. *Lições de direitos fundamentais no processo civil*: o conteúdo processual da Constituição Federal. Porto Alegre: Livraria do Advogado, 2009, p. 64.

[357] LEMOS, Jonathan Iovane de. Garantia à motivação das decisões. *Revista Brasileira de Direito Processual,* Belo Horizonte, ano 17, n. 67, p. 62, jul./set. 2009.

[358] A esse respeito, além da obra indicada em nota anterior: PORTO, Sérgio Gilberto; USTARROZ, Daniel. *Lições de direitos fundamentais no processo civil*: o conteúdo processual da Constituição Federal. Porto Alegre: Livraria do Advogado, 2009, p. 66-71; TARUFFO, Michele. Il significato constituzionale dell'obbligio di motivazione. In: GRINOVER, Ada Pellegrini; DINAMARCO, Cândido Rangel; WATANABE, Kazuo (coord.). *Participação e processo.* São Paulo: Revista dos Tribunais, 1988, p. 37-50; BARBOSA MOREIRA, José Carlos. A motivação das decisões judiciais como garantia inerente ao estado de direito. In: ——. *Temas de direito processual*: segunda série. 2. ed. São Paulo: Saraiva, 1988, p. 83-95.

[359] A respeito do tema da prova obtida por meios ilícitos é vasta a doutrina. Apenas algumas indicações sobre o tema: ALEXANDRE, Isabel. *Provas ilícitas em processo civil.* Coimbra: Almedina, 1988; BARBOSA MOREIRA, José Carlos. A Constituição e as provas ilicitamente obtidas. In: ——. *Temas de direito processual*: sexta série. São Paulo: Saraiva, 1997, p. 107-123; PORTO, Sérgio Gilberto. *Ação rescisória atípica*: instrumento de defesa da ordem jurídica. São Paulo: Revista dos Tribunais, 2009, p. 169-175; PORTO, Sérgio Gilberto; USTARROZ, Daniel. *Lições de direitos fundamentais no processo civil*: o conteúdo processual da Constituição Federal. Porto Alegre: Livraria do Advogado, 2009, p. 80-86; BERGMANN, Érico R. *Prova ilícita.* Porto Alegre: Escola Superior do Ministério Público, 1992; KNIJNIK, Danilo. 'A doutrina dos frutos da árvore venenosa' e os discursos da Suprema Corte na decisão de 16-12-93. *Revista da Ajuris,* Porto Alegre, ano XXIII, n. 66, p. 61-84, 1996.; OLIVEIRA, Guilherme Botelho de. Algumas considerações quanto à prova obtida por meios ilícitos: uma leitura restritiva da

têm conteúdo moral, podendo, por vezes, apresentarem-se como imorais. O que inexiste são normas amorais, "[...] ou são morais, ou são imorais, mas sempre estarão inundadas de moralidade, como de ideologia sócio-político-cultural, não necessariamente dominante".[360] O primeiro momento do direito é justamente a positivação dos valores que a sociedade entende que devem ser protegidos.[361] Essas escolhas acabam sendo inegavelmente guiadas pela moral e pelos costumes.

A regra da proibição do uso de provas obtidas por meios ilícitos é, dos valores permanentes do processo civil brasileiro, a moralmente mais debatida das escolhas do legislador. Explica-se, como bem observa José Carlos Barbosa Moreira, por circunstâncias históricas.[362] A Constituição Federal de 1988 foi elaborada após longo período de regime autoritário, com graves e frequentes violações a direitos fundamentais, natural que o constituinte demonstrasse tanta preocupação em impedir tais condutas. Todavia, como bem observa o autor: "[...] a melhor forma de coibir um excesso e de impedir que se repita não consiste em santificar o excesso oposto".[363]

Por conta dessa proibição, nenhuma prova obtida com infringência a normas de natureza material ou processual[364] poderá ser

---

garantia constitucional instituída no art. 5º, inciso LVI, da CF/88. In: Juris Plenum. Ano VI, n. 32 (mar./abr. 2010). Caxias do Sul: Editora Plenum, p. 83-103; MELLO, Rodrigo Pereira de. *Provas ilícitas e sua interpretação constitucional.* Porto Alegre: Sérgio Antonio Fabris Editor, 2000; MOLINARO, Carlos Alberto; MILHORANZA, Mariângela Guerreiro. Da prova ilícita no Direito Processual. *Revista Forense,* Rio de Janeiro, v. 393, p. 03-18, set./out. 2007.

[360] FREITAS, Juarez. *A substancial inconstitucionalidade da lei injusta.* Petrópolis: Vozes; Porto Alegre: EDIPUCRS, 1989, p. 25.

[361] Como será abordado de forma pouco mais detida no próximo capítulo, as normas jurídicas podem ser vistas sob três momentos diversos. Em um primeiro, o legislador escolhe os valores sociais a serem protegidos; em um segundo momento, elabora as sanções em abstrato às violações destas proteções; em último momento, passa a traçar a forma de atuação destes direitos de forma concreta, função esta justamente das normas de natureza processual.

[362] BARBOSA MOREIRA, José Carlos. A Constituição e as provas ilicitamente obtidas. In: ——. *Temas de direito processual*: sexta série. São Paulo: Saraiva, 1997, p. 123.

[363] Ibidem.

[364] Por muito tempo discutiu-se a diferenciação entre provas vedadas, ilícitas e ilegítimas. Vedadas é o gênero: toda prova obtida mediante afronta a dispositivo legal seja ele de que natureza for. Ilícitas e ilegítimas as espécies. Ilícitas são as provas obtidas com violação à norma de direito material e vedadas as provas obtidas com infringência à norma de natureza processual. O Supremo Tribunal Federal, todavia, mediante correta interpretação mais benéfica à concretização deste direito fundamental, interpretou a vedação contida no dispositivo constitucional de forma mais extensiva para entender que nela resta compreendida violação de qualquer espécie normativa. A esse respeito, elucidativa a seguinte ementa: BRASIL. Supremo Tribunal Federal. Habeas Corpus 82.788-8/RJ. A ação persecutória do Estado, qualquer que seja a instância de poder perante a qual se instaure, para revestir-se de legitimidade, não pode apoiar-se em elementos probatórios ilicitamente obtidos, sob pena de ofensa à ga-

manejada em processo judicial. Trata-se de vedação que retira a eficácia[365] da prova.

Por fim, e não menos relevante, integra também os direitos informativos do processo civil brasileiro, a coisa julgada. Nos termos da Constituição, impede-se que lei futura prejudique decisão jurisdicional transitada em julgado. Assim como na interpretação do dispositivo constitucional que prevê o direito ao processo, pode-se afirmar que o enunciado normativo disse menos do que deve significar. É que não apenas a lei posterior pode prejudicar a coisa julgada, como qualquer outro ato estatal emanado do poder executivo ou judicial. Também as decisões judiciais devem respeito à coisa julgada, parecendo correto, no entanto, uma diferenciação proposta por Sérgio Gilberto Porto:[366] quando se tratar em abstrato de lei prejudicial à coisa julgada, a competência para julgamento da questão será do Supremo Tribunal Federal; quando se tratar de violação decorrente de decisão jurisdicional, a afronta deve dar acesso ao Superior Tribunal de Justiça.

Os direitos informativos do processo civil ganham conotação de alto relevo, já que todo o ordenamento processual deve ser interpretado de forma a concretizar estes valores primordiais à ordem constitucional. No choque entre as normas processuais de natureza privatista, repressiva e individual, e os direitos fundamentais processuais, notadamente preocupados com o caráter social, coletivo e preventivo das lesões aos direitos, prevalecem estes. O Código

---

rantia constitucional do *'due process of law'*, que tem, no dogma da inadmissibilidade das provas ilícitas, uma de suas mais expressivas projeções concretizadoras no plano do sistema de direito positivo brasileiro. A *'Exclusionary Rule'* consagrada pela jurisprudência da Suprema Corte dos Estados Unidos da América como limitação ao poder do estado de produzir prova em sede processual penal. A Constituição da república, em norma revestida de conteúdo vedatório (CF, art. 5º, LVI), desautoriza, por incompatível com os postulados que regem uma sociedade fundada em bases democráticas (CF, art. 1º), qualquer prova cuja obtenção, pelo Poder Público, derive da transgressão a cláusulas de ordem constitucional, repelindo, por isso mesmo, quaisquer elementos probatórios que resultem de violação do direito material (ou, até mesmo, do direito processual), não prevalecendo, em consequência, no ordenamento normativo brasileiro, em matéria de atividade probatória, a fórmula autoritária do *'male captum, bene retentum'*. Doutrina. Precedentes. Relator: Min. Celso de Mello. Brasília, DF, 12 de abril de 2005. Disponível em: <http://www.stf. jus.br/portal/inteiroTeor/obterInteiroTeor.asp?numero=82788&classe=HC>. Acesso em: 20 ago. 2009. A questão tornou-se mais tranquila com a nova redação fornecida ao caput do art. 157 do CPP, pela Lei nº 11.690, de 9 junho de 2008 vigente desde 10 de agosto de 2008: "São inadmissíveis, devendo ser desentranhadas do processo, as provas ilícitas, assim entendidas as obtidas em violação a normas constitucionais ou legais."

[365] A respeito dos planos jurídicos indica-se a obra: AZEVEDO, Antônio Junqueira de. *Negócio jurídico*: existência, validade e eficácia. 3. ed. São Paulo: Saraiva, 2000.

[366] PORTO, Sérgio Gilberto. *Ação rescisória atípica*: instrumento de defesa da ordem jurídica. São Paulo: Revista dos Tribunais, 2009, p. 176.

de Processo Civil, assim como todas as demais normas processuais infraconstitucionais, merecem reexame à luz da nova ordem constitucional, para que, havendo dúvida, prevaleça "[...] a interpretação que, conforme o caso, restrinja menos o direito fundamental, dê-lhe maior proteção, amplie mais o seu âmbito, satisfaça-o em maior grau".[367]

Eventuais omissões da legislação infraconstitucional podem e devem ser supridas pelo Poder Judiciário de modo a garantir o exercício dos direitos fundamentais, seja através da exigência de uma atividade positiva ou mesmo omissa do Estado ou de particular, de modo a impedir lesões a estes direitos de relevância suprema à ordem jurídica constitucional.[368] Como observou, certa feita, J. J. Gomes Canotilho, o mandado de injunção, nesta temática, ganha relevante importância.[369]

---

[367] ALVARO DE OLIVEIRA, Carlos Alberto. O processo civil na perspectiva dos direitos fundamentais. In: —— (org.). *Processo e Constituição.* Rio de Janeiro: Forense, 2004.p. 09.

[368] A questão, bem verdade, não é pacífica, seja entre os constitucionalistas, seja entre os processualistas. J. J. Gomes Canotilho, admitindo a dificuldade da questão, estabelece um mínimo de vinculação do juiz diante da força normativa das normas constitucionais, nos seguintes termos:

"Sob pena de nos vermos forçados a reconhecer um clamoroso retrocesso jurídico-cultural na concepção de direitos fundamentais, de novo reconduzidos a apelos programáticos ao legislador, a questão das acções judiciais contra omissões normativas tem, pelo menos, este alcance:

a) pôr em relevo a cláusula de vinculação do legislador e outros órgãos com competência normativa, no sentido de o legislador se dever mover dentro do âmbito dos direitos fundamentais;

b) acentuar a cláusula da directividade ou força dirigente dos direitos fundamentais que, assim, fornecem directivas e estímulos materiais para a sua densificação através de regulação normativa;

c) realçar a cláusula da exequibilidade ou realizabilidade que impõe ao legislador a edição de normas que deem exequibilidade prática aos direitos garantidos na Constituição.

Em síntese: os efeitos irradiantes da cláusula da vinculação dos poderes públicos pelos direitos fundamentais exige, pelo menos, que se tomem a sério as várias dimensões dessa vinculação, ou seja, sua actualidade, positividade e normatividade." (CANOTILHO, José Joaquim Gomes. Tomemos a sério o silêncio dos poderes públicos: o direito à emanação de normas jurídicas e a protecção judicial contra as omissões normativas. In: TEIXEIRA, Sálvio de Figueiredo (coord.). *As garantias do cidadão na justiça.* São Paulo: Saraiva, 1993, p. 359)

[369] A respeito da relevância do mandado de injunção para suprir as lacunas legislativas: CANOTILHO, José Joaquim Gomes. Tomemos a sério o silêncio dos poderes públicos: o direito à emanação de normas jurídicas e a protecção judicial contra as omissões normativas. In: TEIXEIRA, Sálvio de Figueiredo (coord.). *As garantias do cidadão na justiça.* São Paulo: Saraiva, 1993, p. 351-368. Nesse sentido é importante a recente mudança de entendimento do Supremo Tribunal Federal quanto à eficácia do mandado de injunção, concedendo-o maior poder do que o mero efeito declaratório. Vale destacar a íntegra da ementa do Mandado de Injunção nº 721-7/DF: BRASIL. Supremo Tribunal Federal. *Mandado de Injunção n. 721-7/DF.* MANDADO DE INJUNÇÃO – NATUREZA. Conforme disposto no inciso LXXI do artigo 5º da Constituição Federal, conceder-se-á mandado de injunção quando necessário ao exercício dos direitos e liberdades constitucionais e da prerrogativas inerentes à nacionalidade, à so-

Carlos Alberto Alvaro de Oliveira destaca três aspectos essenciais na concepção dos direitos fundamentais:

> a) A já mencionada normatividade do direito fundamental, norteadora não só da regulação legislativa do processo, como também do regramento da conduta das partes e do órgão judicial no processo concreto e ainda na determinação do próprio conteúdo da decisão.
>
> b) A supremacia do direito fundamental: "não são os direitos fundamentais que se movem no âmbito da lei, mas a lei que deve mover-se no âmbito dos direitos fundamentais".
>
> c) O caráter principiológico do direito fundamental, a iluminar as regras já existentes, permitindo ao mesmo tempo a formulação de outras regras específicas para solucionar questões processuais concretas.[370]

Todos estes direitos informativos do processo civil qualificam o direito ao processo a fim de que se atinja o processo prometido pelo Estado Constitucional. É que sendo este o princípio-síntese da estrutura processual civil deve ser preenchido ou qualificado de forma que, como se verá no capítulo que segue, possa ser sintetizado por três qualidades centrais: tempestividade, justiça e adequação.

Esses direitos informativos devem, ainda, ser examinados sob a dupla dimensão dos direitos fundamentais, servindo não apenas como verdadeiros direitos subjetivos, logo sindicáveis frente ao Estado, como também valores a orientar o Estado Constitucional em suas três esferas de Poder.

Daí por que o direito ao contraditório, interpretado de forma mais favorável à sua concretização, vem sendo na mais moderna doutrina visto não apenas como um direito à manifestação sobre os atos processuais, como também um instrumento que possibilite o convencimento do magistrado, mediante constante diálogo. Ou ainda, a vedação ao uso de prova obtida por meios ilícitos deva ser interpretada de forma mais ampla, de forma a entender por ilícita não apenas as provas obtidas em violação de normas de natureza

---

berania e à cidadania. Há ação mandamental e não simplesmente declaratória de omissão. A carga de declaração não é objeto da impetração, mas premissa da ordem a ser formalizada. MANDADO DE INJUNÇÃO – DECISÃO – BALIZAS. Tratando-se de processo subjetivo, a decisão possui eficácia considerada a relação jurídica nele revelada. APOSENTADORIA – TRABALHO EM CONDIÇÕES ESPECIAIS – PREJUÍZO À SAÚDE DO SERVIDOR – INEXISTÊNCIA DE LEI COMPLEMENTAR – ARTIGO 40, § 4º, DA CONSTITUIÇÃO FEDERAL. Inexistente a disciplina específica da aposentadoria especial do servidor, impõe-se a adoção, via pronunciamento judicial, daquela própria aos trabalhadores em geral – artigo 57, § 1º, da Lei nº 8.213/91. Disponível em: <http://www.stf.jus.br/portal/inteiroTeor/obterInteiroTeor.asp?numero=721&classe=MI>. Acesso em: 18 jul. 2009.

[370] ALVARO DE OLIVEIRA, Carlos Alberto. O processo civil na perspectiva dos direitos fundamentais. In: —— (org.). *Processo e Constituição*. Rio de Janeiro: Forense, 2004, p. 06.

substancial, como também processual, sendo correta, assim, a posição adotada pelo legislador no novo texto do art. 157 do Código de Processo Penal.[371]

Em suma, esse conjunto de direitos informativos do processo civil serve para preencher o direito ao processo, que não mais é pensado como um valor formal ou abstrato. Formam o conteúdo qualificado do processo no Estado Constitucional.

[371] Dispõe o caput do art. 157 do CPP, com a redação fornecida pela Lei nº 11.690, de 9 junho de 2008, que vige desde 10 de agosto de 2008: "São inadmissíveis, devendo ser desentranhadas do processo, as provas ilícitas, assim entendidas as obtidas em violação a normas constitucionais ou legais."

8. Pretensão processual e direito ao processo

Não há mais qualquer dúvida de que se exerce ação processual mesmo sem direito material subjacente. Este estudo tem seu objeto no direito ao processo, com o que se restringirá ao plano processual, omitindo propositalmente o debate em torno da ação de direito material[372] e da (ir)relevância do conceito de pretensão[373] de direito material.

---

[372] Sobre a discussão em torno da ação de direito material a obra: NOGUEIRA, Pedro Henrique Pedrosa. *Teoria da ação de direito material*. Salvador: Juspodivm, 2008; BAPTISTA DA SILVA, Ovídio Araújo. *Processo e ideologia*: o paradigma racionalista. 2. ed. Rio de Janeiro: Forense, 2006, p. 165-200. De relevo também a seguinte coletânea: AMARAL, Guilherme Rizzo; MACHADO, Fábio Cardoso (org.). *Polêmica sobre a ação*: tutela jurisdicional na perspectiva das relações entre direito e processo. Porto Alegre: Livraria do Advogado, 2006.

[373] Adota-se o conceito de pretensão formulado por Pontes de Miranda. A esse respeito, a seguinte passagem: "A pretensão é o poder exigir alguma prestação. Do outro lado da relação jurídica está o obrigado, que talvez tenha, também ele, a sua pretensão ou as suas pretensões. Tanto àquele quanto a esse o Estado reconhece a pretensão à tutela jurídica, com que, passando a si o fazer justiça, substituiu o antigo direito de se fazer justiça com as próprias mãos (declarativa, constitutiva, condenatória, mandamental, executiva). Por isso, a pretensão à tutela jurídica dirige-se ao Estado; não a outras pessoas obrigadas. A designação 'Rechtsschutzanspruch' foi-lhe dada, em 1885, por Adolf Wach (Handbuch dês deutschen, Zivilprozess-rechts, I, 19 s.). Tanto o que tem a pretensão de direito material quanto o obrigado dispõem da pretensão à tutela jurídica." (PONTES DE MIRANDA, Francisco Cavalcanti. *Tratado da ação rescisória das sentenças e de outras decisões*. 5. ed. Rio de Janeiro: Forense, 1975, p. 11). Em sentido similar anota Daniel Mitidiero: "Quando a vantagem, a qual encerra o direito de alguém, é inatendida, resulta para o seu titular um poder de exigir essa mesma vantagem, sendo esse poder de exigir algo, cientificamente, o conteúdo da pretensão material (por isso atualidade e concretude, ínsitas à mesma)." (MITIDIERO, Daniel. *Elementos para uma teoria contemporânea do processo civil brasileiro*. Porto Alegre: Livraria do Advogado, 2005, p. 112). A pretensão não deve ser confundida com o direito subjetivo. Este "[...] é todo direito de que a regra jurídica objetiva dota os sujeitos de direito, conferindo-lhes projeção própria, atuação voluntária ou não." (PONTES DE MIRANDA, Francisco Cavalcanti. *Tratado da ação rescisória das sentenças e de outras decisões*. 5. ed. Rio de Janeiro: Forense, 1975, p. 06). Afirma-se ainda: "O direito subjetivo é 'individualização' da posição jurídica, o reconhecimento de que alguém, a quem o direito objetivo atribui ou reconhece tal posição, pode invocá-lo, não como sujeito ativo (a titularidade objetiva também o pode, como se reclamamos aos guardas do jardim a livre abertura dos portões, ou contra o automóvel que embaraça a entrada), e sim como sujeito ativo em que o direito se precisou, fazendo-se 'linha', em vez de uma das linhas indefinidas da superfície, e se localizou, tornando-se 'invocável' e 'realizável' na espé-

O art. 5°, XXXV, da Constituição Federal vigente traduz um direito subjetivo público ao exame, pelo Poder Judiciário, de uma afirmação de lesão ou ameaça a direito. O alcance deste direito depende do exercício do poder concedido a qualquer membro da sociedade de postulá-lo. Está-se a referir ao que Pontes de Miranda denominou de "pretensão à tutela jurídica" e que possui natureza "pré-processual".[374] Exercida, nasce a pretensão processual a uma sentença (presumivelmente justa),[375] mas que pode lhe ser desfavorável.[376] Essa segunda pretensão mencionada por Pontes de Miranda pode ser transportada ao que modernamente a doutrina tem denominado de direito à tutela jurisdicional ou direito ao processo. Aliás, este segundo momento, bem poderia ser representado pela lapidar lição de José Maria Rosa Tesheiner. É que o direito à prestação jurisdicional: "É também uma relação de poder e sujeição. Provocando o exercício da jurisdição, o autor submete-se ao poder jurisdicional. Vai buscar lã e pode sair tosquiado".[377]

Em suma, "[...] a pretensão de outorga de justiça é exercida concretamente por meio da ação processual [...]", tendo "[...] como resultado a tutela jurisdicional".[378]

O direito ao processo depende, portanto, do exercício da pretensão à tutela jurídica. Seu exercício, através da ação processual,

---

cie individual." (PONTES DE MIRANDA, Francisco Cavalcanti. *Tratado da ação rescisória das sentenças e de outras decisões*. 5. ed. Rio de Janeiro: Forense, 1975, p. 11-12).

[374] A esse respeito afirma Pontes de Miranda: "A pretensão à tutela jurídica é a que se tem a que o Estado tutele o direito; exercida ela, tem o Estado de fazer a prestação jurisdicional. É pré-processual. Processual é a pretensão que nasce daquele exercício. O Estado está obrigado a prestar a decisão." (PONTES DE MIRANDA, Francisco Cavalcanti. *Tratado da ação rescisória das sentenças e de outras decisões*. 5. ed. Rio de Janeiro: Forense, 1975, p. 19).

[375] São palavras de Pontes de Miranda: "[...] Tal cisão – direito à sentença justa e direito à sentença favorável – parece-nos de todo impertinente. Não há, aí, direito à sentença favorável. Existem direito e pretensão à sentença, que se presume justa, porque o Estado ou os árbitros 'prometem' justiça. Implícita em tal promessa está a de ser favorável ao que tenha razão. Como a razão é objetiva (provas + direito objetivo), e não subjetiva, no sentido de ser ligada à convicção ou interpretação do direito pelas partes, qualquer alusão à futura sentença favorável desloca o problema, ao mesmo tempo que procede àquela injustificável distinção." (PONTES DE MIRANDA, Francisco Cavalcanti. *Tratado da ação rescisória das sentenças e de outras decisões*. 5. ed. Rio de Janeiro: Forense, 1975, p. 16).

[376] Em posição pouco diversa entendendo que Pontes de Miranda confunde pretensão a sentença com pretensão processual: RIBEIRO, Darci Guimarães. *La pretensión procesal y la tutela judicial efectiva:* hacia una teoría procesal del derecho. Barcelona: Boscha, 2004, p. 120.

[377] TESHEINER, José Maria Rosa. *Situações subjetivas e processo*. Disponível em: <http://www.tex.pro.br/wwwroot/artigosproftesheiner/situacoessubjetivaseprocesso.htm>. Acesso em: 10 set. 2009.

[378] ALVARO DE OLIVEIRA, Carlos Alberto. *Teoria e prática da tutela jurisdicional*. Rio de Janeiro: Forense, 2008, p. 17. No mesmo sentido: MITIDIERO, Daniel. *Elementos para uma teoria contemporânea do processo civil brasileiro*. Porto Alegre: Livraria do Advogado, 2005, p. 119.

gera ao Poder Judiciário o dever de exame da afirmação de lesão e de proteção, caso presentes os pressupostos processuais (e, por vezes, até mesmo sem algum deles) e as condições da ação. É direito à sua proteção jurisdicional, caso além deles, exista melhor direito material. Não se configura em direito de mero acesso formal ao Poder Judiciário, comportando uma complexidade de atos a se desenvolverem em um procedimento firmado em constante contraditório, garantindo-se, assim, um diálogo entre as partes e o julgador.

Como direito a um provimento jurisdicional em conformidade com o Estado Constitucional pertence ao autor, em que pese também o réu tenha direito de similar conteúdo. É que o direito ao processo e o da ampla defesa podem ser vistos como as faces opostas da mesma moeda. Ambas dão azo ao direito ao provimento jurisdicional, por intermédio do exercício da ação processual. Note-se que mesmo o réu revel o detém. O conteúdo dos direitos fundamentais é irrenunciável, em que pese seu exercício não seja obrigatório.

9. Direito ao processo: terminologia adotada

Cumpre, antes de prosseguir, vindicar a escolha de determinadas terminologias e o abandono de outras para expressar o *princípio-síntese do modelo de supremacia do direito no Estado Constitucional Brasileiro*. Pode ele ser denominado de direito à ação; direito de ação;[379] princípio[380] ou garantia[381] da inafastabilidade da jurisdição (ou do Poder Judiciário); princípio da ubiquidade da justiça;[382] direito à jurisdição[383] ou de acesso à jurisdição[384]; direito de acesso à justiça;[385] direito à prestação jurisdicional; direito à tutela jurídica[386]; direito à tutela jurisdicional; e, direito ao processo.[387] Cumpre, então, estabelecer algumas premissas quanto à terminologia para fins de evitar equívocos. Algumas são afastadas apenas com o fito de uniformização, outras porque se entende não serem corretas para descrever fenômenos idênticos.

---

[379] BEDAQUE, José Roberto dos Santos. *Direito e processo*: influência do direito material sobre o processo. 5. ed. São Paulo: Malheiros, 2009, p. 111.

[380] WATANABE, Kazuo. *Da cognição no processo civil*. 2. ed. Campinas: Bookseller, 2000, p. 27.

[381] DINAMARCO, Cândido Rangel. *Fundamentos do processo civil moderno*. 4. ed. São Paulo: Malheiros, 2001. t. 2, p. 845.

[382] PONTES DE MIRANDA, Francisco Cavalcanti. *Comentários à Constituição de 1967*. São Paulo: Revista dos Tribunais, 1971. t. 5, p. 108.

[383] LIEBMAN, Enrico Tullio. L'azione nella teoria del processo civile. In: ——. *Problemi del processo civile*. Milano: Morano, 1962, p. 45; BAPTISTA DA SILVA, Ovídio Araújo. *Processo e ideologia*: o paradigma racionalista. 2. ed. Rio de Janeiro: Forense, 2006, p. 190.

[384] ALVARO DE OLIVEIRA, Carlos Alberto. *Do formalismo no processo civil*. 3. ed. São Paulo: Saraiva, 2009, p. 106.

[385] CAPPELLETTI, Mauro; GARTH, Bryant. *Acesso à justiça*. Porto Alegre: Fabris, 1988.

[386] MITIDIERO, Daniel. *Elementos para uma teoria contemporânea do processo civil brasileiro*. Porto Alegre: Livraria do Advogado, 2005, p. 117; BAUER, Fritz. *Tutela jurídica mediante medidas cautelares*. Porto Alegre: Fabris, 1985.

[387] MARQUES, José Frederico. *Instituições de direito processual civil*. 4. ed. Rio de Janeiro: Forense, 1971. v. 1, p. 36; GRINOVER, Ada Pellegrini. *Os princípios constitucionais e o Código de Processo Civil*. São Paulo: Bushatsky, 1975, p. 18.

Talvez a nominação mais comum seja a de "direito de ação", com a variante "direito à ação". Todavia, como bem observa Ovídio Araújo Baptista da Silva, ação é substantivo do verbo agir, sendo sempre "[...] o exercício de um direito que dá fundamento e legitimidade. *Agir* sem direito é cometer arbitrariedade. Não existe ação sem direito".[388] Ação é o exercício da pretensão. Trata-se da conduta que resta ao titular do direito quando frustrado o exercício da pretensão. Passa-se no plano do direito material e é dirigida contra o titular do dever jurídico.[389]

Ação é termo dos mais ambíguos no meio jurídico. Como observa Eduardo Couture,[390] em um primeiro significado, pertencente ao direito romano clássico, a ação é um *"ius persequendi in iudicio"*, ou seja, um poder de requerer do Tribunal a satisfação de um crédito ou a entrega de uma coisa; uma segunda concepção, superando a primitiva ideia romana que concebeu apenas ações sem a presença de direito substancial, envolve direito e a ação. A ação passa a ser o direito em movimento;[391] por fim, em uma terceira concepção, a ação desprende-se do direito material e se transforma em um poder jurídico autônomo.

No mais, ação traz consigo ideologia estática deste direito como direito de acesso aos tribunais, centrada no seu impulso inicial.[392] Tende a desvalorizar ou tirar a atenção do intérprete da complexidade do fenômeno, dado que é direito contínuo que inclui vários direitos subjetivos exercidos ao longo do trâmite do processo. Essa terminologia é, neste estudo, repelida.

---

[388] BAPTISTA DA SILVA, Ovídio Araújo. *Processo e ideologia*: o paradigma racionalista. 2. ed. Rio de Janeiro: Forense, 2006, p. 191.

[389] Ibidem.

[390] COUTURE, Eduardo J. *Estudios de derecho procesal civil:* la Constitución y el proceso civil. 3. ed. Buenos Aires: Depalma, 1998. t. 1, p. 26.

[391] Interessante a esse respeito, a lição de Adolf Wach no ano de 1889: "[...] *Todos sabemos que esta concepción de los romanos está vinculada con la evolución de su derecho in foro. Sabemos que ella no encuadra dentro de nuestro derecho. Nosotros tenemos un sistema de derecho, no de acciones, y a su lado tenemos un sistema de los derechos de protección, determinad por nuestro orden de aministración de justicia. Si a pesar de ello, continuamos llevando, en nuestras exposiciones sistemáticas del derecho de pandectas, una masa de materia específicamente del derecho de las acciones judiciales, es porque el derecho romano sigue ejerciendo sobre nosotros su poder tradicional. De él hemos tomado la costumbre de seguir enfocando el derecho en su posición de combate, en forma de protección.*" (WACH, Adolf. *La pretension de declaracion*: un aporte a la teoria de la pretension de proteccion del derecho. Buenos Aires: EJEA, 1962, p. 47)

[392] A respeito dessa ideologia, ver, por todos: COMOGLIO, Luigi Paolo. Note riepilogative su azione e forme di tutela, nell'otica della domanda giudiziale. *Rivista di Diritto Processuale*, Padova, ano 48, 2. serie, n. 2, p. 465-473, apr./giu. 1993.

Não se reportará, também, ao direito fundamental central do ordenamento jurídico como princípio, em que pese o seja em razão da subdivisão das normas (princípios e regras). É que não se está a distinguir as espécies normativas neste momento. A menção à expressão "princípio", por culpa de uma herança estritamente positivista, pode retirar aos olhos do leitor desavisado a força normativa que o dispositivo detém. Antes de um princípio (espécie de norma), trata-se de um direito subjetivo público.

Por outro lado, embora não se tenha maiores objeções contra a expressão "acesso à justiça", não bastasse não estar prevista em momento algum da história jurídico-legislativa brasileira, trata-se de expressão que marca o limiar da fase instrumentalista do processo, podendo, seu emprego, ocasionar a perda de fenômenos próprios do atual método de pensamento, por conta das pré-convicções formadas sobre esta terminologia, criada em estágio anterior. No mais, não se pode esquecer a lição de José Maria Rosa Tesheiner: "[...] é erro confundir direito e justiça".[393] Em que pese seja justamente a justiça a fonte legitimadora do direito que justifica a escolha por este meio de regulação social, em detrimento de outros menos civilizados, não se pode confundir tais conceitos. A reaproximação do direito com a justiça é salutar se não se esquecer que direito é realização prática.

Outrossim, também a expressão "direito à prestação jurisdicional" pode trazer algumas equivocadas interpretações. Se não se deve sacralizar a justiça de forma a prejudicar o andamento da efetividade do processo, a perspectiva de ver no jurisdicionado um usuário ou consumidor da justiça traz "[...] o risco de coisificá-lo, atribuindo desmedido significado aos valores custo e eficiência, [...]. Não se trata de 'consumir' a justiça, visão amoral e mercantilista, mas de distribuí-la adequadamente".[394]

As últimas três opções (direito à tutela jurídica, direito à tutela jurisdicional e direito ao processo) parecem as mais apropriadas a descrever o fenômeno estudado. Até por isso, também as duas primeiras são encontradas de forma esporádica no texto como sinônimos da última, em que pese desde o título escolhido já saiba o leitor da preferência deste autor.

---

393 TESHEINER, José Maria Rosa. Reflexões politicamente incorretas sobre direito e processo. *Revista da Ajuris*, Porto Alegre, ano 35, n. 110, p. 194, jun. 2008.

394 ALVARO DE OLIVEIRA, Carlos Alberto. *Do formalismo no processo civil*. 3. ed. São Paulo: Saraiva, 2009, p. 85.

As expressões *direito à tutela jurídica* ou *direito à tutela jurisdicional* apenas podem bem descrever o fenômeno circunscrito no art. 5°, XXXV, da Constituição Federal, por conta da adesão ao posicionamento de que tutela jurídica ou jurisdicional tanto o autor quanto o réu sempre recebem, e não apenas o vencedor da demanda. Estranha o fato de José Roberto dos Santos Bedaque ao concluir que "tutela jurisdicional tem o significado de proteção de um direito ou de uma situação jurídica, pela via jurisdicional"[395], isto é, que "[...] nada mais é do que a efetiva proteção que a função jurisdicional confere àquele cuja situação da vida encontra-se amparada pelo direito substancial",[396] refir-se ao direito de agir em juízo como um direito à tutela jurisdicional. Ou, que esta é "a tutela assegurada por órgãos da jurisdição"[397] em conformidade com as leis processuais, a ela se referindo "[...] o art. 24 da Constituição italiana, ao estabelecer que todos podem agir em juízo para tutela dos próprios direitos e interesses legítimos".[398] E que o dispositivo constitucional italiano citado: "Constitui regra semelhante à do art. 5°, XXXV, da Constituição do Brasil".[399] [400]

Tratar-se-ia, portanto, de um direito à sentença favorável; uma espécie de retorno à teoria concreta do direito de ação. Por óbvio, não é este o intuito daqueles autores, o que se quer por aqui é apenas demonstrar a contradição teleológica existente no uso desta nomenclatura para descrever o direito subjetivo público arrimado no art. 5°, XXXV, da CF/88, quando se tem por ponto de partida tal conceito para a expressão "tutela jurisdicional".

É que se o direito à tutela jurisdicional dependesse do reconhecimento do direito material, tratar-se-ia de um direito concreto e não abstrato. Correto, portanto, Luiz Guilherme Marinoni ao afirmar que: "[...] as mesmas razões que conferem natureza abstrata à ação impõem natureza abstrata ao direito à tutela jurisdicional." Com o

---

395 BEDAQUE, José Roberto dos Santos. *Direito e processo*: influência do direito material sobre o processo. 5. ed. São Paulo: Malheiros, 2009, p. 34.

396 Idem, p. 99.

397 Idem, p. 34.

398 Ibidem.

399 Ibidem.

400 Com o mesmo conceito de tutela jurisdicional, na esteira da tradição de Liebman: DINAMARCO, Cândido Rangel. *Fundamentos do processo civil moderno*. 4. ed. São Paulo: Malheiros, 2001. t. 2, p. 843-845.

que "[...] o autor tem direito à tutela jurisdicional efetiva ainda que o seu direito material não exista ou não seja reconhecido".[401]

Por fim, a preferência pela expressão "direito ao processo" tem a vantagem não apenas de ligar o princípio-síntese do ordenamento jurídico processual ao instituto que, na atualidade, é seu centro metodológico, como também de enfatizar a natureza complexa deste direito que se exerce ao longo de toda a ação processual. É direito ao procedimento, com sequência de normas, atos e de posições subjetivas.[402] Em suma, essas são as premissas para a escolha terminológica.

---

[401] MARINONI, Luiz Guilherme. *Curso de processo civil*: teoria geral do processo. São Paulo: Revista dos Tribunais, 2006. v. 1, p. 181.

[402] A esse respeito, é lapidar a lição de Sérgio Luís Wetzel de Mattos: "[...] seqüência de normas, no sentido de que estas regulam os atos do procedimento, em ordem lógica e cronológica, estabelecendo que cada ato, além de supor o ato precedente, constitui o pressuposto do ato sucessivo, até o ato final; seqüência de atos, no sentido de que estes são previstos por normas; e seqüência de posições subjetivas, vale dizer, faculdades, poderes e deveres que são outorgados por norma. E, quando feito em contraditório paritário, o procedimento, então, configura-se como processo. [...]" (MATTOS, Sérgio Luís Wetzel de. *Devido processo legal e proteção de direitos*. Porto Alegre: Livraria do Advogado, 2009, p. 132)

10. Dimensão objetiva do direito ao processo

Já se estabeleceram as premissas imprescindíveis sobre os direitos fundamentais; cabe agora refletir quanto às consequências destas no direito ao processo como valor fundamental explícito no ordenamento jurídico nacional desde a Carta Constitucional de 1946, sob sua dupla dimensão.

Em sua dimensão objetiva, e como valor vinculante aos três Poderes integrantes do Estado, impede a criação de leis ou mesmo a imposição de atos da administração de todo infenso ao exame da jurisdição. É válido como afirmação de que cabe apenas ao juiz o poder de conceder ou negar a tutela jurisdicional. Qualquer norma ou ato que, direta ou indiretamente, subtraia do Poder Judiciário, no todo ou em parte, o controle jurisdicional sobre a afirmação de lesão ou ameaça a direito, viola a disposição constitucional.[403]

Ainda como direito objetivo, cria a necessidade de interpretação de todo o ordenamento jurídico de forma mais favorável à sua concretização.[404] Nessa perspectiva, atua repelindo óbices legais ao exercício do direito ao processo. Justamente com arrimo nesta premissa que, certa feita, o Tribunal Constitucional italiano considerou como ofensa a este direito, o dispositivo legal que fixou em um mês, a contar do fato, o prazo para que os sucessores do trabalhador vitimado em acidente de trabalho promovessem a eventual ação indenizatória.[405]

---

[403] Nesse sentido: DENTI, Vittorio. Il diritto di azione e la Costituzione. *Rivista di Diritto Processuale*, Padova, v. 19, p. 123, 1964.

[404] Nos dizeres de Carlos Alberto Alvaro de Oliveira: "[...] Significa isto que, havendo dúvida, deve prevalecer a interpretação que, conforme o caso, restrinja menos o direto fundamental, dê-lhe maior proteção, amplie mais o seu âmbito, satisfaça-o em maior grau." (ALVARO DE OLIVEIRA, Carlos Alberto. O processo civil na perspectiva dos direitos fundamentais. In: —— (org.). *Processo e Constituição*. Rio de Janeiro: Forense, 2004, p. 09).

[405] A esse respeito: COMOGLIO, Paolo. Garanzia costituzionale dell'azione congruità dei termini di decadenza. *Rivista di Diritto Processuale*, Padova, vol. XXIV, p. 463-476, 1969. A perspectiva extraprocessual do art. 24, 1° da Constituição Italiana é também comentado por Vittorio Denti, inclusive, mediante a lembrança da referida decisão da Corte Constitucional

O exemplo italiano é de alto relevo, servindo à meditação. Inexistiu violação imediata ao direito ao processo mediante sua vedação. Todavia, a confecção de um prazo irrazoavelmente exíguo fez com que a Corte italiana o entendesse inconstitucional. Normas que dificultam de forma não razoável o exercício desse direito supremo, devem ser afastadas.

Mais do que isso, serve a reforçar a relevância prática da constitucionalização do direito ao processo, diferentemente da afirmação de Liebman já comentada. Atua como fundamento para extirpar normas que ofendam a possibilidade de concreta proteção jurisdicional dos direitos, mesmo que tais normas estejam no plano do direito material.[406]

No Brasil, o Supremo Tribunal Federal já considerou inconstitucionais leis estaduais que não previram limite (ou teto) para custas processuais fixadas de acordo com o valor da causa.[407] Trata-se de

---

Italiana (DENTI, Vittorio. Valori costituzionali e cultura processuale. *Rivista di Diritto Processuale*, Padova, ano 39, 2. serie, p. 446-448, 1984).

406 Esse parece ser o entendimento de Ada Pellegrini Grinover: "Assim fora, e a garantia constitucional seria suscetível de violação, não só no tocante a normas processuais, mas ainda com relação a normas substanciais: na superação, portanto, da dicotomia substance-procedure, já brilhantemente concretizada nos Estados Unidos e na Alemanha, e em vias de efetivação na Itália.
Assim como o fizemos no plano do direito comparado, examinaremos a interpretação conferida pela jurisprudência pátria ao art. 153, § 4°, da Constituição Federal, a fim de verificarmos o alcance concreto da garantia. E, assim analisado, concluiremos pela mera constitucionalização do direito cívico de ação, em sua abstração e generalidade extremas, ou antes, pela possibilidade concreta e efetiva de se obter a tutela jurisdicional, através da própria garantia constitucional do direito de ação, a qual teria, nesse caso, relevância direta para o processo." (GRINOVER, Ada Pellegrini. *As garantias constitucionais do direito de ação*. São Paulo: Revista dos Tribunais, 1973, p. 158).

407 BRASIL. Supremo Tribunal Federal. *Ação Declaratória de Inconstitucionalidade n. 1772 MC/MG*. CONSTITUCIONAL. TRIBUTÁRIO. TAXA JUDICIÁRIA e CUSTAS: NATUREZA JURÍDICA. TAXA JUDICIÁRIA E CUSTAS: ESTADO DE MINAS GERAIS. Lei Mineira nº 6.763, de 1975, art. 104, §§ 1º e 2º, com a redação do art,. 1º da Lei Mineira nº 12.729, de 30.12.97. Tabela "J" referida no art. 104 da Lei Mineira nº 6.763/75, com a alteração da Lei Mineira nº 12.729/97. Tabelas de custas anexas à Lei Mineira nº 12.732, de 1997, que altera a Lei Mineira nº 12.427, de 1996. I. – Taxa judiciária e custas: são espécies tributárias, classificando-se como taxas, resultando da prestação de serviço público específico e divisível e que têm como base de cálculo o valor da atividade estatal referida diretamente ao contribuinte, pelo que deve ser proporcional ao custo da atividade do Estado a que está vinculada, devendo ter um limite, sob pena de inviabilizar o acesso de muitos à Justiça. Rep. 1.077-RJ, Moreira Alves, RTJ 112/34; ADIn 1.378-ES, Celso de Mello, "DJ" de 30.05.97; ADIn 948- GO, Rezek, Plen., 09.11.95. II. – Taxa judiciária do Estado de Minas Gerais: Lei Mineira nº 6.763, de 26.12.75, art. 104, §§ 1º e 2º, com a redação do art. 1º da Lei Mineira nº 12.729, de 30.12.97, e Tabela "J" referida no citado art. 104: arguição de inconstitucionalidade com pedido de suspensão cautelar. III. – Custas: Tabelas anexas à Lei Mineira 12.732, de 1997, que altera a Lei Mineira nº 12.427, de 27.12.96, que dispõe sobre as custas devidas ao Estado no âmbito da Justiça Estadual: arguição de inconstitucionalidade: itens I e II, Tabelas "A" e "B" e "C" e "D". IV.

notória proteção ao direito ao processo em sua dimensão objetiva, o que, por vezes, é examinado pela processualística como perspectiva extraprocessual (ou externa ao juízo)[408] do direito à tutela jurídica.[409] *Em um exame do direito ao processo a partir do atual método de pensamento do direito processual civil próprio ao Estado Constitucional, é imprescindível bem compreender que esta faceta "extraprocessual" nada mais é do que a atuação da dimensão objetiva do art. 5°, XXXV, da CF/88.*

No mais, na esteira da lição de Daniel Mitidiero, aceita a premissa de que o processo civil nada mais é do que direito constitucional aplicado, a concessão de finalidade constitucional às normas processuais não pode ser encarada como "extraprocessual": "[...] Trata-se de evidente processo de densificação das normas constitucionais no direito infraconstitucional, inerente ao modo de pensar o processo civil na perspectiva dos direitos fundamentais".[410]

Nessa seara, já é momento da Suprema Corte Brasileira progredir no combate à cobrança de custas processuais irrazoáveis.[411] Explica-se: atualmente já se dispõe de dados estatísticos firmes que disponibilizam o custo financeiro do processo; por outro lado, o Supremo Tribunal Federal já pacificou entendimento no sentido de que as custas judiciárias detêm a natureza tributária de taxa. Taxa, por sua vez, é tributo que exige contraprestação específica; é obriga-

---

– Necessidade da existência de limite que estabeleça a equivalência entre o valor da taxa e o custo real dos serviços, ou do proveito do contribuinte. Valores excessivos: possibilidade de inviabilização do acesso de muitos à Justiça, com ofensa ao princípio da inafastabilidade do controle judicial de lesão ou ameaça a direito: C.F., art. 5º, X XXV. V. – Cautelar deferida. Relator: Min. Carlos Velloso. Brasília, DF, 15 de abril de 1998. Disponível em: <http://www.stf.jus.br/portal/jurisprudencia/pesquisarJurisprudencia.asp>. Acesso em: 09 set. 2009.

[408] Segundo Vittorio Denti, ao comentar as restrições ou condições para o exercício do direito de agir em juízo, o que deve ser impedido são as condições externas, porque internamente é lícito que o exercício sofra de algumas limitações. Essas condições externas ao exercício do direito ao processo, tão hostilizadas pelo doutrinador italiano, é justamente a dimensão objetiva deste direito fundamental que, como valor norte da aplicação de todo ordenamento não pode sofrer restrição no plano abstrato devendo o legislador zelar pelo seu pronta concretização. A esse respeito: DENTI, Vittorio. Il diritto di azione e la Costituzione. *Rivista di Diritto Processuale*, Padova, v. 19, p. 124, 1964.

[409] Nesse sentido: DENTI, Vittorio. Valori costituzionali e cultura processuale. *Rivista di Diritto Processuale*, Padova, v. 39, 2. serie, p. 446-448, 1984.

[410] MITIDIERO, Daniel. *Colaboração no processo civil*: pressupostos sociais, lógicos e éticos. São Paulo: Revista dos Tribunais, 2009, p. 137-138, nota 23.

[411] Mais recentemente, o STF afastou de plano alegação de inconstitucionalidade pela mera existência de limite de custas previsto na lei local: BRASIL. Supremo Tribunal Federal. *Ação Declaratória de Inconstitucionalidade n. 3124 MC / MG*. CUSTAS – VALORES. Na dicção da ilustrada maioria, não há relevância considerado pedido visando a fulminar ato normativo que verse sobre custas, presente a existência de limite. Relator: Min. Marco Aurélio. Brasília, DF, 11 de novembro de 2004. Disponível em: <http://www.stf.jus.br/portal/jurisprudencia/pesquisarJurisprudencia.asp>. Acesso em: 09 set. 2009.

ção bilateral. Trata-se de tributo vinculado cuja hipótese de incidência consiste numa atuação estatal direta e imediatamente referida ao obrigado. Sendo atualmente possível mensurar com precisão o custo médio de um processo, parece ferir diretamente as normas tributárias constitucionais a cobrança de valores que em muito exorbitem o montante mensurado.

Apenas a título exemplificativo, uma ação de conhecimento sob o procedimento ordinário, com valor de causa de R$ 500.000,00 (quinhentos mil reais) na Justiça Estadual do Rio Grande do Sul, terá custas de distribuição de aproximadamente R$ 9.000,00 (nove mil reais)[412] segundo a legislação local vigente.[413] Se o custo médio de uma ação judicial nesta Justiça, conforme dados desenvolvidos pela Fundação Getúlio Vargas,[414] é de R$ 1.216,00 (um mil, duzentos e dezesseis reais), fica evidente a afronta constitucional. Frise-se: sendo possível a mensuração econômica, mesmo que aproximada, resta a contraprestação da taxa a ela vinculada. E nem se argumente quanto à aplicação do princípio da solidariedade, lembrando dos jurisdicionados que litigam sob o abrigo da assistência judiciária gratuita, já que este não incide nessa espécie tributária. A obrigação de fornecer justiça pertence ao Estado e é arcada pela sociedade através das demais espécies tributárias, próprias ao financiamento da máquina pública (leia-se: impostos).

Em que pese a violência seja direta às normas de natureza tributária inseridas na Constituição, não há como não ver no exemplo uma concomitante violação do direito ao processo mediante o encarecimento desproporcional das despesas, de forma a impedir por vezes o controle jurisdicional ou mesmo tornando-o excessivamente oneroso a ponto de retirar o interesse econômico da parte na proteção do direito em exame.

De outra banda, merece encômios a decisão da Suprema Corte Brasileira que, no combate aos obstáculos financeiros do direi-

---

[412] Utilizou-se na projeção o valor da URC de novembro de 2009, equivalente a R$ 20,38 (vinte reais e trinta e oito centavos).

[413] Sobre a taxa judiciária: RIO GRANDE DO SUL. *Lei n. 7.221, de 13 de dezembro de 1978*. Altera a Taxa Judiciária e dá outras providências. Disponível em: <http://www.tjrs.jus.br/proc/custas/legcustas/7221_78_taxa_judiciaria.doc>. Acesso em: 20 jul. 2009. Combinado com o Regimento de custas. RIO GRANDE DO SUL. *Lei n. 8.121, de 30 de dezembro de 1985*. Regimento de custas. Disponível em: <http://www.al.rs.gov.br/legis/M010/M0100099.ASP?Hid_Tipo=TEXTO&Hid_TodasNormas=21466&hTexto=&Hid_IDNorma=21466>. Acesso em: 20 jul. 2009.

[414] Diagnóstico do Poder Judiciário encomendado pelo Ministério da Justiça, com dados referentes ao ano de 2004. Disponível em: http://www.mj.gov.br/main.asp?View={597BC4FE-7844-402D-BC4B-06C93AF009F0}. Acessado em 05/11/2009 às 10hs00min.

to ao processo, entendeu por inconstitucional o artigo 19 da Lei n. 8.870/94, que impunha como condição para propositura de ações cujo objeto fosse a discussão de débitos de natureza tributária junto ao INSS o depósito prévio do valor monetariamente corrigido e acrescido de multa e juros.[415] Tratava-se, com evidência, de óbice inconstitucional.

Pareceu andar bem também o Supremo Tribunal Federal ao declarar a constitucionalidade da Lei nº 9.307/96 (lei da arbitragem), entendendo que a possibilidade de firmar cláusula compromissória não fere o direito ao processo.[416] Incindindo tal possibilidade ape-

---

[415] BRASIL. Supremo Tribunal Federal. *Ação Direta de Inconstitucionalidade n. 1074/DF*. AÇÃO DIRETA DE INCONSTITUCIONALIDADE. ARTIGO 19, CAPUT, DA LEI FEDERAL N. 8.870/94. DISCUSSÃO JUDICIAL DE DÉBITO PARA COM O INSS. DEPÓSITO PRÉVIO DO VALOR MONETARIAMENTE CORRIGIDO E ACRESCIDO DE MULTA E JUROS. VIOLAÇÃO DO DISPOSTO NO ARTIGO 5º, INCISOS XXXV E LV, DA CONSTITUIÇÃO DO BRASIL. 1. O artigo 19 da Lei n. 8.870/94 impõe condição à propositura das ações cujo objeto seja a discussão de créditos tributários. Consubstancia barreira ao acesso ao Poder Judiciário. 2. Ação Direta de Inconstitucionalidade julgada procedente. Relator: Min. Eros Grau. Brasília, DF, 28 de março de 2007. Disponível em: <http://www.stf.jus.br/portal/jurisprudencia/>. Acesso em: Acesso em: 22 fev. 2009.

[416] BRASIL. Supremo Tribunal Federal. *Agravo Regimental em Sentença Estrangeira n. 5206-7*. EMENTA: 1.Sentença estrangeira: laudo arbitral que dirimiu conflito entre duas sociedades comerciais sobre direitos inquestionavelmente disponíveis – a existência e o montante de créditos a título de comissão por representação comercial de empresa brasileira no exterior: compromisso firmado pela requerida que, neste processo, presta anuência ao pedido de homologação: ausência de chancela, na origem, de autoridade judiciária ou órgão público equivalente: homologação negada pelo Presidente do STF, nos termos da jurisprudência da Corte, então dominante: agravo regimental a que se dá provimento,por unanimidade, tendo em vista a edição posterior da L. 9.307, de 23.9.96, que dispõe sobre a arbitragem, para que, homologado o laudo, valha no Brasil como título executivo judicial. 2. Laudo arbitral: homologação: Lei da Arbitragem: controle incidental de constitucionalidade e o papel do STF. A constitucionalidade da primeira das inovações da Lei da Arbitragem – a possibilidade de execução específica de compromisso arbitral – não constitui, na espécie, questão prejudicial da homologação do laudo estrangeiro; a essa interessa apenas, como premissa, a extinção, no direito interno, da homologação judicial do laudo (arts. 18 e 31), e sua consequente dispensa, na origem, como requisito de reconhecimento, no Brasil, de sentença arbitral estrangeira (art. 35). A completa assimilação, no direito interno, da decisão arbitral à decisão judicial, pela nova Lei de Arbitragem, já bastaria, a rigor, para autorizar a homologação, no Brasil, do laudo arbitral estrangeiro, independentemente de sua prévia homologação pela Justiça do país de origem. Ainda que não seja essencial à solução do caso concreto, não pode o Tribunal – dado o seu papel de "guarda da Constituição" – se furtar a enfrentar o problema de constitucionalidade suscitado incidentemente (v.g. MS 20.505, Néri). 3. Lei de Arbi tragem (L. 9.307/96): constitucionalidade, em tese, do juízo arbitral; discussão incidental da constitucionalidade de vários dos tópicos da nova lei, especialmente acerca da compatibilidade, ou não, entre a execução judicial específica para a solução de futuros conflitos da cláusula compromissória e a garantia constitucional da universalidade da jurisdição do Poder Judiciário (CF, art. 5º, XXXV). Constitucionalidade declarada pelo plenário, considerando o Tribunal, por maioria de votos, que a manifestação de vontade da parte na cláusula compromissória, quando da celebração do contrato, e a permissão legal dada ao juiz para que substitua a vontade da parte recalcitrante em firmar o compromisso não ofendem o artigo 5º, XXXV,

nas sobre direitos disponíveis em que se aceita a transação entre as partes, nada impede que transacionem sobre a pretensão material especificamente deste direito subjetivo. Imprescindível preservar apenas a autonomia da vontade incidente nas declarações da cláusula compromissória, não podendo considerar-se válida a cláusula onde houver relação de sujeição[417] ou evidente diferença econômica capaz de viciar a livre vontade.[418]

Os mesmos elogios não podem ser tecidos à Corte Suprema brasileira no que tange ao julgamento da ADC 04 MC/DF,[419] quan-

---

da CF. Votos vencidos, em parte – incluído o do relator – que entendiam inconstitucionais a cláusula compromissória – dada a indeterminação de seu objeto – e a possibilidade de a outra parte, havendo resistência quanto à instituição da arbitragem, recorrer ao Poder Judiciário para compelir a parte recalcitrante a firmar o compromisso, e, consequentemente, declaravam a inconstitucionalidade de dispositivos da Lei 9.307/96 (art. 6º, parág. único; 7º e seus parágrafos e, no art. 41, das novas redações atribuídas ao art. 267, VII e art. 301, inciso IX do C. Pr. Civil; e art. 42), por violação da garantia da universalidade da jurisdição do Poder Judiciário. Constitucionalidade – aí por decisão unânime, dos dispositivos da Lei de Arbitragem que prescrevem a irrecorribilidade (art. 18) e os efeitos de decisão judiciária da sentença arbitral (art. 31). Relator: Sepúlveda Pertence. Brasília, DF, 11 fev. 1998. Disponível em: <http://www.stf.jus.br/portal/jurisprudencia/pesquisarJurisprudencia.asp>. Acesso em: 09 set. 2009.

[417] Nesse sentido: RIO GRANDE DO SUL. Tribunal de Justiça. Apelação Cível nº 70020255709. APELAÇÃO CÍVEL. RECURSO ADESIVO. AÇÃO DE COBRANÇA. REPRESENTAÇÃO COMERCIAL. RESCISÃO. CLÁUSULA COMPROMISSÓRIA. JUÍZO ARBITRAL. EXTINÇÃO DO PROCESSO. Ineficácia da cláusula compromissória no caso, que envolve contrato de representação comercial, onde há dependência a ponto de justificar legislação específica, em parte protetiva da representante. O próprio 4ª, § 2º, da Lei 9.307/96, permite reconhecer ineficácia na situação. Sentença que extinguiu o processo com base no art. 267, VII, do CPC, desconstituída. Apelo provido, prejudicado o recurso adesivo. Relator: Paulo Roberto Felix. Porto Alegre, 25 de junho de 2008. Disponível em: <http://www.tjrs.jus.br/site_php/consulta/download/exibe_documento_att.php?ano=2008&codigo=82074>. Acesso em: 12 set. 2009.

[418] Nesse sentido: BRASIL. Superior Tribunal de Justiça. Recurso Especial nº 819519 / PE. PROMESSA COMPRA E VENDA IMÓVEL. NULIDADE SENTENÇA. INEXISTENTE. CLÁUSULA DE ARBITRAGEM. ABUSIVIDADE. REEXAME DE PROVAS. SÚMULAS 5 E 7. – A extinção do processo por falta de complementação de custas processuais só pode ser decretada após a intimação pessoal da parte. Precedentes. – É nula a clausula de convenção de arbitragem inserta em contrato de adesão, celebrado na vigência do Código de Defesa do Consumidor. – Não se considera força maior o inadimplemento pelo atraso na entrega da obra pela empresa devido a inadimplemento dos outros promitentes compradores. – O inadimplemento de outros compradores não constitui força maior para justificar atraso na entrega de imóvel a comprador em dia com a amortização do preço. Relator: Min. Humberto Gomes de Barros. Brasília, DF, 09 de outubro de 2007. Disponível em: <http://www.stj.gov.br/SCON/jurisprudencia/doc.jsp?livre= arbitragem&&b=ACOR&p=true&t=&l=10&i=16>. Acesso em: 25 ago. 2009.

[419] BRASIL. Supremo Tribunal Federal. Ação Declaratória de Constitucionalidade nº 04 MC/DF. AÇÃO DIRETA DE CONSTITUCIONALIDADE DO ART. 1º DA LEI N. 9.494, DE 10.09.1997, QUE DISCIPLINA A APLICAÇÃO DA TUTELA ANTECIPADA CONTRA A FAZENDA PÚBLICA. MEDIDA CAUTELAR: CABIMENTO E ESPÉCIE, NA A.D.C. REQUISITOS PARA SUA CONCESSÃO. 1. Dispõe o art. 1º da Lei nº 9.494, da 10.09.1997: "Art. 1º.

do entendeu constitucional a vedação *prima facie* à concessão de medidas liminares em face do Poder Público.[420] É que, como antes declinado, a proteção contra a ameaça de lesão a direito trata-se de uma das novidades do direito ao processo na redação do art. 5°, XXXV, da Constituição Federal de 1988. Constitucionalizada a tutela jurisdicional preventiva dos direitos, não há como concordar com qualquer vedação legal em abstrato ao deferimento de medidas liminares. Em suma, decorre justamente desta novidade constitucional:

Aplica-se à tutela antecipada prevista nos arts. 273 e 461 do Código de Processo Civil, o disposto nos arts 5º e seu parágrafo único e art. 7º da Lei nº 4.348, de 26 de junho de 1964, no art. 1º e seu § 4º da Lei nº 5.021, de 09 de junho de 1966, e nos arts. 1º, 3º e 4º da Lei nº 8.437, de 30 de junho de 1992." 2. Algumas instâncias ordinárias da Justiça Federal têm deferido tutela antecipada contra a Fazenda Pública, argumentando com a inconstitucionalidade de tal norma. Outras instâncias igualmente ordinárias e até uma Superior – o S.T.J. – a têm indeferido, reputando constitucional o dispositivo em questão. 3. Diante desse quadro, é admissível Ação Direta de Constitucionalidade, de que trata a 2ª parte do inciso I do art. 102 da C.F., para que o Supremo Tribunal Federal dirima a controvérsia sobre a questão prejudicial constitucional. Precedente: A.D.C. n 1. Art. 265, IV, do Código de Processo Civil. 4. As decisões definitivas de mérito, proferidas pelo Supremo Tribunal Federal, nas Ações Declaratórias de Constitucionalidade de lei ou ato normativo federal, produzem eficácia contra todos e até efeito vinculante, relativamente aos demais órgãos do Poder Judiciário e ao Poder Executivo, nos termos do art. 102, § 2º, da C.F. 5. Em Ação dessa natureza, pode a Corte conceder medida cautelar que assegure, temporariamente, tal força e eficácia à futura decisão de mérito. E assim é, mesmo sem expressa previsão constitucional de medida cautelar na A.D.C., pois o poder de acautelar é imanente ao de julgar. Precedente do S.T.F.: RTJ-76/342. 6. Há plausibilidade jurídica na arguição de constitucionalidade, constante da inicial ("fumus boni iuris"). Precedente: ADIMC – 1.576-1. 7. Está igualmente atendido o requisito do "periculum in mora", em face da alta conveniência da Administração Pública, pressionada por liminares que, apesar do disposto na norma impugnada, determinam a incorporação imediata de acréscimos de vencimentos, na folha de pagamento de grande número de servidores e até o pagamento imediato de diferenças atrasadas. E tudo sem o precatório exigido pelo art. 100 da Constituição Federal, e, ainda, sob as ameaças noticiadas na inicial e demonstradas com os documentos que a instruíram. 8. Medida cautelar deferida, em parte, por maioria de votos, para se suspender, "ex nunc", e com efeito vinculante, até o julgamento final da ação, a concessão de tutela antecipada contra a Fazenda Pública, que tenha por pressuposto a constitucionalidade ou inconstitucionalidade do art. 1º da Lei nº 9.494, de 10.09.97, sustando-se, igualmente "ex nunc", os efeitos futuros das decisões já proferidas, nesse sentido. Relator: Min. Sydney Sanches. Brasília, DF, 11 fev. 1998. Disponível em: <http://www.stf.jus.br/portal/jurisprudencia/pesquisarJurisprudencia.asp>. Acesso em: 09 set. 2009.

[420] Recentemente, o Supremo Tribunal Federal julgou o mérito da Ação Declaratória, confirmando o julgamento da medida cautelar, sem disponibilização até esta data da íntegra do acórdão, nos seguintes termos: "Prosseguindo no julgamento, o Tribunal, por maioria, vencido o Senhor Ministro Marco Aurélio, julgou procedente a ação declaratória, nos termos do voto do Relator. Votou o Presidente, Ministro Gilmar Mendes. Redigirá o acórdão o Senhor Ministro Celso de Mello. Não participaram da votação os Senhores Ministros Cezar Peluso, Carlos Britto, Eros Grau e a Senhora Ministra Cármen Lúcia, por sucederem, respectivamente, aos Senhores Ministros Sydney Sanches, Ilmar Galvão, Maurício Corrêa e Nelson Jobim. Plenário, 01.10.2008." BRASIL. Supremo Tribunal Federal. *Ação Declaratória de Constitucionalidade n. 4-6*. Petição Inicial. Relator: Min. Sydney Sanches. Disponível em: <http://www.stf.jus.br/portal/ peticaoInicial/verPeticaoInicial.asp?base=ADCN&s1=4&processo=4>. Acesso em: 12 jul. 2009.

"[...] que a lei não pode, doravante, excluir a respectiva utilização, para somente permitir o recurso à Justiça a quem se queixe de lesão já consumada",[421] com o que "[...] é pouco mais do que evidente que a tutela antecipatória, baseada nos arts. 273, I, 461 e 461-A do CPC e 84 do CDC, está albergada nesse direito fundamental".[422]

Prosseguindo no destaque da dimensão objetiva do direito ao processo e suas consequências práticas, cabe destacar a lição de Cândido Rangel Dinamarco,[423] para quem são de três ordens as limitações legítimas que sofre o exercício da atividade jurisdicional no Brasil: *(i)* primeiro reside no veto ao exercício espontâneo da jurisdição, representado pela inércia do juiz prevista nos artigos 2° e 262 do Código de Processo Civil; *(ii)* segundo, refere-se à competência internacional que impede o exercício do próprio poder jurisdicional nacional sobre determinadas questões; *(iii)* e, por fim, a incensurabilidade sobre o mérito dos atos dos demais Poderes por conta da separação prevista constitucionalmente.

O direito ao processo, todavia, não sofre restrições dos demais direitos informativos do processo civil, tais como, o direito ao juiz natural ou à ampla defesa.[424] Ao contrário, *trata-se de direitos a aprimorar ou a qualificar o direito ao processo,* como se verá com maior rigor no capítulo que segue.

No contemporâneo modo de pensar constitucional, o exame do ordenamento jurídico processual infraconstitucional passa a ser constantemente posto em xeque à luz dos valores contidos nos direitos informativos do processo civil, que atuam com força vinculante sobre todo conjunto normativo.

---

421 BARBOSA MOREIRA, José Carlos. A constitucionalização do processo no direito brasileiro. In: MAC-GREGOR, Eduardo Ferrer; LARREA, Arturo Zaldívar Lelo de. *Estudos de direito processual constitucional*: homenagem brasileira a Héctor Fix-Zamudio em seus 50 anos como pesquisador do direito. São Paulo: Malheiros, 2009, p. 48.

422 MARINONI, Luiz Guilherme. *Técnica processual e tutela dos direitos*. 2. ed. São Paulo: Revista dos Tribunais, 2008, p. 157.

423 DINAMARCO, Cândido Rangel. *Fundamentos do processo civil moderno*. 4. ed. São Paulo: Malheiros, 2001. t. 2, p. 848-850.

424 Ibidem.

11. Dimensão subjetiva do direito ao processo

Já se afirmou que o comumente denominado pela doutrina processualista de "plano extraprocessual" do direito ao processo é, em verdade, *a dimensão objetiva deste direito fundamental* que atua repelindo normas contrárias à sua concretização e como um norte para a interpretação de todo o ordenamento em seu favor.

Subjetivado o direito ao processo através de sua individualização, o que parece pertinente é compreender o que integra este direito complexo, que não se exaure com o mero acesso ao Poder Judiciário.

O direito ao processo foi constitucionalizado em vários países como represália aos abusos decorrentes de períodos de guerra e de ditaduras. Como dito alhures, é direito próprio de regimes democráticos, aliás, *verdadeiro pressuposto a uma real democracia.* Entre suas principais positivações, cabe destacar as previsões originárias constantes nos documentos de direito internacional, em especial, na Declaração Universal dos Direitos Humanos de 1948[425] e na Convenção Europeia dos Direitos dos Homens e das Liberdades Fundamentais de 1950.[426] Ademais, formou a base do direito à tutela jurisdicional previsto no art. 24.1 da Constituição italiana,[427] somado à disposição do art. 113.[428] Na Constituição espanhola, é também o seu art. 24

[425] Art. 10. Toda pessoa tem direito em condições de plena igualdade a ser ouvida publicamente e com justiça por um Tribunal independente e imparcial, para a determinação de seus direitos e obrigações ou para o exame de qualquer acusação contra ela em matéria penal.

[426] Art. 13. Toda pessoa cujos direitos e liberdades reconhecidos no presente Convênio tenham sido violados tem direito a concessão de um recurso efetivo ante uma instância nacional, inclusive quando a violação tenha sido cometida por pessoas que atuem no exercício de suas funções oficiais.

[427] *Tutti possono agire in giudizio per la tutela dei propri diritti e interessi legittimi.* (ITALIA. *Constituição da República Italiana.* Disponível em: <http://www.senato.it/documenti/repository/costituzione.pdf>. Acesso em: 05 abr. 2008)

[428] *Contro gli atti della pubblica amministrazione è sempre ammessa la tutela giurisdizionale dei diritti e degli interessi legittimi dinanzi agli organi di giurisdizione ordinaria o amministrativa [241, 1031,2, 1251]. Tale tutela giurisdizionale non può essere esclusa o limitata a particolari mezzi di*

que dispõe sobre o direito à "tutela efectiva".[429] Trata-se de direito previsto constitucionalmente, também, apenas a título ilustrativo, na Alemanha[430] e em Portugal.[431]

Integram o direito ao processo, segundo Joan Pico I Junoy, o de acesso aos Tribunais, o de obter uma sentença fundada em direito congruente, o relativo a efetividade das decisões judiciais e aos recursos legalmente previstos.[432] A estes, somam-se outros, após o exercício da pretensão à tutela jurídica. É o caso, por exemplo, do direito aos meios de prova adequados ao direito substancial sob afirmação de perigo ou lesão. Em que pese o direito de provar não esteja expressamente positivado dentre os direitos informativos do processo civil, é impensável uma tutela jurisdicional eficiente sem a garantia de meios probatórios próprios para comprovar a existência do direito material ou mesmo para repelir os pleitos infundados. É garantia integrante do direito ao processo qualificado; forma própria ao atual método de pensamento do direito processual civil adequado ao Estado Constitucional brasileiro.

Nesse sentido, o direito ao processo é exercido ao longo de toda a ação processual, podendo ser considerado como uma relação jurídica complexa e progressiva, composta de poderes, faculdades, deveres e ônus que vão desde o início da demanda até sua realização fática.[433]

---

impugnazione o per determinate categorie di atti. La legge determina quali organi di giurisdizione possono annullare gli atti della pubblica amministrazione nei casi e con gli effetti previsti dalla legge stessa. (ITALIA. *Constituição da República Italiana.* Disponível em: <http://www.senato.it/documenti/repository/costituzione.pdf>. Acesso em: 05 abr. 2008)

429 *1. Todas las personas tienen derecho a obtener la tutela efectiva de los jueces y tribunales en el ejercicio de sus derechos e intereses legítimos, sin que, en ningún caso, pueda producirse indefensión. 2. Asimismo, todos tienen derecho al juez ordinário predeterminado por la ley, a la defensa y a la asistencia de letrado, a ser informado de la acusación formulada contra ellos, a un processo público sin dilaciones indebidas y con todas las garantías, a utilizar los medios de prueba pertinentes para su defesa, a no declarar contra si mismos, a no confesarse culpables y a la presunción de inocencia. La ley regulará los casos en que por razón de parentesco o de secreto profesional, no se estará obligado a declarar sobre hechos presuntamente delictivos.*

430 Consta do art. 19.4 da Lei Fundamental de Bonn: "*Toda persona cuyos derechos sean vulnerados por el poder público podrá recurrir a la via judicial. Si no hubiera outra jurisdicción competente para conocer el recurso, la via será la de los tribunales ordinarios.*"

431 Art. 20.1: *Se garantiza a todos el derecho a dirigirse a los tribunales para la defensa de sus derechos e intereses legitimos. No se podrá denegar justicia a nadie por insuficienci de medios econômicos.*

432 PICÓ I JUNOY, Joan. *Las garantías constitucionales del proceso.* Barcelona: Bosch, 1997, p. 40.

433 Trata-se de conceito similar ao de Carlos Alberto Alvaro de Oliveira, ressaltando a diferença apenas quanto à constituição de relação jurídica que inexistiria na visão do referido autor que prefere o conceito de posição subjetiva: ALVARO DE OLIVEIRA, Carlos Alberto. *Teoria e prática da tutela jurisdicional.* Rio de Janeiro: Forense, 2008, p. 70.

A ação processual, diferentemente do que afirmou Liebman, não é apenas uma situação subjetiva consistente no poder de implementar a condição para que se movimente o Poder Judiciário[434]. Não consiste apenas em "[...] *un diritto d'impulso e d'iniziativa allo svolgimento di una funzione a cui lo Stato è anch'esso interessato*".[435] Trata-se, portanto, de interesse juridicamente protegido que não pode ter em seu conteúdo apenas o poder de "[...] provocar a atuação jurisdicional do Estado e dar inicio ao processo [...]"[436] ou o "[...] direito de invocar o exercício da função jurisdicional".[437]

É direito ao diálogo, com eficientes oportunidades de convencer o magistrado. Atua em contraditório, logo, com espaço para alegações e meios de prova adequados ao direito material em análise. É direito aos recursos legalmente previstos, incluindo-se nele a possibilidade de tornar efetivas as decisões favoráveis.

No mais, questões referentes ao formalismo do processo são fatores conformadores do núcleo essencial do direito subjetivo público ao processo, que sequer devem ser pensados como restrições; *está-se a referir às regras de competência interna e aos requisitos ao julgamento de mérito.* É no formalismo que reside a ideia de processo com a previsibilidade que se necessita. Do contrário, caso o processo não seguisse uma ordem "[...] fácil entender que o litígio desembocaria numa disputa desordenada, sem limites ou garantias para as partes, prevalecendo ou podendo prevalecer a arbitrariedade e a parcialidade do órgão judicial ou a chicana do adversário".[438]

Não por outro motivo que a doutrina contemporânea vem pregando uma interpretação *pro actione* dos pressupostos processuais[439] que poderiam ser vistos, *prima facie*, como restrições infraconstitucionais ao exercício deste direito fundamental. Só seu mal uso pode sê-lo.

---

[434] LIEBMAN, Enrico Tullio. L'azione nella teoria del processo civile. In: ——. *Problemi del processo civil*. Milano: Morano, 1962, p. 45.

[435] Ibidem.

[436] MARQUES, José Frederico. *Instituições de direito processual civil*. 4. ed. Rio de Janeiro: Forense, 1971. v. 1, p. 31.

[437] SANTOS, Moacyr Amaral. *Primeiras linhas de direito processual civil*. 3. ed. São Paulo: Max Limonad, 1970. v. 1, p. 196.

[438] ALVARO DE OLIVEIRA, Carlos Alberto. *Do formalismo no processo civil*. 3. ed. São Paulo: Saraiva, 2009, p. 09.

[439] A esse respeito tem se demonstrado avançada a doutrina espanhola: LLOBREGAT, José Garberí. *El derecho a la tutela judicial efectiva en la jurisprudencia del tribunal constitucional*. Barcelona: Bosch, 2008, p. 34-37; PICÓ I JUNOY, Joan. *Las garantías constitucionales del proceso*. Barcelona: Bosch, 1997, p. 49-52.

Aliás, mais correto seria denominá-los de requisitos ao julgamento de mérito.[440] É que estes não pressupõem o exercício do direito de ação, tanto é que seu exame dá-se internamente no processo; sua ausência leva, em regra, à extinção do processo. Não se trata de verdadeiro pressuposto. Em que pese a nomenclatura seja devida a Oskar Büllow, este não cometeu qualquer equívoco. O erro é de importação, pois o autor analisou o problema à luz de institutos do direito romano-canônico e suas influências no direito alemão moderno, onde realmente a inexistência desses requisitos, declarada pelo pretor, impedia o exercício da *actio* e a formação da *litis contestatio*, com a fixação do objeto litigioso e a remessa dos autos ao *iudex*. Daí por que, ao ver os pressupostos processuais como expressão negativa das exceções processuais, concluiu tratar-se de pressupostos à própria formação da relação jurídica.[441] [442]

Enquanto requisitos ao julgamento de mérito não se constituem em restrições inconstitucionais ao efetivo exame da afirmação de lesão ou ameaça a direito, porque protegem a jurisdição e, por consequência, as partes mediante a garantia de um estágio mínimo de formalidade, imprescindível à segurança jurídica. Alguns desses requisitos atuam diretamente na defesa da jurisdição e, por via reflexa, na proteção das partes. Outros, atuam diretamente na defesa dos interesses das partes. Exemplo da primeira hipótese é a competência do juízo; da segunda, a necessidade de advogado para atuação em juízo.

Na expressão de Barbosa Moreira, os requisitos ao julgamento de mérito atuam como verdadeiros filtros, impedindo a passagem de pretensões inviáveis.[443] Sendo assim, falhando o filtro, com o desenvolvimento dos atos processuais, há que se ponderar a finalidade específica do pressuposto processual não preenchido. Por esta razão, afirmou-se pouco antes, que a ausência de um dos requisitos ao julgamento de mérito, apenas de regra leva à extinção do processo sem julgamento de mérito. Opõe-se, portanto, a um verdadeiro dogma da ciência processual. Aliás, é lição antiga de José

---

[440] BEDAQUE, José Roberto dos Santos. *Efetividade do processo e técnica processual*. 2 ed. São Paulo: Maheiros, 2007, p. 183.

[441] A esse respeito: BÜLOW, Oskar. *Excepciones procesales y presupuestos procesales*. Buenos Aires: Ejea, 1964, em especial, p. 01-17.

[442] Critica no mesmo sentido a esta ora formulada: BEDAQUE, José Roberto dos Santos. *Efetividade do processo e técnica processual*. 2. ed. São Paulo: Malheiros, 2007, p. 189-193.

[443] BARBOSA MOREIRA, José Carlos. Sobre pressupostos processuais. In: ——. *Temas de direito processual*: quarta série. Rio de Janeiro: Forense, 1989, p. 89.

Maria Rosa Tesheiner[444] que os pressupostos processuais devem ser examinados à luz de sua finalidade, com atenção ao princípio da sanação.

Não por outra razão, defende Luiz Guilherme Marinoni[445] que, por exemplo, verificando o magistrado apenas quando da conclusão do processo para sentença que o autor encontra-se com procurador desabilitado a representá-lo, mas verificando mesmo assim, que se faz de direito a procedência do pedido poderá relevar a ausência do aludido requisito. É que servindo tal requisito ao zelo da possibilidade de demonstração do direito pela parte, e já tendo sido tal desiderato alcançado mesmo diante da ausência deste, não haveria porque anular os atos ou, o que seria pior, extinguir o feito sem resolução do mérito por conta de sua ausência quando a finalidade já fora alcançada.

Tal perspectiva, como dito, afronta um grande dogma da ciência jurídica. Isto, porque demanda do magistrado que primeiramente examine o mérito, para que, em ato intelectivo posterior, verifique a finalidade do requisito e sua possível desconsideração. É de se ressalvar que tal perspectiva deve se restringir aos casos de falha do "filtro" e apenas no que tange aos requisitos protetivos das partes. Aliás, nessa perspectiva, eles deixam, inclusive, de constituir-se em requisitos ao julgamento de mérito. É que sendo o mérito favorável ao réu, a ausência de pressuposto voltado à sua proteção não exclui do magistrado o dever de proferir sentença de improcedência. Do contrário, estando o julgador convicto quanto à procedência do pedido, o acolhimento deste somente será possível se o requisito ausente tiver o fito de proteger o próprio autor.[446]

De outro lado, as condições da ação exigem ponderações um tanto distintas, isso porque elas se relacionam de forma umbilical com o direito material. Pensadas inicialmente por Enrico Tullio Liebman e adotadas expressamente pelo Código de Processo Civil brasileiro, são três: *interesse de agir; possibilidade jurídica do pedido; e, legitimidade das partes.* Em que pese posteriormente tenha Liebman reformulado sua teoria, incluindo a possibilidade jurídica do pedido no interesse de agir e mantendo apenas duas condições da

---

444 TESHEINER, José Maria Rosa. *Pressupostos processuais e nulidades no processo civil.* São Paulo: Saraiva, 2000, p. 120-122.

445 MARINONI, Luiz Guilherme. *Curso de processo civil*: teoria geral do processo. São Paulo: Revista dos Tribunais, 2006. v. 1, p. 478.

446 Idem, p. 476.

ação,[447] o Código, elaborado à luz de seus ensinamentos originais, adotou a tríade mencionada.[448]

Em precedente, já teve o Supremo Tribunal Federal a oportunidade de se manifestar pela constitucionalidade das condições da ação.[449] Fê-lo bem. Em verdade, as condições da ação atuam como instrumentos de proteção ao próprio (eventual) direito material do autor. Explica-se: sendo requisitos ligados de forma estreita ao mérito, podendo, inclusive, afirmar-se dele integrante, a declaração de ausência de qualquer das condições da ação impede a improcedência *prima facie* do pedido, que ocorreria caso não existissem. Em suma, sua existência protege o direito do autor, de forma a auxiliá-lo mediante uma extinção que lhe possibilite nova apreciação após o preenchimento da condição declarada inexistente.

Não bastasse isso, o direito ao processo, previsto no art. 5°, XXXV, da Constituição Federal Brasileira, não representa uma garantia a qualquer exame de afirmação à ameaça ou lesão a direito. Demanda processo adequado a uma análise eficiente desta lesão. *O processo prometido constitucionalmente é, portanto, um processo adequado ao direito material afirmado, em obediência ao caráter instrumental das normas processuais.*

Adequação, todavia, será algo melhor analisado no capítulo que segue. Por ora cabe apenas a ressalva, de que o direito ao processo integra, portanto, não apenas os meios pré-ordenados a obter uma tutela jurisdicional eficiente, engloba também seus resultados. Não se trata de direito ao resultado favorável, mas resultado qualificado e aderente ao direito material; esta é justamente a missão das

---

[447] LIEBMAN, Enrico Tullio. *Manual de direito processual civil*. Rio de Janeiro: Forense, 1984. v. 1, p. 155.

[448] Essa parece ser uma das corretas opções realizadas no projeto de novo Código de Processo Civil que tramita no Senado Federal que retira a possibilidade jurídica do pedido das denominadas "condições da ação". É que se vê do texto do art. 16: "Para propor a ação é necessário ter interesse e legitimidade".

[449] BRASIL. Supremo Tribunal Federal. Recurso Extraordinário nº 145023/RJ. AÇÃO DE NUNCIAÇÃO DE OBRA NOVA. PRETENSAO DO PROPRIETARIO DO PREDIO VIZINHO AO EMBARGO DE OBRA DE TERCEIRO, POR SUPOSTA VIOLAÇÃO DE POSTURAS MUNICIPAIS. CARÊNCIA DA AÇÃO. RECURSO EXTRAORDINÁRIO COM FUNDAMENTO NA ALEGAÇÃO DE MALTRATO AOS INCS. XXXV E XXII DO ART. 5. DA CONSTITUIÇÃO FEDERAL. O proprietario do predio vizinho não ostenta o direito de impedir que se realize edificação capaz de tolher a vista desfrutada a partir de seu imóvel, fundando-se, para isso, no direito de propriedade. A garantia do acesso a jurisdição não foi violada pelo fato de ter-se declarado a carência da ação. O art. 5. inc. XXXV da Constituição não assegura o acesso indiscriminado ao Poder Judiciario. Recurso extraordinário não conhecido. Relator Min. Ilmar Galvão. Brasília, DF, 17 de novembro de 1992. Disponível em: <http://www.stf.jus.br/portal/jurisprudencia/pesquisarJurisprudencia.asp>. Acesso em: 09 set. 2009.

formas de tutela jurisdicional dos direitos, ponto de estreito entrelaçamento entre o direito material e o processo (assim, como também podem ser pensadas as condições da ação, a disciplina das provas e a responsabilidade patrimonial).[450]

[450] Acrescenta-se as formas de tutela jurisdicional dos direitos aos três pontos de estrangulamento existentes entre o direito e o processo, apontados por Cândido Rangel Dinamarco. A esse respeito: DINAMARCO, Cândido Rangel. *A instrumentalidade do processo.* 13. ed. São Paulo: Malheiros, 2008, p. 215-222.

Parte III

O processo qualificado: tempestividade, justiça e adequação como corolários-lógicos do direito ao processo no estado constitucional

1. Do direito de ação ao processo qualificado

Pode-se pensar o *direito ao processo qualificado* como terceiro estágio evolutivo desde a assimilação do direito à tutela jurídica como direito abstrato e autônomo do direito substancial. É que primeiro – provavelmente por fixar demais sua atenção nas discussões quanto à natureza desse direito, (abstrato, concreto, direito subjetivo público ou poder)-, a doutrina do século passado passou a vê-lo como um *direito de ação,* sob o conceito de direito de ascender ao Judiciário. Concentrou-se no ato inicial de impulso do processo, o qual justamente restava no foco da discussão.[451] Ao centrar-se no debate sobre a natureza desse ato, não visualizou que este direito é bem mais abrangente que aquele, o qual serve apenas para inaugurar sua dimensão complexa.

Com o estabilizar da questão, os juristas voltaram-se, em um segundo momento, para assimilação do que se denominou, neste estudo, de *direito ao processo,* entendendo que se trata de direito subjetivo público ao procedimento ou ao complexo de normas, atos e posições subjetivas que integram este interesse jurídico protegido continuado. Mais do que propor a demanda, o cidadão, agora jurisdicionado, tem o direito ao espaço para alegações e produção de provas; enfim, ao debate. Tem direito a uma decisão e ao seu cumprimento, além do interesse legítimo aos recursos disponíveis. Todas estas posições subjetivas integram o direito ao processo, que "[...] *non si fermano al solo atto di impulso iniziale del giudizio, ma coinvolgono tutte le posizioni "attive" delle parti nel processo"*.[452]

---

[451] COMOGLIO, Luigi Paolo. Note riepilogative su azione e forme di tutela, nell'otica della domanda giudiziale. *Rivista di Diritto Processuale,* Padova, ano 48, 2. serie, n. 2, p. 467, apr./giu. 1993.

[452] Idem.

É a compreensão da complexidade desse fenômeno, mediante a aceitação de que, mais do que uma relação jurídica autônoma, trata-se de um procedimento banhado pelo contraditório que se desenrola através de consequentes e determinadas posições subjetivas. É a marca da evolução desse pensamento que deixa de se focar na referida garantia como um direito de mero acesso ou de impulso inicial.

O processo qualificado pode ser visto como um terceiro e contemporâneo modo de pensar o direito ao processo. Além de um plexo de situações subjetivas, não basta que este direito subjetivo público seja examinado como um instrumento complexo vazio ou abstrato. Trata-se de direito de conteúdo não apenas formal ou abstrato, que assume um conteúdo modal qualificado.[453] Esse conteúdo qualificado integra não apenas os meios, como também os resultados proporcionados pelo processo no mundo sensível. O direito ao processo qualificado passa a ter seu principal corolário no direito a um instrumento jurisdicional de proteção tempestiva, justa e adequada ao direito substancial afirmado em juízo.

---

453 COMOGLIO, Luigi Paolo. Note riepilogative su azione e forme di tutela, nell'otica della domanda giudiziale. *Rivista di Diritto Processuale*, Padova, ano 48, 2. serie, n. 2, p. 472, apr./giu. 1993.

2. Considerações terminológicas

Atrás da terminologia "processo qualificado" encontra-se o direito ao processo devido pelo Estado Constitucional e que deve ser, em seus meios e resultados, tempestivo, justo e adequado ao direito material em litígio. A expressão resgata a "tutela qualificada" pregada por Ada Pellegrini Grinover em obra sobre o tema que, até hoje, merece espaço de destaque.[454] A adaptação para processo ao invés de tutela decorre da alteração não apenas da já mencionada vantagem de enfatizar a complexidade ou continuidade da relação jurídica formada pelo exercício deste direito, bem como do intuito de destacar o atual pólo metodológico do método de pensamento contemporâneo do direito processual civil.

Evita-se ainda falar em uma ação, processo ou mesmo tutela jurisdicional efetiva. É que efetividade já parece uma bandeira sem pátria; a diversidade de fenômenos que descreve, conforme o pensamento de cada doutrinador, dificulta a boa compreensão dessa terminologia. Note-se, todavia, que não se vê qualquer despropósito ao se falar em processo efetivo. A adoção da terminologia processo qualificado decorre apenas e tão somente do intuito de se desvencilhar dos vícios pré-conceituais já formados sobre aquela denominação. Em suma, uma terminologia menos viciada a fim de facilitar a compreensão do fenômeno que se quer registrar.

Outrossim, a ideia que se tem de efetividade e que parece mais apropriada, que é a de eficaz transformação do mundo sensível pelo processo, acaba sendo despicienda diante do fenômeno por trás do conceito de processo qualificado: se tempestivo, justo e adequado será sempre efetivo. Vale dizer, se dotado das três qualidades mencionadas, terá sempre êxito em seu fito de transformar com eficiência o plano social.

[454] GRINOVER, Ada Pellegrini. *As garantias constitucionais do direito de ação.* São Paulo: Revista dos Tribunais, 1973, p. 157.

No mais, como adiantado, o processo qualificado teria sempre como resultado uma tutela jurisdicional qualificada. A ideia de tutela jurisdicional, todavia, é dispensável. Explica-se: tutela jurisdicional é empregada, no mais comum das vezes, para "designar o resultado da atividade jurisdicional – assim considerados os efeitos substanciais (jurídicos e práticos) que o provimento final projeta ou produz sobre dada relação material – em favor do vencedor".[455] Nessa senda, tutela jurisdicional é o resultado proporcionado pelo processo nos planos jurídico e social; é o efeito jurídico e prático proporcionado pela intervenção judicial. Para Flávio Luiz Yarshell, todavia, o conceito de tutela jurisdicional pode ser mais abrangente, incluindo os "meios ordenados e predispostos à obtenção desse mesmo resultado".[456] Recebeu crítica de Carlos Alberto Alvaro de Oliveira dado que, ao "incluir no conceito de tutela o meio, o processo, implica elastecê-lo demasiadamente, o que não contribui para melhor compreensão do tema porque em face da generalização perde-se o que é essencial ao próprio conceito. Tudo passa a ser tutela e nada é tutela".[457]

O conceito de processo que por ora adota-se inclui, não apenas os meios pré-ordenados à obtenção de resultados, como também o resultado da atividade jurisdicional. Daí por que dispensa-se a ideia de tutela jurisdicional. Estar-se-á sujeito à crítica semelhante àquela destacada há pouco, mas não há como não entender que o direito ao processo escoimado no princípio-síntese do ordenamento jurídico-processual brasileiro não inclua o conceito de resultado, isto é, de eficaz proteção dos direitos. Não se trata de direito a resultado favorável, mas tempestivo, justo e adequado, ou seja, qualificado.

Aliás, é lição de Paolo Comoglio que o direito de ação, a partir de sua perspectiva constitucional, qualificada pelo conteúdo dos demais direitos fundamentais processuais, não se constitui apenas em uma garantia de meios, abrangendo também seus resultados "poichè, con l'inviolabilità di taluni poteri processuali minimi (azioni e difesa), essa consacra altresi l'adeguata possibilita di ottenere, per loro 'mezzo', un mínimo di forme di tutela effettiva, proprie

---

[455] YARSHELL, Flávio Luiz. *Tutela jurisdicional*. São Paulo: Atlas, 1998, p. 28.

[456] Idem, p. 31.

[457] ALVARO DE OLIVEIRA, Carlos Alberto. Direito material, processo e tutela jurisdicional. In: FUX, Luiz; NERY JR., Nelson; WABIER, Teresa Arruda Alvim (coord.). *Processo e Constituição*: estudos em homenagem ao professor José Carlos Barbosa Moreira. São Paulo: Revista dos Tribunais, 2006, p. 776.

(appunto) di un processo 'giusto'".[458] Por isso, ao se falar em processo qualificado, não se faz menção apenas aos meios ou técnicas pré-ordenadas, qualificados pelos direitos informativos do processo civil, umbilicalmente ligados ao Estado Constitucional, como também aos resultados transformadores proporcionados pelo processo no mundo sensível. Direito ao processo necessariamente presume o poder de formação de resultados qualificados, e não apenas de técnicas para a sua promoção.

Em síntese: no conceito de processo qualificado reside, portanto, não apenas os meios para obtenção de uma eficaz proteção dos direitos, como também seus resultados. Devem os meios e os resultados proporcionados no processo serem tempestivos, justos e adequados.

Estes adjetivos são o produto da presença de todos os direitos informativos do processo, aliados à justiça material da decisão. Esta, como se verá com mais acuidade a seguir, dependente da *(i)* correta interpretação dos fatos, e da *(ii)* boa interpretação das normas do direito material aplicáveis ao deslinde do feito. São, portanto, uma síntese do processo qualificado, isto é, do processo prometido pelo Estado Constitucional.

---

[458] COMOGLIO, Luigi Paolo. Note riepilogative su azione e forme di tutela, nell'otica della domanda giudiziale. *Rivista di Diritto Processuale,* Padova, ano 48, 2. serie, n. 2, p. 472, apr./giu. 1993.

3. Conteúdo do processo qualificado

Até o presente momento, abordou-se a dupla dimensão do direito ao processo e procurou-se estabelecer o seu conteúdo frente o Estado-juiz. O direito ao processo, quando exercido, desenvolve-se por intermédio da ação processual, ou ainda, através do processo, expressão que, como já dito, tem a vantagem de ressalvar o caráter procedimental e contínuo deste direito complexo, além de enfatizar sua característica democrática como espaço ao diálogo entre as partes, e entre estas e o Estado.

Trata-se, abstratamente, de direito pertencente a quem tenha ou não direito material. É poder de provocar a jurisdição a fim de ver examinada afirmação de lesão ou ameaça a direito, segundo os ditames do Estado Constitucional. Exercido, põe em evidência ou em desenvolvimento todos os demais direitos informativos do processo civil, em especial sua antítese, o direito à ampla defesa.

Daí por que correto afirmar que apenas o autor exerce direito ao processo e apenas o réu exerce direito à ampla defesa,[459] em que pese ambos desfrutem de todos os demais correlatos direitos procedimentais. Ambos, portanto, são detentores do direito à justiça do caso concreto e a uma sentença firmada em correta interpretação dos fatos, do direito substancial e com respeito aos procedimentos.[460]

O direito à tutela jurisdicional, como direito à atuação correta da norma ou à justiça do caso concreto, ambos possuem. Autor e réu ainda desfrutam da possibilidade constitucional de influir de forma eficiente sobre a decisão jurisdicional: é o direito ao contradi-

[459] Entendendo de forma contrária, no sentido de que a ação e a defea não se constituem em direitos opostos, mas complementares, com o que correspondem a ambas as partes do processo: FIX-ZAMUDIO, Hector. *Constitución y proceso civil en Latinoamérica*. México: Unam, 1974, p. 60-61.

[460] TARUFFO, Michele. Idee per uma teoria della decisione giusta. *Rivista Trimestrale di Diritto e Procedura Civile*, Milano, ano 51, n. 2, p. 315-328, giugno 1997.

tório que qualifica tanto a tese, quanto a antítese. É em decorrência deste direito, talvez o mais relevante dos qualificadores do *direito ao processo* e *à ampla defesa*, que dos jurisdicionados não pode ser retirada a possibilidade de se manifestar sobre as alegações da parte contrária ou de provas produzidas, como também de participar de sua produção e valoração.

Exercido o direito ao processo, este dá início à ação processual que passa a conter garantia de meios e de resultado. O Estado não deve aos jurisdicionados qualquer processo. Aliás, "[...] se fôsse legítimo qualquer processo, aquêle direito seria fórmula vã e inócua, sem sentido e vazia".[461] Deve-lhes um instrumento qualificado por todos os demais direitos informativos processuais e materialmente justo. Na conclusão de José Frederico Marques: "[...] O processo tem de apresentar um conteúdo teleológico, porquanto é da sua essência e substância servir de instrumento para a realização da paz social através da justiça".[462]

Com razão Humberto Theodoro Jr., ao lecionar com apoio na doutrina de Mauro Bove que, no atual estágio cultural do moderno processo constitucionalizado, o Estado Democrático de Direito "[...] não pode apenas garantir a tutela jurisdicional, mas tem de assegurar uma tutela qualificada pela fiel observância dos direitos fundamentais consagrados constitucionalmente",[463] servindo as leis processuais como arcabouço instrumental destinado a alcançar uma tutela jurisdicional qualificada pelos valores constitucionais. Ou, na afirmação de Ada Pellegrini Grinover, ao comentar o dispositivo que assegura o direito ao processo, ainda sob a égide do anterior regime constitucional, "[...] o texto constitucional assegura, também, a tutela dos direitos afirmados: não se limita a assegurar o direito à sentença, mas também garante uma tutela qualificada contra qualquer forma de denegação de justiça".[464]

Nessa senda, o processo atua como um continente preenchido pelos demais direitos fundamentais processuais. Em razão disso, é possível afirmar que o processo adequado ao Estado Constitucional não é um processo vazio ou abstrato, mas qualificado por uma

---

[461] MARQUES, José Frederico. *Instituições de direito processual civil*. 4. ed. Rio de Janeiro: Forense, 1971. v. 1, p. 38.

[462] Ibidem.

[463] THEODORO JR., Humberto. Direito processual constitucional. *Revista IOB de Direito Civil e Processual Civil*, São Paulo, v. 9, n. 55, p. 76, set./out. 2008.

[464] GRINOVER, Ada Pellegrini. *As garantias constitucionais do direito de ação*. São Paulo: Revista dos Tribunais, 1973, p. 157.

gama de *direitos substanciais do processo*.[465] Deixa de ser um direito meramente abstrato a exame de afirmação à lesão ou ameaça a direito, tornando-se direito a uma sentença favorável, quando presente melhor direito material.

O direito à tutela jurídica, potencializado por todos os demais direitos informativos do processo civil, atua de forma a garantir o direito ao processo qualificado a todos os jurisdicionados. Um instrumento apto a tutelar os direitos com eficácia e eficiência, destacando que não se tratam estas de expressões sinônimas, mas complementares: *"la primera concierne a las partes, su acesso a la maquinaria de protección; el último se refiere, en cambio, a la manera em la cual esa misma maquinaria trabaja"*.[466]

Em suma, o seu exercício traz o direito de alegar, de provar, de usufruir dos recursos postos à disposição no ordenamento jurídico e o de se fazer cumprir as decisões favoráveis ao seu interesse, mas nem todos estes direitos lhe integram originariamente. O direito de provar, por exemplo, advém da garantia ao contraditório. É correto afirmar que o direito ao processo é, durante seu exercício continuado através da ação processual,[467] adjetivado pelos demais direitos informativos do direito processual civil a fim de compor o *processo qualificado* prometido aos jurisdicionados e devido pelo Estado Constitucional.

A esse respeito, tem sido constante a manifestação da Corte Constitucional espanhola quanto ao conteúdo do direito à "tutela jurisdicional efetiva", ditado no art. 24.1 da Constituição. Em seus mais recentes precedentes, a Corte entendeu que integra este basilar direito: o de acesso à jurisdição;[468] o de obter do Tribunal um

---

[465] Esses direitos fundamentais do processo civil constituem o que Couture denominou de "direito substancial do processo, a parte básica, a que institui direitos processuais que deverão, no futuro, ser desenvolvidos pelo legislador." (COUTURE, Eduardo J. *Interpretação das leis processuais*. São Paulo: Max Limonad, 1956, p. 47).

[466] CAPPELLETTI, Mauro. Algunas reflexiones sobre el rol de los estúdios processales en la actualidad. *Revista de Processo*, São Paulo, n. 64, p. 149, set. 1991.

[467] A esse respeito, a lição de Daniel Mitidiero: "Exerce-se 'ação' processual ao longo de todo processo civil. Ao propor-se a demanda, ato concreto de ir a juízo, exerce-se 'ação', ao replicar-se também, ao requerer-se a admissão e a produção de provas exerce-se 'ação'; ao recorrer-se igualmente. Enfim, exerce-se 'ação' quando se exercem os poderes inerentes ao formalismo processual, sendo a 'ação', ao fim e ao cabo, possibilidade de ir a juízo e exercer os poderes indissociáveis ao proceso justo e équo, todos tendentes à obtenção de sentença, tendentes à obtenção de tutela jurisdicional. [...]" (MITIDIERO, Daniel. *Elementos para uma teoria contemporânea do processo civil brasileiro*. Porto Alegre: Livraria do Advogado, 2005, p. 120).

[468] STC 228/2006, de 17 de julho; STC 352/2006, de 14 de dezembro; conforme anexo de jurisprudências disponível em: LLOBREGAT, José Garberí. *El derecho a la tutela judicial efectiva en la jurisprudencia del tribunal constitucional*. Barcelona: Bosch, 2008, p. 30.

pronunciamento fundamentado no direito objetivo sobre o mérito da pretensão, sempre que presentes os pressupostos processuais,[469] e que deve observar a necessidade de motivação[470] e sua congruência;[471] aos recursos estabelecidos em lei[472]; à execução das decisões judiciais;[473] à imodificabilidade das decisões transitadas em julgado fora das causas legalmente estabelecidas;[474] e à ampla defesa e ao contraditório.[475]

Note-se que, seguindo a tradição dos países romano-canônicos, a cláusula assecuratória do direito ao processo toma as vestes da posição alocada pelo *due process* na tradição da *common law*, como verdadeiro princípio-síntese do ordenamento. Acaba tornando-se, assim, uma verdadeira norma de encerramento[476] do ordenamento jurídico-processual, na medida em que todos os demais direitos fundamentais do processo civil convergem ao inciso XXXV do art. 5° da Constituição Federal para a formação de um núcleo comum e central. Daí por que a Corte Constitucional espanhola acaba extraindo do *"direito à tutela efectiva"* todos os demais direitos informativos do processo civil não expressamente positivados na Carta, como direitos implícitos integrantes deste princípio central.

No Brasil, pode-se afirmar ser menos extenso o conteúdo do direito ao processo por conta das características do texto constitucional brasileiro de caráter analítico que, por exemplo, positiva de forma expressa os direitos ao contraditório, à ampla defesa e à coisa julgada.

---

[469] STC 74/2007, de 16 de abril; STC 132/2007, de 04 de junho; conforme anexo de jurisprudências disponível em: LLOBREGAT, José Garberí. *El derecho a la tutela judicial efectiva en la jurisprudencia del tribunal constitucional.* Barcelona: Bosch, 2008. p 94.

[470] STC 74/2007, de 16 de abril; STC 94/2007, de 07 de maio; conforme anexo de jurisprudências disponível em: Idem, p. 96.

[471] STC 40/2006, de 13 de fevereiro; 269/2006, de 11 de setembro; conforme anexo de jurisprudências disponível em: Idem, p. 114-115.

[472] STC 241/2007, de 10 de dezembro; conforme anexo de jurisprudências disponível em: Idem, p. 143.

[473] STC 73/2000, de 14 de março; 5/2003, de 20 de janeiro; cf. anexo de jurisprudências disponível em: Idem, p. 172-173.

[474] STC 218/1999, de 29 de novembro; STC 18/2008, de 31 de janeiro; cf. Anexo de jurisprudências disponível em: Idem, p. 230-233.

[475] STC 199/2006, de 03 de julho; STC 65/2007, de 27 de março; cf. anexo de jurisprudências disponível em: em: Idem, p. 256-257.

[476] De forma diversa, neste ponto, conduzindo o devido processo legal como norma de encerramento das garantias fundametais do processo: MATTOS, Sérgio Luís Wetzel de. *Devido processo legal e proteção de direitos.* Porto Alegre: Livraria do Advogado, 2009, p. 157.

Todos esses direitos integram, por outro lado, o conteúdo do direito ao processo qualificado como valor-síntese dos direitos informativos do processo civil e verdadeiro metacritério de interpretação das normas processuais civis brasileiras. O direito à *tutela efectiva* previsto no art. 24.1 da Constituição espanhola, como resultado dos direitos fundamentais de natureza processual, aproxima-se mais do *conteúdo potencializado do processo qualificado* do que do direito ao processo contido no art. 5°, XXXV, da Constituição da República.

Um exemplo prático do que se menciona é o art. 285-A do Código de Processo Civil,[477] que autoriza o julgamento de improcedência com dispensa de citação do réu e, consequente instrução do feito, quando versar a demanda de matéria exclusivamente de direito e já houver o juízo proferido sentença de total improcedência em caso idêntico.

Dado o conteúdo acolhido, para o direito ao processo, tal dispositivo em nada lhe afrontaria. Vale dizer, o art. 285-A do CPC não afeta o núcleo duro do direito fundamental ao processo. Todavia, ocorre violação ao processo qualificado, como valor-síntese dos direitos informativos do processo civil, já que hostiliza o contraditório em seu conteúdo mais contemporâneo, como direito aos instrumentos de convencimento do magistrado. Viola, assim, o contraditório do autor, que fica cerceado da oportunidade do diálogo frente às considerações do Juízo.[478]

A lição de Eduardo Couture é de relevo para solução da questão que se põe. Segundo o jurista uruguaio, o direito de petição e o de exceção, como poderes contrapostos,[479] podem ter seus atos classificados em "actos de obtención" e "actos constitutivos".[480] Os segundos são os acordos ou transações, as declarações unilaterais e as

---

[477] Art. 285-A: Quando a matéria controvertida for unicamente de direito e no juízo já houver sido preferida sentença de total improcedência em outros casos idênticos, poderá ser dispensada a citação e proferida sentença, reproduzindo-se o teor da anteriormente prolatada.

[478] A respeito da polêmica sobre a (in)constitucionalidade do art. 285-A do CPC, ver: MITIDIERO, Daniel. *Comentários ao Código de Processo Civil*: arts. 270 a 331. São Paulo: Memória Jurídica, 2006. t. 3, p. 173-174; TESHEINER, José Maria Rosa. *Crítica à investida de Mitidiero contra o art. 285-A do CPC*. Disponível em: <http://www.tex.pro.br>. Acesso em: 05 nov. 2009; MITIDIERO, Daniel. *Processo civil e Estado constitucional*. Porto Alegre: Livraria do Advogado, 2007, p. 33-39.

[479] Aos que desejarem se aprofundar sobre a visão de Couture do direito ao processo como espécie do direito de petição, e este e seu contraposto, o direito de defesa como poderes, ver: COUTURE, Eduardo J. *Estudios de derecho procesal civil:* la Constitución y el proceso civil. 3. ed. Buenos Aires: Depalma, 1998. t. 1, p. 34-68.

[480] Idem, p. 60-61.

participações voluntárias, tais como a confissão e o juramento. Os primeiros são constituídos *(i)* das petições (requerimentos dirigidos ao juiz), *(ii)* das afirmações, ou seja, participações de conhecimento dos fatos e dos direitos frente ao juiz, e *(iii)* das provas, isto é, atos das partes tendentes a convencer o juiz sobre a verdade quanto à afirmação de um fato.

Atos constitutivos atuam na periferia do processo, contribuindo para determinadas situações processuais, "[...] *pero el proceso, para su desenvolvimiento, puede prescindir de ellos*". Do contrário, "[...] *los actos de obtención son por su propria esencia, los indispensables al ejercicio del derecho*".[481] Não por outro motivo, lembra que o princípio "*su día ante el tribunal*", firmado na Suprema Corte estaduniense, pode ser sintetizado na tríade: "[...] *pedir; dar el motivo del pedido; convencer de la verdad del motivo*".[482]

O art. 285-A do Código de Processo Civil brasileiro, ao retirar do autor sua capacidade ou oportunidade de convencer o magistrado mediante o diálogo, fere o direito ao contraditório e, por decorrência, o direito ao processo qualificado, em que pese não atinja o núcleo do direito fundamental ao processo, na forma escoimada no art. 5°, XXXV, da Constituição Federal.

Possível concluir que é o processo qualificado, o processo devido pelo Estado Constitucional. Trata-se de processo dinâmico, que convive sob dois complexos valorativos que permeiam a conformação de todo o ordenamento jurídico processual. O processo qualificado que nada mais é do que o direito ao processo exercido e acrescido (ou qualificado) de todos os demais direitos informativos do processo civil, pode ser representado por três qualidades ou adjetivos: tempestividade, justiça e adequação. Elas serão abordadas a seguir.

[481] COUTURE, Eduardo J. *Estudios de derecho procesal civil:* la Constitución y el proceso civil. 3. ed. Buenos Aires: Depalma, 1998. t. 1, p. 61.

[482] Idem, p. 62.

4. Tempestividade

O processo deve ser tempestivo, vale dizer, deve desenvolver-se em tempo razoável. Como asseverou Galeno Lacerda,[483] a atividade jurisdicional padece sempre de um desgaste proveniente das despesas de obtenção e prejuízos causados pela passagem do tempo de não uso ou, ao menos, não uso pacífico do bem da vida. Esse passivo não pode ser extinto, mas tão somente mitigado. *Cabe procurar a utópica perfeição humana para que o direito seja proclamado e efetivado com o menor ônus possível.*

A busca por um processo em tempo razoável conduz ao combate às dilações indevidas do processo. Não se identifica, portanto, com aquele passivo contingencial do qual a atividade jurisdicional não escapa e que independe de conduta tergiversadora das partes. Este desgaste gerado em decorrência do tempo normal da ação processual pode ser traduzido na expressão "dano marginal do processo",[484] que ganhou largo uso nas mãos da doutrina italiana. Dizer que o processo deve ser tempestivo, retirando suas etapas mortas, é mitigar ao máximo esse dano, mas jamais extingui-lo. A própria existência do processo, como terreno de incertezas e exercício de poder, constitui aflições e sujeição, passivos inerentes à tutela jurisdicional dos direitos.

---

[483] Assevera o ilustre jurista: "Todo processo implica ônus para as partes. Se não aforar o pedido, arrisca-se o autor a jamais ver satisfeita sua pretensão. Se não exercer a defesa, o réu corre o risco de perder a causa. A prestação jurisdicional cumpre-se, pois, mediante uma atividade onerosa, forçada pelo próprio interesse dos litigantes e, necessariamente, desenrolada no tempo. Essa atividade, acrescida do fator temporal, representa o custo, o passivo, da composição da lide. O bem resultante da sentença padece, portanto, do desgaste, do déficit proveniente de despesas de obtenção e prejuízos causados pelo tempo de não uso, ou, pelo menos, não uso pacífico, por parte de seu titular." (LACERDA, Galeno. *Despacho saneador*. 3. ed. Porto Alegre: Sergio Antonio Fabris, 1990, p. 5-6).

[484] Até onde se sabe a expressão é pela primeira vez utilizada por Enrico Finzi em: FINZI, Enrico. Comentário à decisão de 31 de janeiro de 1925 da Corte de Apelação de Florença. *Rivista di Diritto Processuale Civile*, Padova, v. 3, parte 2, 1926.

O processo tempestivo faz-se por meios e resultados sem dilações indevidas. Proporciona, portanto, uma tutela jurisdicional sem tais dilações. É o combate aos denominados "tempos mortos do processo". A legislação mais antiga, conhecida por conceder expressamente esse direito, é a Magna Carta das Liberdades proclamada por Rei João "Sem Terra" em 15 de junho de 1215, que em seu art. 40 estabelecia: *"To no one Will we sell, to no one will we refuse or delay, right or justice"* (Para ninguém nós venderemos, recusaremos ou atrasaremos o direito ou a justiça).

Na atualidade, o direito fundamental à duração razoável do processo está previsto nas constituições dos mais diversos países estrangeiros[485] e em inúmeros tratados internacionais.[486]

O processo sem dilações indevidas é questão já debatida há muitas décadas na comunidade jurídica europeia, enquanto no Brasil poucos trabalhos começam a preocupar-se com o assunto,[487] em provável correspondência a expressa menção realizada na Cons-

---

[485] A *Constituição portuguesa de 1976* dispõe, em seu art. 20, n. 4, que "todos têm direito a que uma causa em que intervenham seja objeto de decisão em prazo razoável e mediante processo eqüitativo". PORTUGAL. *Constituição da República Portuguesa*. 1976. Disponível em: <http://www.portugal.gov.pt/Portal/PT/Portugal/Sistema_Politico/Constituicao/06Revisao/constituicao_p02.htm>. Acesso em: 20 ago. 2009. A Constituição espanhola, de 1978, embora com redação diferenciada, traz o mesmo conteúdo do direito ora estudado: "todos têm direito a um processo público sem dilações indevidas" (art. 24, n. 1). ESPANHA. *Constituição Espanhola*. 1978. Disponível em: <http://www.tribunalconstitucional.es/ constitucion/consti03.html#capit3>. Acesso em: 20 ago. 2009.
Após a reforma processual de 2001, também a *Constituição italiana*, em seu art. 111, nº I, passou a assegurar expressamente o direito ao processo em um prazo razoável. Vejamos: "I) La giurisdizione se attua mediante il giusto processo regolato della legge.
Ogni processo si svolge nel contraddittorio tra lê parti, in condizioni di paritá, davanti a giudice terzo e imparziale. La legge ne assicura la ragionevole durata". (ITALIA. *Costituzione della Repubblica Italiana*. Disponível em: <http://www.senato.it/documenti/repository/costituzione.pdf>. Acesso em: 05 abr. 2008).

[486] Nesse sentido dispõe a Convenção Europeia de Direitos do Homem, que entrou em vigor em 1953, em seu art. 6º: 1. Qualquer pessoa tem direito a que sua causa seja examinada, equitativa e publicamente, em um prazo razoável por um tribunal independente e imparcial, estabelecido pela lei, o qual decidirá, quer sobre a determinação dos seus direitos e obrigações de caráter civil, quer sobre o fundamento de qualquer acusação em matéria penal dirigida contra ela. O julgamento deve ser público, mas o acesso à sala de audiências pode ser proibido à imprensa ou ao público durante a totalidade ou parte do processo, quando os interesses de menores ou a proteção da vida privada das partes no processo o exigirem, ou, na medida julgada estritamente necessária pelo tribunal, quando, em circunstâncias especiais, a publicidade pudesse ser prejudicial para os interesses da justiça. E ainda o Pacto Internacional de Direitos Civis e Políticos de 1966, art. 9º, § 3º e o art. 14, 3º, n. 3.

[487] A esse respeito: ASSIS, Araken de. Duração razoável do processo e reformas da lei processual civil. In: FUX, Luiz; NERY JR., Nelson; WABIER, Teresa Arruda Alvim (coord.). *Processo e Constituição*: estudos em homenagem ao professor José Carlos Barbosa Moreira. São Paulo: Revista dos Tribunais, 2006, p. 195-204; TUCCI, José Rogério Cruz e. *Tempo e processo: uma análise empírica das repercussões do tempo na fenomenologia processual (civil e penal)*. São Paulo:

tituição brasileira a partir da EC n. 45/2004, que inseriu o inciso LXXVIII no art. 5° que dispõe que "a todos, no âmbito judicial e administrativo, são assegurados a razoável duração do processo e os meios que garantam a celeridade de sua tramitação". Enquanto as Cortes Europeias parecem acostumadas[488] a analisar violações ao direito fundamental ao processo sem dilações indevidas, a jurisprudência brasileira é ainda embrionária[489] no exame da questão.

José Vicente Gimeno Sendra aduz que o direito ao processo sem dilações indevidas é um direito subjetivo constitucional autônomo, mas instrumental do direito à tutela jurisdicional e que assiste a todos os sujeitos de direito privado. Dirige-se ao Poder Judiciário, mas compromete os demais Poderes do Estado "[...] *creando en el la obligación de satisfacer dentro de un plazo razonable las*

Revista dos Tribunais, 1997; NICOLITT, André Luiz. *A duração razoável do processo*. Rio de Janeiro: Lumen Juris, 2006.

[488] Ao analisar a jurisprudência do Tribunal Europeu dos Direitos Humanos, Fernando da Fonseca Gajardoni destaca que, já em 1999, foram analisados 137 processos que tinham por objeto a violação ao direito ao tempo razoável do processo. Desses, 70 tinham no polo passivo a Itália, sendo que em 46 deles foi constatada a violação, enquanto, "em outros 23 (33%), foi celebrado acordo com o jurisdicionado. Em nenhum caso apreciado foi constatada, pela Corte, a ausência de violação ao art. 6.1 da Convenção." (GAJARDONI, Fernando Fonseca. Os reflexos do tempo no direito processual civil (anotações sobre a qualidade temporal do processo civil brasileiro e europeu). *Revista de Processo*, São Paulo, ano 32, n. 153, p. 110, nov. 2007).

[489] No Supremo Tribunal Federal, tem-se conhecimento de apenas um precedente sobre a questão, que sequer cuidou do direito à reparação de danos, mas tão somente uma ordem para determinar ao STJ o julgamento de um *Habeas Corpus* que aguardava pauta a longos meses. A ordem apenas foi concedida pela existência de norma específica que determina o julgamento na sessão seguinte à prestação de informações (art. 644 do CPP), e mesmo assim por empate. Como se vê, o direito à razoável duração do processo está longe de uma efetiva proteção no Brasil. BRASIL. Supremo Tribunal Federal. Habeas Corpus n. 91.041-6. EMENTA: *HABEAS CORPUS*. *WRIT* IMPETRADO NO SUPERIOR TRIBUNAL DE JUSTIÇA. DEMORA NO JULGAMENTO. DIREITO À RAZOÁVEL DURAÇÃO DO PROCESSO. NATUREZA MESMA DO *HABEAS CORPUS*. PRIMAZIA SOBRE QUALQUER OUTRA AÇÃO. ORDEM CONCEDIDA. O *habeas corpus* é a via processual que tutela especificamente a liberdade de locomoção, bem jurídico mais fortemente protegido por uma dada ação constitucional. O direito a razoável duração do processo, do ângulo do indivíduo, transmuta-se em tradicional garantia de acesso eficaz ao Poder Judiciário. Direito, esse, a que corresponde o dever estatal de julgar. No *habeas corpus*, o dever de decidir se marca por um tônus de presteza máxima. Assiste ao Supremo Tribunal Federal determinar aos Tribunais Superiores o julgamento de mérito de *habeas corpus*, se entender irrazoável a demora no julgamento. Isso, é claro, sempre que o impetrante se desincumbir do seu dever processual de pré-constituir a prova de que se encontra padecente de "violência ou coação em sua liberdade de locomoção, por ilegalidade ou abuso de poder" (inciso LXVIII do art. 5° da Constituição Federal). Ordem concedida para que a autoridade impetrada apresente em mesa, na primeira sessão da Turma em que oficia, o writ ali ajuizado. Relator para Acórdão: Min. Carlos Britto. Brasília, DF, 05 de junho de 2007. Disponível em: <http://www.stf.jus.br/portal/inteiroTeor/obterInteiroTeor.asp?numero=91041&classe=HC>. Acesso em: 20 jun. 2009.

retensiones y resistencias de las partes o de realizar sin demora la ejecución de las sentenciais".[490]

Também não se creia que o direito ao processo sem dilações indevidas pode ser confundido com o estabelecimento de prazos fixos, ou que o desatendimento de qualquer prazo impróprio[491] possa caracterizar sua violação, embora seja correta a afirmação de que "[...] a observância rigorosa das formas e dos prazos legais é a melhor receita para conciliar a rapidez e a segurança".[492]

Nesse sentido, o Tribunal Europeu dos Direitos Humanos desenvolveu alguns critérios obrigatórios e facultativos para examinar a eventual lesão ao direito ao processo sem dilações indevidas.[493] Os obrigatórios seriam *a complexidade da causa, o comportamento das partes e a atuação das autoridades judiciais*. Facultativos seriam, ainda, a importância do litígio para os recorrentes e o contexto no qual se desenvolveu o processo.[494]

No Brasil, dados recentes demonstram que a maior taxa de congestionamento do Poder Judiciário se encontra na primeira instância. O combate às mudanças por impressões retiradas em conversas de foro, mediante a busca por dados científicos demonstra que o processo passa quase 80% de seu tempo de vida na 1º instância, sendo quase 90% deste a cargo dos cartórios judiciais, sendo apenas em pequena parte tempo producente. Em geral, do longo tempo em que o processo está nos cartórios, o que se vê é tempo morto, conceituado em diagnóstico do Poder Judiciário como "aqueles em que o processo aguarda alguma rotina a ser praticada pelo funcionário (nas pilhas sobre as mesas ou nos escaninhos), bem como os tempos gastos em rotinas que poderiam ser eliminadas se o fluxo de tare-

---

490 SENDRA, José Vicente Gimeno. *El derecho a um processo sin dilaciones indebidas*. Madrid: Consejo General del Poder Judicial, 1986, p. 47.

491 A doutrina costuma denominar de prazos impróprios "[...] aqueles reservados aos atos dos juízes e dos auxiliares da justiça (p. ex: art. 281, CPC) e, uma vez desobedecidos, não se verifica qualquer conseqüência no plano do processo (exceto a indesejável demora!), podendo, no entanto, haver repercussão na esfera funcional (arts. 133 e 144 CPC)." (TUCCI, José Rogério Cruz e. *Tempo e processo: uma análise empírica das repercussões do tempo na fenomenologia processual (civil e penal)*. São Paulo: Revista dos Tribunais, 1997, p. 34)

492 TUCCI, José Rogério Cruz e. *Tempo e processo*: uma análise empírica das repercussões do tempo na fenomenologia processual (civil e penal). São Paulo: Revista dos Tribunais, 1997, p. 38.

493 A esse respeito, o precedente da 2ª Seção do Tribunal Europeu de Direitos Humanos, na queixa n. 64330/01 de Antunes Rocha vs. Estado de Portugal, j. em 31/05/2005.

494 NICOLITT, André Luiz. *A duração razoável do processo*. Rio de Janeiro: Lumen Juris, 2006, p. 76-77.

fas do cartório fosse racionalizado".[495] *Portanto a demora na prestação jurisdicional no Brasil decorre muito mais da falta de recursos técnicos e humanos dos cartórios do que de uma alta taxa recursal.*[496]

Em suma, o aprimoramento da tempestiva prestação jurisdicional só poderá ser alcançado quando se enfrentar a necessidade de modernização dos órgãos integrantes do Poder Judiciário, dotando-os de recursos técnicos e financeiros de acordo com a ciência da administração, incluindo a contratação e preparo dos servidores ao desempenho das modernas técnicas a serem implementadas.[497]

---

[495] BRASIL. Ministério da Justiça. *Análise da gestão e funcionamento dos cartórios judiciais*. Brasília, 2007. Disponível em: <http:www.mj.gov.br/reforma>. Acesso em: 10 jul. 2008.

[496] Os dados e conclusões foram retirados do relatório produzido pelo Ministério da Justiça do Brasil. Ibidem.

[497] THEODORO JR., Humberto. Direito processual constitucional. *Revista IOB de Direito Civil e Processual Civil*, São Paulo, v. 9, n. 55, p. 75, set./out. 2008.

5. Justiça

Desde logo, mister que não se deixem dúvidas de que a incursão nesse espinhoso tema se cingerá apenas ao estritamente necessário para abordar a ideia central do estudo: o direito ao processo qualificado. Enfim, sendo devido ao jurisdicionado um processo banhado de justiça, em seu *iter* e em seus resultados, imprescindível apontar que justiça é essa ora propagada.

Está-se, portanto, a tratar dos critérios de justiça que devem nortear o julgador na aplicação do direito ao caso concreto. É apenas o último da sequência de quatro estágios, como recurso para a aplicação dos princípios da justiça, elaborada por John Rawls.[498] É estágio que o autor descreveu como "[...] o da aplicação das regras a casos particulares por parte de juízes e administradores e o da observância delas pelos cidadãos em geral".[499] Lembrando que em um regime constitucional [...] o ideal da justiça procedimental perfeita não pode ser implementado. O melhor sistema que se pode alcançar é um sistema de justiça procedimental imperfeita".[500]

Na aplicação do direito a partir da premissa de que é ilusória a concepção de que há apenas uma resposta correta para cada caso,[501] resta evidente a "[...] possibilidade de mais de uma decisão justificável à luz dos princípios e regras constitucionais [...]".[502] Com isso, é na atuação do direito através do processo, a última oportunidade de mitigar a imperfeição da justiça procedimental.

---

[498] RAWLS, John. *Uma teoria da justiça*. 2. ed. São Paulo: Martins Fontes, 2002, p. 211-218.

[499] Idem, p. 216.

[500] Idem, p. 214.

[501] A respeito da única resposta correta, ver: DWORKIN, Ronald. *Uma questão de princípios*. 2. ed. São Paulo: Martins Fontes, 2001, p. 175.

[502] NEVES, Marcelo. A interpretação jurídica no estado democrático de direito. GRAU, Eros Roberto; GUERRA FILHO, Willis Santiago (org.). *Direito constitucional:* estudos em homenagem a Paulo Bonavides. São Paulo: Malheiros, 2001, p. 366.

Ao magistrado incumbe atuar sob os valores positivados, não lhe assiste razão buscar outros senão na falta hipotética de solução. É que o sistema jurídico, como conjunto de valores formadores do ordenamento representa a justiça material para dada cultura, tal qual se apresenta na ordem jurídica.

As escolhas, dentre as possíveis, dependem de uma interpretação sistemática das normas apoiada na hierarquização axiológica, metacritério indispensável, que determina, em face de antinomias no plano dos critérios "[...] a prevalência, no caso concreto, do princípio axiologicamente superior, mesmo no conflito (à primeira vista) apenas de regras, viabilizando uma exegese capaz de evitar autocontradição",[503] com manutenção da unidade sintética.

É que visando o processo à atuação do direito e, com isso à realização da justiça no caso concreto, é a justiça não apenas a fonte legitimadora do direito, como sua finalidade. Soma-se a isso a necessidade de que a justiça seja uma característica do processo. Se o instrumento não for justo em suas técnicas de atuação, não logrará êxito na missão de concretizar sua primordial finalidade.

A realização da justiça do caso concreto depende, portanto, de correta interpretação/aplicação da matéria-prima com que atua. Mas não apenas isso, o instrumento deve também atuar de modo a facilitar a descoberta e a demonstração do direito afirmado. É que o processo tramita no campo da incerteza. Em razão disso, correta a divisão entre justiça material e processual do instrumento.

A justiça não é apenas a finalidade do processo como também sua qualificadora. É a síntese dos diversos direitos informadores do processo civil (e sua malha processual conformadora) e o respeito a sua aplicação, que formam a justiça processual da decisão. De outro lado, é boa interpretação dos fatos, com a correta aplicação do direito que integraram o substrato da justiça material da decisão.

Essa é justamente a lição de Michelle Taruffo que sistematiza seu pensar sobre a decisão justa como produto de um processo justo ("*sarebbe così giusta la decisione che deriva de un 'giusto processo'*").[504] Nessa perspectiva, a justiça se calca em três critérios: (i) correta escolha (hierarquização) da regra e dos princípios aplicáveis ao caso; (ii) correta verificação (investigação) dos fatos, ou seja, boa reconstrução dos fatos relevantes ao deslinde da causa; e, (iii) procedimen-

---

[503] FREITAS, Juarez. *A interpretação sistemática do direito*. 3 ed. São Paulo: Malheiros, 2002, p. 130.

[504] TARUFFO, Michele. Idee per uma teoria della decisione giusta. *Rivista Trimestrale di Diritto e Procedura Civile*, Milano, ano 51, n. 2, p. 317, giugno 1997.

to justo, através de processo que respeita os princípios processuais, como o direito à ampla defesa e ao contraditório e ao devido processo legal, isso porque não poderá ser justa a decisão que se firmou em desrespeito ao direito da parte de sustentar as razões que embasam sua posição. Os dois primeiros critérios, boa interpretação do direito material aplicável ao caso e a correta reconstrução dos fatos, representam a *giustizia sostanziale* da decisão; o último, a *giustizia procedulare*.

A correta interpretação dos fatos depende essencialmente de meios adequados a aportá-los aos autos. Não apenas isso, no atual estágio do direito processual civil não há mais espaço ao juiz inerte que não coopera com as partes e quiça, com a justiça, na busca pela verdade. E "verdade" é outro dos mais tormentosos conceitos do direito. É que a verdade não é absoluta, sequer fora do processo, jamais poderia sê-lo nele.[505]

Provar, assim, é convencer o magistrado quanto à certeza do fato. Este convencimento, como destacam Carlos Alberto Molina e Mariângela Guerreiro Milhoranza,[506] processa-se por um juízo de probabilidade ou verossimilhança; o processo, portanto, satisfaz-se com a provável verdade. Esperar mais seria torná-lo utópico.

Deve-se ao pensamento realista norte-americano (ou movimento de pragmatismo jurídico), a conclusão de que o magistrado é, de certa forma, a testemunha da testemunha que refere os fatos; assim, forma sua convicção as testemunhando. A busca pela verdade absoluta, nesse panorama, demonstra-se ingrata.

O processo busca e se satisfaz com a verdade representada pela realidade reproduzida pelas provas, indícios e convicções formadas sobre estas. Satisfaz-se, portanto, com a realidade lógica e jurídica retratável pela soma destes fatores.

No mais, o processo deve buscar a verdade, sem diferenciações. Como já afirmou certa feita José Carlos Barbosa Moreira, a verdade é uma só e "[...] dizer que o processo penal persegue a chamada 'verdade real', ao passo que o processo civil se satisfaz com a denominada 'verdade formal', é repetir qual papagaio tolices mil vezes desmentidas".[507]

---

[505] A esse respeito vale lembrar os ensinos de Michele Taruffo: "Qualunque veritá à dunque in questo senso relativa e non esistono fuori del processo veritá assolute rispetto alle quali la veritá processuale sai per definizione qualcosa di meno." (TARUFFO, Michele. *La prova dei fatti giuridici*. Milano:Giuffrè, 1992, p. 53).

[506] MOLINARO, Carlos Alberto; MILHORANZA, Mariângela Guerreiro. Da prova ilícita no direito processual. *Revista Forense*, Rio de Janeiro, v. 393, p. 8, set./out. 2007.

[507] BARBOSA MOREIRA, José Carlos. A constituição e as provas ilicitamente obtidas. In: ——. *Temas de direito processual*: sexta série. São Paulo: Saraiva, 1997, p. 118.

Em suma, não deve a jurisdição, enquanto tutora dos direitos materiais, buscar uma verdade, comumente chamada de absoluta. Deve buscar o convencimento quanto à (in)existência dos fatos, mediante equivalente oportunidade às partes. Convence-se dos fatos, para, no passo de raciocínio intelectivo posterior, cercar-se de segurança quanto à escolha da norma de incidência a melhor solver o litígio e, apenas por consequência, alcançar a pacificação social.

Na aplicação do direito, como já se disse, a hierarquização axiológica é instrumento essencial, preservando-se os valores mais relevantes ao ordenamento. Neste plano, o contemporâneo modo de ver o contraditório também traz reflexos expressivos. Também sobre questões jurídicas o magistrado tem o dever de se submeter ao diálogo com as partes, inclusive quanto a questões que deva conhecer de ofício. O processo contemporâneo não pode apanhar as partes de surpresa. O contraditório passa a ser um grande instrumento a garantir a justiça material através constante diálogo a fim de encontrar uma verdade possível.[508]

Por fim, justiça instrumental se dará com respeito ao devido processo legal, mas não apenas isso. É que parece correto propagar com apoio na lição de Mauro Cappelletti e Bryan Garth, que a justiça processual é a busca pela perfeita igualdade de armas. É que

> [...] a efetividade perfeita, no contexto de um dado direito substantivo, poderia ser expressa como a completa "igualdade de armas" – a garantia de que a conclusão final depende apenas dos méritos jurídicos relativos das partes antagônicas, sem relação com diferenças que sejam estranhas ao Direito e que, no entanto, afetam a afirmação e reivindicação dos direitos.[509]

Pelas palavras destacadas pelos doutrinadores, vê-se que pelo conceito de efetividade, extrai-se a equiparação de forças entre as partes.[510] Efetivo será o processo que, mediante a mitigação da eventual desigualdade existente entre as partes no plano social, por intermédio de instrumentos de redução de custos ou mesmo de sua isenção, garanta uma decisão dependente exclusivamente do direito.

---

[508] MITIDIERO, Daniel. *Colaboração no processo civil*: pressupostos sociais, lógicos e éticos. São Paulo: Revista dos Tribunais, 2009, p. 82.

[509] CAPPELLETTI, Mauro; GARTH, Bryant. *Acesso à justiça*. Porto Alegre: Fabris, 1988, p. 15.

[510] A equiparação de armas é direito salvaguardado no art. 6º, 1, da Convenção Europeia de Direitos do Homem e é valor constantemente preservado nos precedentes do Tribunal Europeu de Direitos Humanos. Nesse sentido: Cruz de Carvalho *vs*. Portugal, acórdão de 10.07.2007, *requetê* n. 18223/04.

Também a tendência do sistema jurídico-brasileiro cada vez maior de buscar instrumentos de uniformização jurisprudencial demonstra uma tendência à justiça. Refere-se à justiça formal, que nada mais é do que a parte comum das diversas concepções de justiça, que permite dizer quando um ato pode ser considerado justo.[511]

Isso porque, como bem observa Chaïm Perelman, a justiça de um ato, consiste "[...] na igualdade de tratamento que ele reserva a todos os membros de uma mesma categoria essencial. Essa igualdade resulta, por sua vez, da regularidade do ato, do fato de que coincide com uma consequência de uma determinada regra de justiça".[512]

Em conclusão, a reaproximação do processo com a justiça deve guiar-se pela buca de tratamento equânime, mas deve pautar-se em critérios aferíveis a fim de que não se inviabilize o direito como realização prática. Dessa forma: "[...] o princípio da justiça, independentemente do seu conteúdo material, passa a ser visto como irrenunciavelmente jurídico".[513]

---

511 PERELMAN, Chaïm. *Ética e direito.* São Paulo: Martins Fontes, 1996, p. 66.

512 Idem, p. 67.

513 FREITAS, Juarez. *A interpretação sistemática do direito.* 3 ed. São Paulo: Malheiros, 2002, p. 144.

6. Adequação

6.1. Espécies de adequação

Como anunciado alhures, o direito ao processo, inserido no art. 5°, XXXV, da Constituição Federal não pode mais ser visto como direito de todo abstrato e sem qualquer relevância prática. É direito a um processo adequado à pretensão afirmada. Vale dizer, é instrumento adequado a tutelar a violação ou ameaça ao direito material em exame. Nessa senda, o processo justo e a adequação entram em linha tênue. Toda a organização e a estrutura do mecanismo processual devem ser construídos em prol dos valores e princípios constitucionais por ele incorporados:[514] "De nada adianta o processo regular do ponto de vista formal, mas substancialmente em desacordo com os valores constitucionais que o regem".[515] Em razão disso, é correto afirmar que "[...] a inexistência de tutela adequada a determinada situação conflitiva corresponde à própria negação da tutela a que o Estado se obrigou quando chamou a si o monopólio da jurisdição [...]".[516]

Talvez seja a adequação a mais relevante das características de uma norma processual. Como norma instrumental à atuação do direito material, sua inadequação ao objeto seria seu insucesso nesta função primordial. Não por acaso Galeno Lacerda vê a adequação como o princípio unitário e básico próprio a justificar a "autonomia científica de uma teoria geral do processo".[517] Carlos Alberto Alvaro de Oliveira vê na adequação o resultado da ponderação entre os dois complexos valorativos entre os quais convive o processo civil, a saber: efetividade e segurança. Daí por que define "[...] a ade-

---

[514] BEDAQUE, José Roberto dos Santos. *Efetividade do processo e técnica processual*. 2. ed. São Paulo: Malheiros, 2007, p. 26.

[515] Ibidem.

[516] MARINONI, Luiz Guilherme. O direito à adequada tutela jurisdicional. *Revista dos Tribunais*, São Paulo, ano 80, v. 663, p. 244, jan. 1991.

[517] LACERDA, Galeno. *Teoria geral do processo*. Rio de Janeiro: Forense, 2008, p. 20.

quação da tutela jurisdicional como a aptidão desta para realizar a eficácia prometida pelo direito material, com a maior efetividade e segurança possíveis".[518]

Dizer que o meio deve ser adequado ao fim é dizer o óbvio. O que importa é examinar de que forma deve se proceder a tão pregada contemporaneamente adequação. Deve incidir em todas as técnicas processuais, tanto nos meios, como nas formas de tutela proporcionada pelo processo. É de princípio basilar das normas processuais que incide na cognição (meio) e nas formas de tutela (resultado). É a adequação procedimental, em seu sentido mais amplo. Como já se afirmou, processo é espécie do gênero procedimento.

Nessa linha, a adequação dá-se sob a seguinte tríade: adequação subjetiva, adequação teleológica e adequação objetiva.[519]

Do ponto de vista *subjetivo*, o processo ajusta-se às partes. Em razão dos jurisdicionados que atuam na relação jurídico-processual, o instrumento amolda-se para melhor atender as necessidades destes. Lembre-se que, antes de tutelar direitos, o processo tutela pessoas.[520] O procedimento sofre necessidade de adequação para lidar, por exemplo, com os feitos que tenham como partes os entes públicos federais que, na forma do art. 109, I, da Constituição Federal de 1988, incumbem ao exame da Justiça Federal. Também a regra geral do foro do domicílio do réu cede vez à exceção quanto ao alimentado nas ações que versam sobre o direito de alimentos, nos termos do art. 100, II, do Código de Processo Civil. Por fim, ainda exemplificadamente, também os prazos processuais mais benéficos ditados no art. 188 do Código de Processo Civil em prol da Fazenda Pública e do Ministério Público, representam normas processuais de adequação subjetiva.

A *adequação teleológica* do procedimento, por sua vez, faz-se de acordo com as diversas funções da atividade jurisdicional. Na esteira da lição de Galeno Lacerda, o processo de conhecimento, dado que almeja a definição do direito, "[...] requer atos e ritos distintos daqueles exigidos para a execução, onde se cuida da realização do

[518] ALVARO DE OLIVEIRA, Carlos Alberto. Os direitos fundamentais à efetividade e à segurança em perspectiva dinâmica. *Revista de Processo*, São Paulo, ano 33, n. 155, p. 24, jan. 2008.

[519] LACERDA, Galeno. *Teoria geral do processo*. Rio de Janeiro: Forense, 2008, p. 19-23. No mesmo sentido: DIDIER JR., Fredie. *Curso de direito processual civil*: teoria geral do processo e processo de conhecimento. 11. ed. Salvador: Juspodivm, 2009. v. 1, p. 41-42.

[520] DINAMARCO, Cândido Rangel. *Fundamentos do processo civil moderno*. 4. ed. São Paulo: Malheiros, 2001. t. 2, p. 825-828.

direito declarado, ou para o processo cautelar, que busca a segurança do interesse em lide".[521]

Por fim, a *adequação objetiva* pode ser sintetizada em três critérios: *(i)* natureza do direito, *(ii)* forma como se apresenta o direito material no processo e *(iii)* situação processual de urgência.

Note-se que todas estas formas de adequação atuam tanto nos planos cognitivos como nas formas de tutela jurisdicional disponíveis para concretização no plano social. Trata-se, portanto, de procedimento em seu sentir mais amplo, e não apenas como um sinônimo de rito. Em suma, parece mais correto falar "[...] no direito a um processo adequado e a uma tutela adequada do que numa ação adequada".[522] Ou ainda, simplesmente, direito a um processo adequado, como se prega neste estudo, desde que se entenda que nele restam incorporados não apenas direitos aos meios, como também aos resultados.

No mais, não parece necessário ou mesmo correto separar no plano abstrato as espécies de provimento dos meios de cumprimento.[523] Cada espécie de provimento possui meios executivos próprios, que apenas excepcionalmente, no caso concreto, poderão ser alterados. Com isso, parece correta a distinção terminológica entre adequação e adaptabilidade do procedimento[524] no intuito de enfatizar a adequação como princípio abstrato e prévio, que deve ser protegido pelo legislador. Ao juiz incumbe a missão de excepcionalmente adaptar o procedimento em decorrência de necessidades evidentes do direito material quando restou falha a proteção legal.

Essa adaptabilidade, realizada no caso concreto, pode dar-se, por vezes, com autorização normativa. É o que ocorre, exemplificadamente, no art. 6°, inciso VIII, do Código de Defesa do Consumidor,[525] que permite a inversão do ônus da prova pelo magistrado quando presentes os requisitos legais, e no art. art. 277, §§ 4° e 5°,

---

521 LACERDA, Galeno. *Teoria geral do processo.* Rio de Janeiro: Forense, 2008, p. 21.

522 ALVARO DE OLIVEIRA, Carlos Alberto. Os direitos fundamentais à efetividade e à segurança em perspectiva dinâmica. *Revista de Processo,* São Paulo, ano 33, n. 155, p. 19, jan. 2008.

523 A separação é realizada, exemplificadamente, em: MARINONI, Luiz Guilherme. *Técnica processual e tutela dos direitos.* 2. ed. São Paulo: Revista dos Tribunais, 2008, p. 162-169.

524 DIDIER JÚNIOR, Fredie Souza. Sobre dois importantes (e esquecidos) princípios do processo: adequação e adaptabilidade do procedimento. *Jus Navigandi,* Teresina, ano 6, n. 57, jul. 2002. Disponível em: <http://jus2.uol.com.br/doutrina/texto.asp?id=2986>. Acesso em: 20 nov. 2009.

525 Art. 6° São direitos básicos do consumidor: [...] VIII – a facilitação da defesa de seus direitos, inclusive com a inversão do ônus da prova, a seu favor, no processo civil, quando, a critério do juiz, for verossímil a alegação ou quando for ele hipossuficiente, segundo as regras ordinárias de experiências;

do CPC,[526] que autoriza a conversão do procedimento sumário em ordinário, em decorrência da complexidade da prova ou do valor da causa.[527] A esse respeito, inclusive, o Código de Processo Civil português, após reforma, recebeu o art. 265-A, e que encerra o denominado princípio da adequação formal, que dispõe: "quando a tramitação processual prevista na lei não se adequar às especificidades da causa, deve o juiz oficiosamente, ouvidas as partes, determinar a prática dos actos que melhor se ajustem ao fim do processo, bem como as necessárias adaptações". Trata-se de ampla autorização legislativa para adptação do procedimento que já é reivindicada por parte da doutrina brasileira.[528]

Outras vezes, a adaptação poderá ocorrer ainda sem expressa autorização legislativa, em caso, de inconstitucionalidade ou ilegalidade do procedimento previsto, ou lacuna legal que deixe sem amparo a tutela do direito material. É que, como observa Sérgio Gilberto Porto, a implementação em concreto nas hipóteses de ausência ou inaptidão legislativa, através da atividade criativa, faz-se possível "[...] vez que a dinâmica da realidade é, em muito, superior à capacidade de adaptação do sistema jurídico positivo, não havendo, pois, em certos casos concretos, tempo para a espera de mudanças legislativas".[529]

Por sua vez, a adequação é, na lição de Konrad Hesse,[530] conceito muito mais endereçado ao legislador do que ao magistrado. Não deve este buscar moldar a malha processual a fim de aplicar o dispositivo que lhe pareça mais efetivo. Deve atuar de modo a

---

[526] Art. 277. [...] § 4º O juiz, na audiência, decidirá de plano a impugnação ao valor da causa ou a controvérsia sobre a natureza da demanda, determinando, se for o caso, a conversão do procedimento sumário em ordinário. (Incluído pela Lei nº 9.245, de 26.12.1995) § 5º A conversão também ocorrerá quando houver necessidade de prova técnica de maior complexidade. (Incluído pela Lei nº 9.245, de 26.12.1995)

[527] DIDIER JR., Fredie. *Curso de direito processual civil*: teoria geral do processo e processo de conhecimento. 11. ed. Salvador: Juspodivm, 2009. v. 1, p. 43.

[528] GAJARDONI, Fernando da Fonseca. O princípio da adequação formal do direito processual civil português. *Revista de Processo*, São Paulo, n. 164, p. 121-134, out. 2008.

[529] PORTO, Sérgio Gilberto. A crise de eficiência do processo – a necessária adequação processual à natureza do direito posto em causa, como pressuposto de efetividade. In: FUX, Luiz; NERY JR., Nelson; WABIER, Teresa Arruda Alvim (coord.). *Processo e Constituição*: estudos em homenagem ao professor José Carlos Barbosa Moreira. São Paulo: Revista dos Tribunais, 2006, p. 183.

[530] Destaca o ilustre jurista alemão: "Para poder tornar-se eficazes, a maioria dos direitos fundamentais carecem da organização jurídica das condições de vida e âmbitos de vida que eles devem garantir. Essa organização é, em primeiro lugar, *tarefa da legislação.*" (HESSE, Konrad. *Elementos de direito de direito constitucional da República Federal da Alemanha.* Trad. de Luís Afonso Heck. Porto Alegre: Fabris, 1998, p. 247).

preencher as lacunas da legislação, não deixando sem amparo o direito material ou refutando as opções legislativas apenas diante de evidente inconstitucionalidade.

Ao se insubordinar contra a lei ordinária, o magistrado afronta a própria "[...] ordem que a Constituição soberanamente idealizou e impôs tanto aos cidadãos como aos órgãos encarregados do exercício dos poderes estatais".[531] Com isso, afirma-se que não pode o magistrado refutar as normas processuais com arrimo em princípios constitucionais genéricos, sujeitando as partes a deveres e a ônus contrários às leis vigentes.[532] Em linha de conclusão, não pode o julgador, porque prefere outras técnicas processuais, atuar "[...] como um normatizador primário, para suprimir a obra do legislador e fazer operar *ex novo* sua própria e pessoal normatização. Pouco importa que esteja motivado pelo desejo de melhor cumprir os princípios constitucionais".[533]

6.1.1. Adequação cognitiva

Assimilada essa premissa, cabe destacar que a cognição, como ato de inteligência na análise e na valoração das alegações das partes e das provas aportadas aos autos, pode ser examinada sob dois planos distintos: horizontal, referente à sua extensão, e vertical, quanto à sua profundidade.[534]

O primeiro plano refere-se ao âmbito do exame feito pelo juiz quanto ao conteúdo da lide e das matérias abrangidas, podendo ser *integral* se analisadas todas as questões preliminares e de mérito passíveis de dedução, ou, *parcial*, se elimina uma área toda de questões. De outra banda, o plano vertical pode ser exauriente ou sumário. Quando o juiz examina a controvérsia mediante ampla produção de provas, amplo contraditório, esgotamento dos recursos e impugnações, diz-se que houve cognição *exauriente*; quando, de outro lado, o magistrado analisa uma questão superficialmente, através de um juízo de probabilidade e aparência, diz-se que houve cognição *sumária*, ou seja, menos aprofundada.[535] Poderá ainda

---

[531] THEODORO JR., Humberto. Direito processual constitucional. *Revista IOB de Direito Civil e Processual Civil*, São Paulo, v. 9, n. 55, p. 77, set./out. 2008.

[532] Ibidem.

[533] Idem, p. 78.

[534] WATANABE, Kazuo. *Da cognição no processo civil*. 2. ed. Campinas: Bookseller, 2000, p. 111-113.

[535] Ibidem.

haver "a cognição em sua forma tênue e rarefeita, sendo mesmo eventual, que é a cumprida no processo de execução".[536]

O legislador poderá instituir limitações ao objeto cognitivo do processo sob estas duas dimensões em aderência ao direito material. Limitações que importem na impossibilidade de alcançar meios a uma tutela jurisdicional adequada ao objeto litigioso devem ser consideradas inconstitucionais por violação do direito ao processo, atuando o magistrado na excepcional adaptação procedimental de forma a concretizar a promessa constitucional.

Daí por que demonstra-se necessário e legítimo um procedimento mais célere e eficaz, tal como o *habeas corpus* para a tutela do direito fundamental de liberdade. O mesmo pode ser dito quanto ao *habeas data* no que tange às informações do cidadão contidas em cadastros públicos. Também o mandado de segurança constitui-se em instrumento de cognição restrita que não representa qualquer ofensa à ordem constitucional; restringe-se o debate sobre questões de divergência fática, de modo a disponibilizar um procedimento mais eficaz ao combate às arbitrariedades públicas. Em contraprestação, mantém-se disponível o procedimento ordinário como válvula de escape aos casos similares que demandem também o debate sobre os fatos.

O mesmo não se pode afirmar quanto ao mandado de segurança coletivo, no procedimento recentemente insculpido na Lei n. 12.016, de 07 de agosto de 2009. Ora, ao retirar do jurisdicionado o instrumento mais eficaz prometido pela Carta Constitucional no que tange aos direitos difusos,[537] limitando seu uso apenas aos direitos coletivos em sentido estrito e aos individuais homogêneos, implementou restrição indevida no plano cognitivo deste mecanismo. Trata-se de procedimento adequado a tutelar direito subjetivo que não dependa de dilação probatória; apenas não se podendo afirmar que é instrumento de proteção da ordem jurídica objetiva por ser imprescindível verificar a individualização do direito abstrato no patrimônio jurídico do requerente.[538]

---

[536] WATANABE, Kazuo. *Da cognição no processo civil.* 2. ed. Campinas: Bookseller, 2000, p. 112.

[537] Art. 21. Parágrafo único. Os direitos protegidos pelo mandado de segurança coletivo podem ser: I – coletivos, assim entendidos, para efeito desta Lei, os transindividuais, de natureza indivisível, de que seja titular grupo ou categoria de pessoas ligadas entre si ou com a parte contrária por uma relação jurídica básica; II – individuais homogêneos, assim entendidos, para efeito desta Lei, os decorrentes de origem comum e da atividade ou situação específica da totalidade ou de parte dos associados ou membros do impetrante.

[538] No mesmo sentido: DIDIER JR., Fredie. *Mandado de segurança coletivo e os direitos difusos*: Art. 21, par. ún., da Lei n. Disponível em: <http://www.processoscoletivos.net/ve_artigo.asp?id=9>. Acesso em: 05 nov. 2009.

Incumbe, assim, ao magistrado, recebendo pedido formulado em mandado de segurança coletivo para a proteção de direito difuso, interpretar de forma ampliativa o inciso I do parágrafo único do art. 21 da Lei n. 12.016, de 07 de agosto de 2009, para nele compreender toda a espécie de direitos coletivos, mesmo quando se tratarem seus titulares de pessoas indeterminadas, ligadas por circunstância de fato (direitos difusos), de forma a concretizar o direito ao processo adequado.

6.1.2. Adequação das formas de tutela jurisdicional dos direitos

Admitida a premissa de que a ação (processual) é, por natureza, una e abstrata, não parece mais apropriado continuar a classificar ações. Também classificar sentenças não parece mais tão relevante. É herança deixada pelo instrumentalismo que, mais importante do que se preocupar com as técnicas, é a preocupação com os resultados proporcionados pelo processo no mundo sensível.

As formas de tutela jurisdicional, assim pensadas como os modos de atuação do direito material proporcionados pelo processo, devem ser estruturadas à luz das exigências daquele, fazendo-se aptas não apenas a recompor os ilícitos, dando a cada um que lhe é de direto, como também a prevenir seu acontecimento.

Como se verá ainda, tutela dos direitos não se obtém apenas através do processo. Tutela jurisdicional dos direitos é espécie de tutela dos direitos. O direito substancial é a matéria-prima com que trabalha o processo, deve garantir sua concretização de forma mais próxima à sua espontânea e específica atuação.

Partindo dessa premissa, podem ser pensadas em tutelas de mera repercussão jurídica e tutelas de repercussão física. As primeiras, também conhecidas como autossuficientes ou satisfativas, não ultrapassam a eficácia jurídica; as segundas, nominadas por vezes de não autossuficientes ou não satisfativas, atuam no plano social, alterando o mundo sensível.

A esse respeito, Carlos Alberto Alvaro de Oliveira dedicou-se a classificar as tutelas no processo de conhecimento. Dividiu-as em declaratórias, constitutitvas, condenatórias, mandamentais e executivas.[539] Recebeu crítica de Luiz Guilherme Marinoni, já que em

---

[539] ALVARO DE OLIVEIRA, Carlos Alberto. Formas de tutela jurisdicional no chamado processo de conhecimento. *Revista da Ajuris*, Porto Alegre, ano 32, n. 100, p. 59-72, dez. 2005.

nada teria evoluído ao que se tem.[540] Realmente não há como discordar do professor paranaense. Mudou-se o nome, mas o objeto da classificação ainda parece ser o mesmo. O professor gaúcho rebateu as críticas em outro trabalho,[541] mas a polêmica persiste.

De relevo destacar que a classificação exposada serve às tutelas, como serviria também às eficácias, mas não serve para classificar sentenças, como se vê no mais comum das vezes. Trata-se de dogma a ser combatido.[542] Passa-se a explicar.

É corrente a afirmação de que as sentenças declaratórias e constitutivas sejam autossuficientes ou satisfativas, como alguns preferem nominá-las, por não comportarem qualquer medida de cumprimento posterior.[543] A partir dessa ideia, classificam essas duas espécies de sentença como atos decisórios de mera repercussão jurídica. Enquanto a sentença condenatória (para os adeptos da teoria ternária), juntamente com as mandamentais e executivas (para os adeptos da teoria quinaria), em sentenças de repercussão física,[544] isto é, aquelas que geram efeitos no plano do direito material.

Ora, talvez seja justamente o maior legado deixado por Pontes de Miranda, a insistência em afirmar que nenhuma sentença é pura, contendo, em seu interior, um feixe de eficácias.[545] A classificação

---

[540] MARINONI, Luiz Guilherme. *Curso de processo civil*: teoria geral do processo. São Paulo: Revista dos Tribunais, 2006. v. 1, p. 298-303.

[541] ALVARO DE OLIVEIRA, Carlos Alberto. Direito material, processo e tutela jurisdicional. In: FUX, Luiz; NERY JR., Nelson; WABIER, Teresa Arruda Alvim (coord.). *Processo e Constituição*: estudos em homenagem ao professor José Carlos Barbosa Moreira. São Paulo: Revista dos Tribunais, 2006, p. 778.

[542] Essa ideia já foi por nós proposta em artigo doutrinário: OLIVEIRA, Guilherme Botelho de. Técnicas da tutela coletiva. *Revista Brasileira de Direito Processual – RBDPro*, Belo Horizonte, ano 18, n. 69, p. 113-123, jan./mar. 2010.

[543] Essa é a corrente dicção da doutrina. Apenas a título ilustrativo: MARINONI, Luiz Guilherme. *Tutela inibitória*. 4. ed. São Paulo: Revista dos Tribunais, 2005, p. 434;. MARINONI, Luiz Guilherme. *Tutela específica*: arts. 461, CPC e 84, CDC. 2. ed. São Paulo: Revista dos Tribunais, 2001, p. 66; ALVARO DE OLIVEIRA, Carlos Alberto. Formas de tutela jurisdicional no chamado processo de conhecimento. *Revista da Ajuris*, Porto Alegre, ano 32, n. 100, p. 67, dez. 2005 e ASSIS, Araken de. *Manual da execução*. 11. ed. São Paulo: Revista dos Tribunais, 2007, p. 88.

[544] José Carlos Barbosa Moreira, em célebre artigo, refere-se às sentenças declaratórias e às constitutivas como *sentenças de repercussão jurídica*, aduzindo que o que existe de comum a ambas as classes 'declaratórias e constitutivas' é a circunstância de que não lhes sobrevive qualquer necessidade de determinado comportamento, por parte do vencido, para a satisfação do vencedor. (BARBOSA MOREIRA, José Carlos. Tendências em matéria de execução de sentenças e ordens judiciais. *Revista de Processo*, São Paulo, n. 41, p. 153, 1986) Por outro lado, sentenças de repercussão física seriam aquelas que atuam no mundos fatos, referindo-se, portanto, as sentenças condenatórias, dado sua adesão a teoria trinária.

[545] Válido repetir a lição: "Não há nenhuma ação, nenhuma sentença, que seja pura. Nenhuma é smente declarativa. Nenhuma é somente constitutiva. Nenhuma é somente con-

das sentenças, nessa perspectiva, é *a classificação da eficácia preponderante da sentença.*

Logo, parece incorreto afirmar que a sentença declaratória, v.g., não produza efeito no plano prático. Não é incomum ver-se a expedição de ofícios a órgãos de proteção ao crédito determinando o cancelamento de restrições em decorrência de uma sentença procedente de declaração de inexistência de dívida, ou ainda a averbação de paternidade junto ao cartório de registro civil de uma paternidade reconhecida em uma sentença de procedência de investigação de paternidade (e não se irá por aqui adentrar a velha discussão quanto à natureza declaratória ou constitutiva desta ação).

Estes atos nada mais são do que atos executivos de forma ampla ou de cumprimento (modernamente), transformadores da vida real ou, medidas de execução imprópria nos dizeres de Liebman.[546] A determinação de um cancelamento de restrição ou de protesto é ato de natureza eminentemente mandamental. E se explica porque, como bem ensinou Pontes de Miranda, a sentença declaratória tem sempre também uma alta carga mandamental, dado que emite um preceito, uma ordem de não agir contrariamente a declaração contida no *decisum.*

Em suma, nenhuma sentença é autossuficiente *prima facie*, porque nenhuma sentença é pura. Autossuficiente é a eficácia contida na decisão. Melhor dizendo, essa classificação apenas seria correta se classificasse as eficácias e não as sentenças. As eficácias declaratória e constitutiva são autossuficientes ou de mera repercussão jurídica, mas as sentenças, por conta da presença das demais eficácias, necessariamente não.

Sendo assim, eficácias declaratória e constitutiva geram efeitos apenas jurídicos, mas não resultados práticos; estes gerados no plano do direito material. Eficácia, como sabido e repetido, é a capacidade (aptidão) de gerar efeitos. As eficácias declaratória e constitutiva nada geram no plano do direito material. Lembre-se, as eficácias, não as sentenças.

Ao transmudar estas conclusões à classificação das tutelas jurisdicionais de direitos, isto é, à classificação dos resultados ju-

---

denatória. Nenhuma é somente mandamental. Nenhuma é somente executiva." (PONTES DE MIRANDA, Francisco Cavalcanti. *Comentários ao Código de Processo Civil*. Rio de Janeiro: Forense, 1974, p. 222).
Crendo ser este o maior mérito de Pontes de Miranda é a opinião de Araken de Assis (ASSIS, Araken de. *Cumulação de ações*. 4. ed. São Paulo: Revista dos Tribunais, 2002, p. 89).

[546] LIEBMAN, Enrico Tullio. *Processo de execução*. 3 ed. São Paulo: Saraiva, 1962, p. 06.

rídicos e sociais proporcionados pelo processo, adverte-se que a tutela classificada não necessariamente corresponde à eficácia preponderante da sentença que lhe proporcionou. Vale dizer, a tutela mandamental pode advir de uma sentença de eficácia preponderantemente declaratória, porque também esta eficácia está ali contida em alto grau.

Também não há como concordar com Luiz Guilherme Marinoni ao classificar as tutelas exclusivamente a partir das consequências da vida real, com absoluta desconsideração de que a tutela jurisdicional, em que pese deva se preocupar constantemente com o direito material, ainda é um fenômeno processual; logo, instrumental. É, portanto, fenômeno a ser estudado à luz dos elementos próprios deste plano.

No que tange às tutelas de repercussão física, parece melhor que acompanhem os meios obrigacionais previstos na legislação civil (dar, fazer e não fazer), com o que as tutelas que impõem o cumprimento de obrigações (arts. 461, 461-A e 475-J do CPC) poderiam ser elaboradas com maior aderência ao direito substancial.

Talvez decorra desta aparente inadequação o fato de a doutrina contemporânea debater-se em torno da aplicação da multa pecuniária prevista no art. 461 do Código de Processo Civil no cumprimento das obrigações de pagar quantia certa, com arrimo no direito fundamental à tutela jurisdicional efetiva. É que não deixa de surpreender que o legislador processual tenha positivado a possibilidade de utilização da *astreinte* como meio coercitivo ao cumprimento das obrigações de dar (coisa certa e incerta), mas não conceda a mesma proteção às obrigações pecuniárias, quando se sabe que no plano do direito material se trata de obrigações de mesma natureza.

É que o ordenamento jurídico-material brasileiro jamais reconheceu a obrigação de pagar quantia certa como figura autônoma. Trata-se de mera obrigação de dar coisa incerta pela ótica do direito material.[547] [548]

---

[547] Essa é a classificação do Código Civil e um consenso nos manuais. Válida a lição de Silvio de Salvo Venosa: "A obrigação de pagar dívida em dinheiro é obrigação de dar. O Código civil de 1916 não se ocupou especificamente dela, ocorrendo o mesmo com o recém-chegado Código, ao menos no capítulo ora estudado". E prossegue o autor ao tratar da obrigação de dar coisa incerta: "A incerteza não significa propriamente uma indeterminação, mas uma determinação genericamente feita. São obrigações de dar coisa incerta: entregar uma tonelada de trigo, um milhão de reais ou cem grossas de lápis." (VENOSA, Silvio de Salvo. *Direito civil*: teoria geral das obrigações e teoria geral dos contratos. 5. ed. São Paulo: Atlas, 2005. v. 2, p. 95).
No mesmo sentido, Arnold Wald: "A obrigação de dar coisa incerta consiste em fornecer uma certa quantidade de unidades de determinado gênero e não uma coisa especificada.

E é impressionante como tal assertiva tão comezinha para os civilistas passa desapercebida na doutrina processual.

A má adequação processual com a falsa dicotomia, provável herança do anseio por elevar e sublimar a tutela condenatória e a indenização pecuniária como únicas formas de solver as crises do direito material, traz consequências penosas na difculdade de compreensão e aplicação dos meios executivos apropriados à específica prestação imposta.

A adequação deve atuar nos meios e resultados proporcionados pelo processo, amoldando-se o instrumento às exigências do direito material, com o que o processo tornar-se-á meio de eficaz concretização das normas e de realização da justiça.

A incerteza da coisa não significa indeterminação, mas determinação genericamente feita. Quem se compromete a entregar cem quilos de arroz, cem mil cruzeiros ou dez mil metros de certo tipo de tecido, assume uma obrigação de dar coisa incerta ou fungível." (WALD, Arnold. *Obrigações e contratos*. 14. ed. São Paulo: Revista dos Tribunais, 2000, p. 43).

[548] Para quem desejar aprofundar-se a natureza das obrigações e suas classificações no direito material: PONTES DE MIRANDA, Francisco Cavalcanti. *Tratado de direito privado*. Campinas: Bookseller, 2003. t. 22.. Sobre as obrigações de dar, em especial, p. 113-143. De se destacar parte das lições: "As obrigações de dar ou são obrigações de dar coisa certa ou obrigações de dar coisa incerta. Observe-se, de início, que o conceito de certo aqui só se refere ao bem, à coisa, e não à dívida. A dívida pode ser certa, posto que incerta a coisa que é objeto da obrigação. De regra, as obrigações ditas certas e líquidas são obrigações certas de coisas incertas (*e.g.*, tantos mil reais) e líquidas, isto é, concebidas com liquidez ou já liquidadas." (PONTES DE MIRANDA, Francisco Cavalcanti. *Tratado de direito privado*. Campinas: Bookseller, 2003. t. 22, p. 115-116). E ainda, ao tratar das dívidas pecuniárias (dentro do capítulo das obrigações de dar coisa), aduz: "O que se sabe é que dinheiro é coisa fungível e serve à vida de relações econômicas, com certa abstração do valor intrínseco." (PONTES DE MIRANDA, Francisco Cavalcanti. *Tratado de direito privado*. Campinas: Bookseller, 2003. t. 22, p. 125). E, por fim: "A dívida pecuniária é dívida do valor da quantidade devida, e não dívida de determinada moeda, ou de quantidade de determinada espécie monetária. Ainda que se diga que o pagamento há de ser em notas de cem reais, a dívida é de valor, a despeito da cláusula. Se, na ocasião, não houver tais notas, por terem saído da circulação, solve-se dívida com o dinheiro em curso. Se houve pacto adjecto, pode ser distratado, segundo os princípios." (Ibidem, p. 127-128).

7. O processo qualificado como metacritério de interpretação das normas processuais

7.1. Imperativos, sanções e processo

As normas de direito material regulam as relações entre os homens, conferindo direitos e obrigações.[549] É através do direito material que o Estado concede proteção ao homem "[...] para a consecução de situações consideradas eticamente desejáveis segundo os valores vigentes na sociedade".[550] São as definições das regras de convivência que atuam mediante definição abstrata de situações de vantagem e desvantagem de um indíviduo ou grupo de indivíduos perante outro e em relação a algum bem da vida.[551] O conteúdo dessas regras constitui os imperativos que, prevendo determinado fato ou atitude, ordenam determinada conduta.[552]

Após a definição das regras de convivência, o Estado volta-se ao fito de dar eficácia à ordem estabelecida. Implementa, ainda no plano jurídico-substancial, as consequências que devem suceder à inobservância dos preceitos destinados à proteção daqueles interesses acolhidos pela ordem positiva.[553] Prevendo o eventual descumprimento do imperativo primário, o Estado estipula medidas que devam incidir "[...] como consequência da inobservância dos imperativos jurídicos".[554] Esta é a função das sanções, que atuam com dupla finalidade. *Prima facie*, agem como componente de pressão psicológica "[...] para induzir as pessoas obrigadas a cumprir es-

---

549 LIEBMAN, Enrico Tullio. L'azione nella teoria del processo civile. In: ——. *Problemi del processo civil*. Milano: Morano, 1962, p. 47.

550 DINAMARCO, Cândido Rangel. *Fundamentos do processo civil moderno*. 4. ed. São Paulo: Malheiros, 2001. t. 2, p. 809.

551 Ibidem.

552 LIEBMAN, Enrico Tullio. *Processo de execução*. 3 ed. São Paulo: Saraiva, 1962, p. 01.

553 DINAMARCO, Cândido Rangel. *Fundamentos do processo civil moderno*. 4. ed. São Paulo: Malheiros, 2001. t. 2, p. 809.

554 LIEBMAN, Enrico Tullio. *Processo de execução*. 3 ed. São Paulo: Saraiva, 1962, p. 02

pontaneamente suas obrigações".[555] De outro lado, atuam de modo a reestabelecer o patrimônio jurídico afetado, "[...] através da consecução por outros meios do mesmo resultado prático visado pelo imperativo primário que não foi obedecido, ou através da realização de alguma medida que represente uma compensação jurídica da transgressão [...]".[556]

Só depois, por já ser sabedor das transgressões concretas perpetradas contra estas regras de convivência e, sem ignorar que as próprias sanções estabelecidas nos enunciados normativos podem restar sem eficácia, se não contar com um mecanismo de apoio, o Estado predispõe meios de atuação, no qual impõe a observação daqueles enunciados e das consequências ditadas no plano puramente abstrato.[557] Entra em cena a tutela jurisdicional dos direitos e a malha processual correspondente. Na tônica de Adolf Wach: "[...] Para que el derecho no solamente exista, sino rija, debe existir el proceso".[558]

As normas processuais disciplinam o modo e a forma como deve se dar a atuação do direito nas relações subjetivas constituídas pelas partes interessadas.[559] Elas regulam o debate judicial a fim de compor os meios e modos pelo qual o direito material deve fazer-se valer em juízo.[560] Existem, em suma, para atuar ou garantir a eficácia das normas materiais. Não é por outra razão que se pode resumir a finalidade do processo no dever de dar "[...] quanto fôr possível pràticamente, a quem tenha um direito, tudo aquilo e exatamente aquilo e exatamente aquilo que êle tenha direito de conseguir".[561]

A interpretação das leis processuais traz a necessidade de observação de seus escopos, de forma que o intérprete torne-se partícipe de sua concretização mediante alcance de suas finalidades. Com isso, não se defende uma teoria especial de interpretação para

---

[555] LIEBMAN, Enrico Tullio. *Processo de execução.* 3 ed. São Paulo: Saraiva, 1962, p. 02.

[556] Ibidem.

[557] DINAMARCO, Cândido Rangel. *Fundamentos do processo civil moderno.* 4. ed. São Paulo: Malheiros, 2001. t. 2, p. 810.

[558] WACH, Adolf. *Manual de derecho procesal civil.* Buenos Aires: EJEA, 1977. v. 1, p. 22.

[559] LIEBMAN, Enrico Tullio. L'azione nella teoria del processo civile. In: ——. *Problemi del processo civil.* Milano: Morano, 1962, p. 47.

[560] SANTOS, Moacyr Amaral. *Primeiras linhas de direito processual civil.* 3. ed. São Paulo: Max Limond, 1970. v. 1, p. 44.

[561] CHIOVENDA, Giuseppe. *Instituições de direito processual civil.* São Paulo: Saraiva, 1969. v. 1, p. 46.

o direito processual.[562] Prega-se apenas uma interpretação teleológica e sistemática das normas processuais em conformidade com sua natureza instrumental à atuação do direito material.

7.2. Interpretação das normas processuais e o uso de cláusulas gerais

Não há ares de novidade ao afirmar-se que o positivismo se encontra em crise. Nem críticas ou elogios, apenas constatações. E se é verdade que o atual estágio não é definitivo, como nenhum outro foi, e isso a história não deixa margem a dúvidas, esta crise não parece ser fenômeno cultural de rápida duração.

A nova dogmática da hermenêutica contemporânea, com valorização dos princípios e com o reconhecimento da hierarquia axiológica suprema dos direitos fundamentais, os quais deixam de ser vistos como programas e passam a portar força normativa, invade também o processo.

Os princípios "[...] por serem normas imediatamente finalísticas, estabelecem um estado ideal de coisas a ser buscado, que diz respeito a outras normas do mesmo sistema, notadamente das regras [...]",[563] não podendo ser classificados de acordo com sua suposta alta carga de abstração e generalidade (critério fraco, na expressão de Humberto Ávila), isso porque, também, as regras, enquanto assim consideradas, utilizam-se de vocábulos de alta carga de abstração, isto é, conceitos indeterminados que não prescindem alto esforço interpretativo. Em época cultural legislativa, propícia à produção de textos normativos ricos em cláusulas abertas, o que se vê é a intensificação da criação do direito pelos magistrados e a judicialização cada vez mais cristalina de conflitos e questões que antes restavam à margem do Judiciário. É a vocação da contemporaneidade para jurisdição, quando quase chega a ser antiquado defender uma reserva administrativa dos atos públicos.

O processo civil não passa ileso por esse fenômeno. As leis processuais, já de algumas décadas, vêm demonstrando-se abundantes em conceitos abertos. Apenas para exemplificar através de algumas leis de maior destaque: os agravos, na forma de instrumento que,

[562] MARQUES, José Frederico. *Instituições de direito processual civil*. 4. ed. Rio de Janeiro: Forense, 1971. v. 1, p. 96.

[563] ÁVILA, Humberto. *Teoria dos princípios*: da definição à aplicação dos princípios jurídicos. 9. ed. São Paulo: Malheiros, 2009, p. 97.

no CPC de 1939 possuíam hipóteses taxativas de cabimento,[564] passaram no atual Código Processual Civil a serem manejáveis apenas quando hostilizarem decisão suscetível de causar à parte lesão grave e de difícil reparação, além dos casos de inadmissão de apelação e nos relativos aos efeitos em que a apelação é recebida;[565] a antecipação de tutela assecuratória apenas deve ser concedida desde que presente prova inequívoca capaz de convencer o magistrado da verossimilhança das alegações além do "fundado receio de dano irreparável ou de difícil reparação" (art. 273, I, CPC); o ônus da prova pode ser invertido quando o consumidor demonstrar-se hipossuficiente; e, já há projeto de lei que deixa ao encargo do juiz a distribuição do ônus da prova à parte que se demonstre mais apta a demonstrá-la.[566]

Outras inúmeras hipóteses de cláusulas gerais processuais podem ser pensadas, sendo exemplo a possibilidade de concessão de efeito suspensivo à impugnação ao cumprimento de sentença (art.

---

[564] Nesse sentido dispunha o CPC de 1939: Art. 842. Além dos casos em que a lei expressamente o permite, dar-se-á agravo de instrumento das decisões: I – que não admitirem a intervenção de terceiro na causa; II – que julgarem a exceção de incompetência; III – que denegarem ou concederem medidas requeridas como preparatórias da ação; IV – que não concederem vista para embargos de terceiro, ou que os julgarem; V – que denegarem ou revogarem o benefício de gratuidade; VI – que ordenarem a prisão; VII – que nomearem, ou destituirem inventariante, tutor, curador, testamenteiro ou liquidante; VIII – que arbitrarem, ou deixarem de arbitrar a remuneração dos liquidantes ou a vintena dos testamenteiros; IX – que denegarem a apelação, inclusive a de terceiro prejudicado, a julgarem deserta, ou a relevarem da deserção; X – que decidirem a respeito de êrro de conta; XI – que concederem, ou não, a adjudicação ou a remissão de bens; XII – que anularem a arrematação, adjudicação ou remissão cujos efeitos legais já se tenham produzido; XIII – que admitirem, ou não, o concurso de credores. ou ordenarem a inclusão ou exclusão de créditos; XIV – que julgarem, ou não, prestadas as contas; XV – que julgarem os processos de que tratam os Títulos XV a XXII do Livro V, ou os respectivos incidentes, ressalvadas as exceções expressas; XVI – que negarem alimentos provisionais; XVII – que, sem caução idônea, ou independentemente de sentença anterior, autorizarem a entrega de dinheiro ou quaisquer outros bens, ou a alienação, hipoteca, permuta, subrogação ou arrendamento de bens.

[565] Art. 522. Das decisões interlocutórias caberá agravo, no prazo de 10 (dez) dias, na forma retida, salvo quando se tratar de decisão suscetível de causar à parte lesão grave e de difícil reparação, bem como nos casos de inadmissão da apelação e nos relativos aos efeitos em que a apelação é recebida, quando será admitida a sua interposição por instrumento. (Redação dada pela Lei nº 11.187, de 2005)

[566] O Projeto de Lei nº 3.015/2008, que atualmente tramita na Câmara dos Deputados Federais propõe a seguinte redação para o art. 333 doCódigo de Processo Civil brasileiro: "Art. 333. O ônus da prova incumbe: I – ao autor, quanto ao fato constitutivo do seu direito; II – ao réu, quanto à existência de fato impeditivo, modificativo ou extintivo do direito do autor. § 1º É nula a convenção que distribui de maneira diversa o ônus da prova quando: I – recair sobre direito indispensável da parte; II – tornar excessivamente difícil a uma parte o exercício do direito. § 2º É facultado ao juiz, diante da complexidade do caso, estabelecer a incumbência do ônus da prova de acordo com o caso concreto". Disponível em: http://www2.camara.gov.br/proposicoes. Acessado em 10/11/2009 às 14hs00min.

475-M do CPC); a possibilidade de dispensa da caução na execução provisória (art. 475-O do CPC); a concessão de efeito suspensivo ao agravo de instrumento (art. 558 do CPC); a possibilidade de concessão de efeito suspensivo aos embargos do executado (art. 739, § 1°, do CPC); e, ainda, a hipótese de proceder-se ao arrolamento sempre que haja fundado receio de extravio ou de dissipação de bens (art. 855, CPC); todas dependentes do preenchimento de requisitos de alta carga discricionária deixada ao julgador.

A expansão do uso legislativo de cláusulas gerais e conceitos indeterminados também nas normas processuais demanda cuidado hermenêutico dos processualistas, mas mais do que isso, esse fenômeno deve adentrar ao terreno processual sem descuidar de suas próprias peculiaridades.

7.3. A importância dos escopos do processo na interpretação das normas processuais

A jurisdição civil não possui apenas um escopo, mas escopos (no plural). Não se demonstra suficiente apontar apenas a finalidade jurídica do processo de *atuação concreta do direito*.[567] Este possui também objetivos sociais, constituídos pela função de pacificação social e de educação da sociedade.[568] Além dos escopos políticos perfectibilizados na função do processo como instrumento de liberdade, de participação social e afirmação da autoridade do Estado e do seu ordenamento.[569]

O processo, caracterizado como relação jurídica, atua através de um procedimento que tem no contraditório uma nota essencial, que deve buscar invariavelmente a realização da justiça. Essa é justamente sua fonte legitimadora, e o que diferencia de meios não civilizados de regulação social que foram abandonados pela sociedade contemporânea. Nas palavras de Juarez Freitas: "A racionalidade dialética não aceita coexistir com sistema jurídico que

[567] DINAMARCO, Cândido Rangel. *A instrumentalidade do processo*. 13. ed. São Paulo: Malheiros, 2008, p. 250. Antes, com originalidade, Giuseppe Chiovenda desenvolve seu pensamento de ter o processo a função de fazer atuar a vontade concreta da lei. A menção à "lei", ao invés de "direito", é a evidência uma influência do pensamento positivista vigorante à época da formulação da lição. A esse respeito, ver, por todos: CHIOVENDA, Giuseppe. *Instituições de direito processual civil*. São Paulo: Saraiva, 1969. v. 1, p. 40- 46.

[568] A esse respeito, por todos: DINAMARCO, Cândido Rangel. *A instrumentalidade do processo*. 13. ed. São Paulo: Malheiros, 2008, p. 188-197.

[569] Idem, p. 198-207.

não tenha compromisso fundamental com a justiça".[570] O fito de realização de justiça no caso concreto ganha ainda maior relevo no Estado Constitucional com a aproximação do processo aos valores constitucionais.

Em comum, estas finalidades apontadas com acuidade por Cândido Rangel Dinamarco possuem sua visão voltada ao exterior em sua inter-relação com a sociedade a que serve. Poderiam ser vistos como *escopos exógenos* do processo porque ligados ao que se espera da jurisdição como poder frente à sociedade. O processo, assim como as normas processuais, também possui outra importante finalidade que pode mesmo ser vista como um de seus escopos, mas que possui comportamento inter-relacional diverso daqueles antes apontados, razão pela qual pode ser visto como um *escopo endógeno*.

Está-se a referir à função das normas processuais como instrumento de controle do arbítrio judicial. O processo pensado para o seu interior serve para dar previsibilidade às partes, impondo as formalidades a serem observadas pelos jurisdicionados a fim de se estabelecer uma decisão justa. O processo apenas alcança seus escopos, enquanto funciona como instrumento ordenado, impedindo que prevalesça ou possa prevalecer a arbitrariedade e a parcialidade.[571] Nessa linha, "[...] o formalismo processual atua como garantia de liberdade contra o arbítrio dos órgãos que exercem o poder do Estado".[572]

É através das normas processuais que se controla o julgador, preestabelecendo os atos de dilação e instrução do feito e sua ordem para viabilizar um julgamento justo. Também o cumprimento dos julgados passa pela necessária pré-ordenação. Nesse ínterim, pouco importa o corpo de disposições onde o enunciado normativo esteja inserido, o que caracterizará uma norma como processual é o seu conteúdo "na programação do debate judicial, no que se refere ao seu fim, que é a decisão de um conflito de interêsses".[573] [574] Exemplificadamente, impede-se, através das normas processuais, que o

---

[570] FREITAS, Juarez. *A interpretação sistemática do direito*. 3 ed. São Paulo: Malheiros, 2002, p. 141.

[571] ALVARO DE OLIVEIRA, Carlos Alberto. *Do formalismo no processo civil*. 3. ed. São Paulo: Saraiva, 2009, p. 09.

[572] Ibidem.

[573] COUTURE, Eduardo J. *Interpretação das leis processuais*. São Paulo: Max Limonad, 1956, p. 46.

[574] Em sentido similar: PONTES DE MIRANDA, Francisco Cavalcanti. *Comentários à Constituição de 1946*. 3. ed. Rio de Janeiro: Editor Borsoi, 1960. t. 1, p. 91-92.

julgador conceda a uma parte o prazo de quinze dias para apelar, e à outra, o de cinco. Ou que vede a realização de um meio de prova previsto para aquela espécie de procedimento.

Essa primordial função das normas processuais merece especial atenção dos juristas. Veja-se um exemplo para ilustrar melhor o esposado: o Projeto de Lei nº 5.139, de 2009, que versa sobre o novo procedimento da ação civil pública dispõe em seu artigo 14 que "o juiz fixará o prazo para a resposta nas ações coletivas, que não poderá ser inferior a 30 (trinta) ou superior a 90 (noventa) dias, atendendo à complexidade da causa ou ao número de litigantes". Pense-se na hipótese de ação movida com base na referida lei (pressupondo sua aprovação) contra empresa do ramo fumígeno, e que o magistrado, exclusivamente calcado em pré-conceitos de sua sensibilidade, não sendo simpático a empresas deste ramo, conceda à ré prazo mínimo. Em outro caso, em que o demandado é um hospital, presuma-se a concessão do prazo máximo previsto em lei; também, nesta hipótese, admita-se que tal decisão foi baseada exclusivamente em sua sensibilidade pessoal e sua simpatia à importância do réu para a sociedade local. Em ambas as decisões, o juiz daria a seguinte decisão nos autos: "Devido à complexidade da matéria de direito invocada e na sua relevância social e jurídica para a coletividade atingida, fixo o prazo em [...] dias". Exteriorizada a decisão com arrimo no fundamento jurídico proposto na norma de aplicação, sem desrespeito aparente ao dever de motivação e com a devida congruência das decisões judiciais.

Ninguém duvidaria que, admitidas as premissas intuitivas que moveram o juiz, este agiria de forma a desrespeitar o justo processo. Agora, dado o espaço de discricionariedade concedido pela lei ao intérprete, e a imensa dificuldade de comprovar a real motivação que o moveu, estas duas decisões se demonstram plenamente razoáveis, sem sequer arranhar a norma em específico.

Alguns poderão afirmar que o magistrado, se movido por tais desprestigiadas intenções, acabaria por prejudicar aquele primeiro réu no mérito do feito, sendo que, se a motivação exterior também seguisse razoável interpretação das normas substanciais aplicáveis ao caso concreto, dificilmente se poderia verificar tal ilegalidade.

Ocorre que esta eventual ilegalidade, caso preservado o devido processo legal processual ou formal, poderá ser sanada eventualmente pelo duplo grau de jurisdição. O mesmo, todavia, necessariamente não se poderá afirmar no trato das normas processuais. O eventual prejuízo na defesa, seja por diminuto prazo para preparar seus argumentos dado à complexidade da causa, ou mesmo para levantar as provas documentais que deveriam acompanhar a defesa, ou, ainda, um prejuízo decorrente ao longo da dilação probatória, poderá ensejar a dificuldade ou a impossibilidade de demonstrar a existência do direito material alegado, com o que mesmo magistrados revisores bem intencionados entenderiam por direito em mantê-la.[575]

Em síntese: cláusulas abertas apresentam-se necessárias para conformar as relações substanciais instantâneas, globalizadas e de massa, que caracterizam a sociedade contemporânea, sendo impensável possa o legislador prever as mais variadas hipóteses e mutações que as situações fáticas correlacionadas ao direito do consumidor, ao direito ambiental ou ao direito de informática, apenas para citar alguns exemplos, podem apresentar.

Tendo as normas processuais a missão de fazer atuar as normas de direito material, servem como instrumento destas. As cláusulas gerais inseridas no plano material serão atuadas mediante a imposição imperativa própria do exercício da função-poder jurisdicional. As normas processuais como instrumento concretizador das demais não necessitam acompanhar de forma idêntica esta tendência legislativa. Aliás, é fato recorrente na história processual: "[...] à medida que cresce e se intesifica o poder e o arbítrio do juiz, enfraquece-se também o formalismo, correlativo elemento de contenção".[576]

A utilização corriqueira de cláusulas gerais nas normas processuais que não tem por finalidade a preservação de um bem ou valor material eleito pelo legislador, mas programar o diálogo ju-

---

[575] Essa questão peculiar não passou despercebida também por Guilherme Rizzo Amaral como se vê da passagem destacada: "É importante ressaltar a fundamental diferença – nem sempre percebida – que há entre a norma de caráter material e a de caráter processual, no que toca às conseqüências de uma interpretação pouco ortodoxa de uma ou outra. Embora a previsibilidade seja desejada em ambos os casos – tanto na aplicação da lei material quanto processual – é na segunda que a não observância ocasionará maior prejuízo. Se o magistrado está convencido da procedência do pedido do autor, não obstante esteja ciente de inúmeros – e amplamente majoritários – precedentes dos tribunais em sentido contrário à sua posição, ao fim e ao cabo do debate judicial sua convicção é que prevalecerá, cabendo ao interessado recorrer da decisão. Veja-se, não estamos a afirmar que seja a postura mais adequada, mas os danos limitam-se ao adiamento da solução favorável ao interessado, que deverá buscá-la na via recursal. Já com a norma processual não se passa assim. O juiz que dá à lei processual interpretação peculiar pode prejudicar indelevelmente o direito postulado no processo, e, o que é pior, poderá fazê-lo naqueles casos em que entende estar presente esse mesmo direito." (AMARAL, Guilherme Rizzo. *Cumprimento e execução da sentença sob a ótica do formalismo-valorativo*. Porto Alegre: Livraria do Advogado, 2008, p. 61).

[576] ALVARO DE OLIVEIRA, Carlos Alberto. *Do formalismo no processo civil*. 3. ed. São Paulo: Saraiva, 2009, p. 24.

risdicional, demonstra-se extremamente perigosa. A alta carga de discricionariedade implícita às normas de conceitos indeterminados suprime uma das mais relevantes premissas para a própria existência das normas processuais: *o controle do arbítrio do juiz*. Sua utilização deve ser apenas excepcional, para a conformação de conceitos-chave onde não podem ser dispensadas, como a rigor ocorre nos requisitos para a concessão da antecipação de tutela e da tutela cautelar.

Com isso, não se quer diminuir a influência (relatada no primeiro capítulo) do pós-positivismo sobre o processo civil. Pelo contrário, são rotineiras e conhecidas as principais críticas pelas quais este método de pensamento é hostilizado: a concessão de maior discricionariedade ao julgador na formação da decisão, mediante a aplicação de princípios ou regras formadas em cláusulas abertas, o que pode levar ao arbítrio jurisdicional, com um consequente e perigoso desequilíbrio entre os três Poderes.

Nessa perspectiva, o processo civil passa a ter papel fundamental. Depende das normas processuais a possibilidade de que o ordenamento jurídico possa usufruir dos benefícios que o Estado Constitucional (em movimento) pode trazer, freando seu maior risco de produzir julgadores arbitrários. As leis processuais e, porque não, o formalismo, ganham especial relevo no estágio contemporâneo do direito.

Em suma, normas substanciais capazes de dar maior maleabilidade aos julgadores a fim de que possam acompanhar a mutação social, cada vez mais rápida e complexa, em concomitância com normas processuais de conceitos-chaves mais rígidos que possam evitar o arbítrio ou o mal uso do Estado Constitucional, esta é a proposta conciliadora defendida.

7.4. Seguindo entre a hermenêutica e o Processo Civil: efetividade e segurança como sobreprincípios do Processo Civil

Coube a Humberto Ávila o mérito de demonstrar que nem apenas de princípios e regras vive o ordenamento jurídico; evoluiu o pensamento de Dworkin para acrescer a estas categorias, além dos sobreprincípios, os postulados (hermenêuticos e normativos). Trata-se de normas de segundo grau, imediatamente metódicas que atuam em outro plano. Vale dizer: "[...] os princípios e as regras são normas objeto de aplicação; os postulados são normas que orientam a aplicação de outras".[577] Os postulados normativos aplicativos, que mais interessam neste estudo, podem ser conceituados como deveres estruturantes da aplicação de outras normas.[578]

Constituem os postulados uma classe própria em especial por se tratarem de normas imediatamente metódicas e não finalísticas (princípios) ou descritivas (regras), mas não apenas neste ponto reside a distinção, enquanto os princípios e regras são *prima facie* destinados aos jurisdicionados e ao Poder Público, os postulados possuem destinação primária ao intérprete e ao aplicador do Direito[579]. No mais, é de se destacar que princípios e regras se relacionam de modo complementar ou decisivo, enquanto os postulados, "[...] porque se situam num metanível, orientam aplicação dos princípios e das regras sem conflituosidade necessária com outras normas".[580]

O corpo normativo processual civil é composto por inúmeras regras dispostas não apenas no Código de Processo Civil, como em outras tantas legislações extravagantes. É de se recordar que o que classifica a natureza jurídica processual de um enunciado normativo é seu conteúdo, e não o corpo de disposições em que resta inserido. Acima destas, a Constituição Federal de 1988 é rica em textos normativos processuais: por vezes dispostos como regras, ora como princípios. As normas processuais constitucionais podem se referir: à previsão das ações constitucionais; às funções essenciais à justiça, à organização judiciária e aos direitos fundamentais processuais.

Todas essas normas vivem sob o conflito de dois valores, ou, na boa lição de Guilherme Rizzo Amaral,[581] dois complexos valorativos, já que absorvem vários valores menores que os compõem. Aliás, é mérito de Carlos Alberto Alvaro de Oliveira a ênfase que dá no constante e eterno conflito que permeia o processo entre os valores da efetividade e da segurança, que convivem sob perspectiva dinâmica. Antes dele, afirmou Hélio Tornaghi que: "[...] entre os dois ideais, o de rapidez e o de certeza, oscila o processo".[582] Esse mesmo

---

577 ÁVILA, Humberto. *Teoria dos princípios*: da definição à aplicação dos princípios jurídicos. 9. ed. São Paulo: Malheiros, 2009, p. 122.

578 Idem, p. 123.

579 Idem, p. 121-123.

580 Idem, p. 122.

581 AMARAL, Guilherme Rizzo. *Cumprimento e execução da sentença sob a ótica do formalismo-valorativo*. Porto Alegre: Livraria do Advogado, 2008, p. 78.

582 TORNAGHI, Hélio. *Comentários ao Código de Processo Civil*. São Paulo: Revista dos Tribunais, 1975. v. 2, p. 57-58.

confronto foi notado por Celso Agrícola Barbi[583] e José Rogério Cruz e Tucci.[584] Mais recentemente, Daniel Mitidiero concluiu que "[...] a colisão entre os valores da segurança e da efetividade, a fim de que se desenhe um processo justo, é uma empresa que só promete êxito se mirada em concreto".[585]

Por vezes, a doutrina prefere se referir ao valor efetividade, outras à celeridade ou à rapidez. De outro lado, segurança jurídica, às vezes sob a nomenclatura de certeza. Recorde-se que a denominação é o que menos importa, todavia, alguns cuidados devem ser adotados para se evitar confusão nos conceitos que estarão por trás dela.

Guilherme Rizzo Amaral[586] afirma que efetividade é conceito mais abrangente que celeridade. Esta restaria, portanto, naquele inserido. Para Daniel Mitidiero,[587] o processo deve ser tempestivo, efetivo e adequado, com o que se presume dê à efetividade conceito mais estreito, sem incluir a nota de tempestividade; do contrário seria verdadeiro pleonasmo sua expressão.

Todavia, para que se possa afirmar que o processo vive entre dois sobreprincípios[588] ou complexos valorativos, faz-se imprescindível inserir na conta da efetividade a nota da celeridade. Entendendo-se a efetividade como a transformação tempestiva do mundo

583 São palavras do autor: "O aumento e intensidade nas medidas para alcançar um desses objetivos implica, quase sempre o distanciamento do outro; a um processo muito rápido corresponde geralmente a restrição na defesa do direito por parte do réu; e a uma garantia muito desenvolvida dessa defesa corresponde um processo moroso. As sucessivas reformas processuais têm sempre o objetivo de encontrar o ponto de equilíbrio, em que a celeridade desejável não provoque o enfraquecimento de defesa do direito de cada um." (BARBI, Celso Agrícola. *Comentários ao CPC*. 3. ed. Rio de Janeiro: Forense, 1983, p. 515).

584 TUCCI, José Rogério Cruz e. *Tempo e processo:* uma análise empírica das repercussões do tempo na fenomenologia processual (civil e penal). São Paulo: Revista dos Tribunais, 1997, p. 66.

585 MITIDIERO, Daniel. *Processo civil e Estado constitucional*. Porto Alegre: Livraria do Advogado, 2007, p. 99.

586 AMARAL, Guilherme Rizzo. *Cumprimento e execução da sentença sob a ótica do formalismo-valorativo*. Porto Alegre: Livraria do Advogado, 2008, p. 78.

587 MITIDIERO, Daniel. *Elementos para uma teoria contemporânea do processo civil brasileiro*. Porto Alegre: Livraria do Advogado, 2005, p. 46.

588 Sobreprincípios e não postulados porque possuem característica finalísitca, mas não apenas isso: "[...] os sobreprincípios situam-se no próprio nível das normas que são objeto de aplicação, e não no nível das normas que estruturam a aplicação de outras. Além disso, os sobreprincípios funcionam como fundamento, formal e material, para a instituição e atribuição de sentido às normas hierarquicamente inferiores, ao passo qe os postulados normativos funcionam como estrutura para aplicação de outras normas." (ÁVILA, Humberto. *Teoria dos princípios*: da definição à aplicação dos princípios jurídicos. 9. ed. São Paulo: Malheiros, 2009, p. 135)

sensível proporcionada pelo processo, e a segurança jurídica como um valor no processo que tem por trás a essencialidade de um julgamento substancialmente e processualmente justo.

As normas processuais vivem, portanto, sob o conflito entre estes dois complexos valorativos. Desta permanente celeuma resulta um passivo do qual os litigantes jamais ficam imunes. Não por outro motivo a sentença padecerá sempre de um déficit proveniente das despesas e dos prejuízos ocasionados "[...] pelo tempo de não uso, ou, pelo menos, não uso pacífico, por parte de seu titular".

É contingência da qual o processo, como produto de atividade humana, jamais se livrará. Jamais logrará concretizar uma justiça perfeita, como, aliás, já alertado por John Rawls.[589] A prestação jurisdicional padece sempre de "[...] um passivo, material, e também moral – pelas energias gastas, esperanças desfeitas, paixões incontidas. Diminuir êsse passivo, sem prejudicar o acêrto da decisão, será tender para o ideal de justiça".[590]

7.5. A qualificação do processo e da correspondente tutela jurisdicional como metacritérios de interpretação das normas do Processo Civil

O processo dotado de tempestividade, justiça e adequação terá sempre sucesso em sua função de transformação eficaz no mundo sensível para obtenção da pacificação social mediante decisão justa.

A tutela jurisdicional qualificada que nada mais é do que a tutela jurisdicional prometida pelo Estado, deve ser baseada em atos processuais desprovidos de etapas mortas; ser adequada ao direito material em exame não apenas em sua forma de tutela, mas também em suas técnicas de postular e provar o direito afirmado; e, por fim, apresentar-se justa, *(i)* mediante correta investigação dos fatos, *(ii)* procedimento justo, através de processo que respeite os princípios processuais, já que inexiste decisão justa se formada em desrespeito ao direito da parte de sustentar suas razões e a *(iii)* correta hierarquização das regras e dos princípios aplicáveis ao direito material em exame.[591]

---

[589] RAWLS, John. *Uma teoria da justiça*. 2. ed. São Paulo: Martins Fontes, 2002, p. 214.

[590] LACERDA, Galeno. *Despacho saneador*. 3. ed. Porto Alegre: Sergio Antonio Fabris, 1990, p. 05.

[591] TARUFFO, Michele. Idee per uma teoria della decisione giusta. *Rivista Trimestrale di Diritto e Procedura Civile*, Milano, ano 51, n. 2, p. 317, giugno 1997.

Daí por que o processo qualificado encerra o verdadeiro princípio-síntese do direito processual; é o direito fundamental à tutela jurídica, o mais elevado e digno dos valores do processo. Como concluiu Cândido Rangel Dinamarco, "[...] a solene promessa de oferecer tutela jurisdicional a quem tiver razão é ao mesmo tempo um princípio-síntese e o objetivo final, no universo dos princípios e garantias inerentes ao direito processual constitucional".[592] Pode-se afirmar ser o mais relevante dos direitos fundamentais alcançados à sociedade quando se recorda que é ele o garantidor e viabilizador de todos os demais.

Por outro lado, não apenas pode ser visto como princípio-síntese de todos os demais valores contidos e zelados pelas normas processuais, como também um postulado aplicativo apto a guiar a interpretação das normas jurídicas de natureza processual civil.

Como bem elucidado por Humberto Ávila,[593] os valores contidos nos enunciados normativos podem por vezes representar regras, princípios ou mesmo um postulado, não sendo imóveis, sendo que o que diferenciam as normas para a classificação dentro destas categorias será justamente sua natureza imediatamente finalística, descritiva ou metódica.

Absorvida essa premissa, o *processo (leia-se também tutela jurisdicional) qualificado* que age como um princípio-síntese, pode, por vezes, atuar como *metanorma* que tem no intérprete seu destinatário primário, servindo de norte na interpretação/aplicação das normas processuais de primeiro grau (regras, princípios e sobreprincípios). Para tanto, eventual conflito ou antinomia deve ser examinado e posto em exame à luz das três qualidades que compõem o processo qualificado, verificando se a norma, no caso concreto: cria ou contribui para a criação de etapas mortas ou dilações indevidas; se representa violação de algum dos direitos informativos do processo civil e suas normas configuradoras; e, se se demonstra adequada às exigências do direito material afirmado, seja em suas técnicas (meios), seja na forma de tutela e seus correspondentes eventuais meios executivos.

Transpassando esses critérios eliminatórios sem negativas, estará bem posicionada na balança dos complexos valorativos contrapostos: segurança e efetividade. Estará, assim, em conformidade

[592] DINAMARCO, Cândido Rangel. *A nova era do processo civil*. São Paulo: Malheiros, 2004.

[593] ÁVILA, Humberto. *Teoria dos princípios*: da definição à aplicação dos princípios jurídicos. 9. ed. São Paulo: Malheiros, 2009, p. 150.

com o processo qualificado, como critério orientador na interpretação e aplicação de princípios e regras do processo civil.

Tal desiderato faz-se possível porquanto seu conceito-chave traz, em si, os dois grandes complexos valorativos que compõem o processo prometido pelo Estado Constitucional (efetividade e segurança jurídica), que deve proteger com eficiência os interesses jurídicos através de decisão justa e efetiva.

Dessa forma, o processo qualificado atua não apenas como fim a ser alcançado pelo Estado (Legislador e Juiz), mas também servindo de método de resolução de conflitos entre normas de natureza processual, as quais devem ser interpretadas de modo mais favorável ao seu alcance.

Síntese conclusiva

Não parece adequado realizar uma repetição detalhada das diversas conclusões obtidas ao longo do trabalho, com o que se referirá apenas as de maior relevância. Passasse a elas:

1. O direito é um processo de adaptação social. Verdadeiro produto da cultura que reflete os valores éticos, morais e históricos de uma sociedade, sendo tal desiderato ainda mais evidente no direito processual, como ramo jurídico mais rente à vida;

2. É o procedimento a porta para a ideologia e a cultura no processo, mediante a escolha de técnicas que se demonstrem mais apropriadas a tutelar o direito material, com restrições cognitivas e agregação de técnicas de concretização e aceleramento aos interesses jurídicos tidos por mais relevantes, em conformidade com os valores culturais de dada sociedade;

3. Ao processualista, incumbe a missão de identificar as correntes culturais de seu tempo, com a finalidade de construir um processo adequado a estas conjunturas;

4. O primeiro estágio do direito processual civil, quando, aliás, era mais comumente denominado de direito judiciário civil, é o praxismo (ou sincretismo). Também denominado de fase pré-processual é marcado pela ausência de autonomia do direito processual;

5. A descoberta da autonomia do direito processual marca o limiar da fase cientificista (ou processualista). Trata-se de estágio que se faz notar, ainda, pela independência da ação processual que se dirige contra o Estado, constituindo direito subjetivo público;

6. O terceiro estágio do direito processual civil é o instrumentalismo. Trata-se de fase caracterizada pelo despertar dos processualistas para a relevância dos resultados proporcionados pelo processo no mundo sensível. É estágio que tem seu início com os estudos ligados ao movimento de acesso à justiça, liderados por Mauro Cappelletti, e que reaproximam o direito processual do direito material;

7. A principal corrente cultural contemporânea que caracteriza o atual estágio do direito brasileiro é o Estado Constitucional. A expressão é empregada não apenas para descrever Estados providos de constituições, mas constituições que efetivamente limitam o Estado através do direito, mediante a separação de Poderes e da inserção de direitos fundamentais frente ao Estado, dentre os quais o direito de ação e de defesa;

8. O primeiro texto constitucional apto à implementação do Estado Constitucional no Brasil é o de 1946. Todavia, a vigência de um pensamento ainda essencialmente positivista e, posteriormente, o rompimento da democracia pelo Golpe de 1964, impedem a prática ou o desenvolvimento do Estado Constitucional;

9. A conscientização de que o modo de supremacia do direito deve estabelecer-se também contra a face legislativa do Estado e que a Constituição, mais do que um limite ao poder político, é o conjunto de normas fundamentais, contribui para o surgimento do modo de pensar pós-positivista (também conhecido de neoconstitucionalismo). Trata-se de modo de pensar próprio ao Estado Constitucional, marcado por textos ricos em princípios. Constitui o Estado Constitucional em movimento ou em funcionamento;

10. Outra corrente cultural contemporânea é a vocação para a jurisprudência. Na atual conjuntura, o Poder Judiciário adentra a questões antes vistas como afetas apenas à política;

11. Também caracteriza o atual momento histórico o movimento de expansão da jurisdição constitucional como conjunto e atribuições jurisdicionais que dão proteção e concretiza as normas constitucionais. É o resultado da valorização das normas constitucionais, que tem sua força normativa reconhecida com a própria expansão do espaço jurisdicional, citado no intem anterior;

12. O Brasil vive sob a tutela do Estado Constitucional em funcionamento, fruto de um texto constitucional analítico e principiologicamente rico, acrescido de um modo de pensar disposto a fazer cumprir as normas constitucionais; decorrência do sentimento constitucional que se alastra em nossa jovem sociedade, com a consequente expansão da atividade jurisdicional;

13. Essas correntes culturais contemporâneas influenciam diretamente o direito processual civil, que convive contemporaneamente com um quarto método de pensamento. É modo de pensar o processo adequado ao Estado Constitucional, em que o processo como espaço democrático para diálogo entre o juiz e as partes é novo polo metodológico da ciência processual civil. É que, enquan-

to na fase cientificista, os estudos centraram-se na ação, na instrumentalidade o epicentro é a jurisdição;

14. O quarto método de pensamento histórico do direito processual civil tem, portanto, seu epicentro no processo é marcado pela influência do novo modo de pensar constitucional a partir da teoria dos direitos fundamentais e ascensão da lógica argumentativa. Também o binômio direito-processo sofre relativiação com a tríade processual (ação, jurisdição e processo) passando por uma releitura a luz de sua função constitucional.

15. O *judicial review* é representado no direito brasileiro pelo princípio da inafastabilidade da jurisdição (direito ao processo), constituindo-se no pilar do modelo de supremacia jurídica, híbrido e próprio da cultura jurídico-nacional;

16. O conjunto de enunciados normativos constitucionais que envolvem ou contornam as relações processuais pode ser denominado de modelo constitucional do processo civil brasileiro ou direito processual constitucional;

17. A divisão entre "direito processual constitucional" e "direito constitucional processual" é de pouco ou nenhuma relevância prática, dada a formação de um controle de constitucionalidade misto no Brasil;

18. O direito processual constitucional (ou modelo constitucional do processo civil) pode ser subdividido em quatro categorias: *(i)* os direitos constitucionais de natureza processual; *(ii)* as funções essenciais da justiça; *(iii)* as normas de organização judiciária; e, *(iv)* os instrumentos jurisdicionais constitucionalmente identificados;

19. O direito processual constitucional não constitui uma disciplina própria e específica, dado que no Brasil todo processo judicial é processo constitucional;

20. O *due process* surge em 1215 na Magna *Charta Libertatum* ainda sob a expressão que lhe antecede *law of the land*, sendo posteriormente acolhido pelas colônias estadunidenses primeiro em textos estaduais e depois na ordem constitucional dos Estados Unidos através da Emenda V, e depois da Emenda XIV, passando a se constituir na garantia fundamental da cultura *Common Law*, sob a dupla dimensão *substance* e *procedure due process;*

21. Não parece correta, contudo, a conclusão de que seja o devido processo legal o princípio-síntese do ordenamento jurídico brasileiro, já que não se pode dele extrair os deveres de razoabilidade e proporcionalidade que vigem muito antes da Constituição de 1988;

22. Sendo o direito ao processo imprescindível à concretização de todos os demais, mais correto afirmar que é o devido processo legal que decorre do direito ao processo, e não o contrário;

23. Em que pese o direito processual seja instrumental em relação ao direito material ao servir de garantia da eficácia deste, entre eles existe uma relação de reciprocidade ou de retroalimentação, já que não poderia existir um ordenamento que proíba a autotutela sem as normas processuais, ambos servindo à regulação social;

24. O direito ao processo tem sua primeira positivação na Carta Constitucional de 1946, podendo antes concluir se tratar de uma garantia implícita da ordem jurídico-brasileira;

25. Na sua atual positivação contida no inciso XXXV do art. 5° da Constituição Federal de 1988, o direito ao processo traz duas novidades em relação aos seus textos predecessores: a exclusão da expressão "individual", servindo de base também à tutela dos direitos coletivos; e, a inclusão da expressão "ameaça a direito", constitucionalizando-se, assim, o direito à prevenção do ilícito;

26. O direito ao processo, previsto constitucionalmente, não constitui direito diverso daquele positivado nas normas infraconstitucionais. Trata-se de mera constitucionalização deste, a qual, por sua vez, demanda repercussões práticas, diferentemente do que afirmado por Liebman, obstaculizando a vigência de normas que o afrontem com a necessidade de interpretação de todo o ordenamento, de forma a lhe dar maior concretização;

27. O direito ao processo, ainda pensado como direito de ação, é tido como um direito autônomo do direito material a partir da contribuição entre a polêmica travada entre Windscheid e Muther. Daí em diante, duas teorias se destacam: de um lado a teoria do direito concreto à jurisdição; de outro, a teoria do direito abstrato à tutela jurídica;

28. O Código de Processo Civil acaba adotando a teoria conciliadora de Liebman com a inserção de três condições da ação, para que, preenchidas, se afirme o exercício de ação;

29. No atual método de pensamento do processo civil, adequado ao Estado Constitucional, é a partir da teoria dos direitos fundamentais que deve ser examinado o direito ao processo;

30. Os direitos fundamentais atuam como verdadeiros presentantes do princípio fundamental da dignidade da pessoa humana como valor central do ordenamento jurídico;

31. Os direitos fundamentais podem ser formal e materialmente fundamentais ou apenas materialmente fundamentais. Atuam, ainda, sob dupla dimensão, ora como decisões valorativas de natureza jurídico-objetiva da Constituição, fornecendo diretrizes a todos os Poderes, ora como direitos subjetivos, atuando numa relação trilateral, formada pelo titular, pela ação exigível e pelo destinatário, individualizando, portanto, o patrimônio jurídico do cidadão com exigibilidade de intensidade variável, dependente da normatividade de cada um destes direitos;

32. Os direitos fundamentais podem ser classificados como direitos de defesa e como direitos a prestações. Estes, podem ser subdivididos em direitos a prestações em sentido amplo (que abrange os direitos à proteção e os direitos à participação na organização e procedimento) e em sentido estrito (referente a direitos a prestações materiais sociais);

33. Alguns desses direitos fundamentais detêm natureza processual civil. Trata-se de valores fundamentais à sociedade que dão eficácia ao próprio princípio da dignidade da pessoa humana, garantindo sua atuação. Formam o núcleo do processo civil e podem ser denominados de direitos informativos do processo;

34. Atuam no plano jurisdicional mediante o exercício do direito ao processo, potencializando-o de forma a concretizar o processo prometido pelo Estado Constitucional;

35. O art. 5°, XXXV, da Constituição Federal traduz um direito subjetivo público ao exame, pelo Poder Judiciário, de uma afirmação de lesão ou ameaça a direito. O alcance deste direito depende do exercício do poder concedido a qualquer membro da sociedade postulá-lo. Está-se a referir à pretensão à tutela jurídica e que possui natureza pré-processual; de seu exercício nasce a pretensão processual a uma sentença;

36. Exercido o direito ao processo, este dá impulso à sua antítese, o direito à ampla defesa. O primeiro é exercido pelo autor, o segundo pelo réu. Ambos exercem o direito à tutela jurisdicional como direito à proteção eficaz das lesões ou ameaça a direitos;

37. São muitas as terminologias para descrever o direito esposado no inciso XXXV do art. 5° da Constituição Federal. Opta-se no estudo pela expressão "direito ao processo" por ser a que melhor descreve o fenômeno jurídico em exame, além da vantagem de ligar o princípio-síntese do ordenamento jurídico processual brasileiro ao polo metodológico do contemporâneo modo de pensar o processo civil;

38. O direito ao processo, em sua dimensão objetiva, atua repelindo a edição ou aplicação de normas que obstaculizem ou mitiguem irrazoavelmente seu exercício ou concretização;

39. O que a doutrina comumente denomina de função extraprocessual do direito ao processo, nada mais é do que sua dimensão objetiva a partir de sua leitura à luz da teoria dos direitos fundamentais;

40. A dimensão objetiva do direito ao processo exige uma interpretação *pro actione* dos pressupostos processuais, não os utilizando contra os interesses da parte a que este visa a proteger quando o vício não se fez notado pelo magistrado no momento oportuno;

41. O direito ao processo, verdadeiro pressuposto a uma real democracia, em sua dimensão subjetiva, compreende em seu conteúdo não apenas o direito de postular uma decisão sobre afirmação de lesão ou ameaça a direito, como também o direito a uma decisão motivada com congruência em relação ao pedido e, de mérito, quando presentes os pressupostos processuais e as condições, ao cumprimento das decisões favoráveis e aos recursos legalmente previstos;

42. O direito ao processo, portanto, individualizado na esfera jurídica do cidadão, é exercido ao longo de toda a ação processual, devendo ser visto como uma relação jurídica complexa de evolução progressiva que vai desde o início da demanda até sua decisão e realização fática;

43. O processo prometido constitucionalmente é adequado ao direto material afirmado, em obediência ao caráter instrumental das normas processuais;

44. A evolução doutrinária a respeito do direito expresso atualmente no inciso XXXV do art. 5° da Constituição Federal pode ser analisada, sob três estágios: o primeiro, melhor denominado como direito de ação, e ocorrente no século passado é caracterizado pela visão deste como mero direito de acesso ao Judiciário, centrado no seu impulso inicial; o segundo, já neste século, aparece quando a doutrina visualiza que este se trata de direito complexo, abstrato e vazio, formado por uma série de atos e posições que se desenrolam durante toda a ação processual, sendo melhor denominado de direito ao processo; o terceiro, dá-se contemporaneamante quando os juristas absorvem que além de complexo e progressivo, o processo representa também garantia de resultado, não sendo de todo abstrato, mas potencializado por todos os demais direitos informativos

do processo civil. Este estágio pode ser denominado de direito ao processo qualificado;

45. A adoção da terminologia "direito ao processo" para se referir ao XXXV do art. 5° da Constituição não apenas tem a vantagem de enfatizar o plexo de posições subjetivas que compõem este direito complexo e progressivo, como a de ligá-lo ao atual polo metodológico do direito processual civil;

46. O processo qualificado pode ser conceituado como o direito ao processo exercido e potencializado por todos os demais direitos informativos do processo civil, constituindo-se em direito a meios (técnicas) e resultados qualificados;

47. O direito ao processo com duração razoável é direito ao combate dos tempos mortos do processo, dado que este padece de um desgaste decorrente das despesas e prejuízos causados pela passagem normal do tempo do qual jamais se livra;

48. O direito ao processo justo deve ser concretizado mediante a soma de três critérios: (i) correta interpretação dos fatos; (ii) correta aplicação, e, portanto, interpretação do direito material em exame; e, (iii) respeito ao direito processual;

49. A adequação do procedimento ao direito material dá-se sob três espécies: adequação subjetiva, adequação teleológica e adequação objetiva;

50. A adequação deve atuar tanto nos meios (adequação cognitiva), quanto nos resultados (formas de tutela);

51. A adequação é conceito endereçado ao legislador, todavia, nada impede que excepcionalmente, mesmo na ausência de norma autorizadora, o julgador adapte excepcionalmente o procedimento as exigências do direito material a fim de não deixá-lo sem correspondente proteção;

52. O processo qualificado, que pode ser sintetizado na soma das três características afirmadas (tempestividade, justiça e adequação), é o princípio-síntese do ordenamento jurídico processual civil brasileiro, atuando, ainda, como metacritério para resolução de conflitos das normas processuais.

Referências

ABRAMOVICH, Victor; COURTIS, Christian. Apuntes sobre la exigibilidad judicial de los derechos sociales. In: ABRAMOVICH, V; AÑÓN, M. J.; COURTIS, C. (Ed.). *Derechos sociales. Instrucciones de uso.* México DF: Doctrina Jurídica Contemporânea, 2003, p. 55-78.

ALCALÁ-ZAMORA Y CASTILLO, Niceto. La scuola processuale di San Paolo del Brasile. *Rivista Trimestrale di Diritto e Procedura Civile*, Milano, p. 864-869, 1956.

——. *Proceso, autocomposición y autodefensa.* México, D.F.: Unam, 1970.

——. *Veinticinco años de evolución del derecho procesal (1940-1965).* México: Instituto de Investigaciones Jurídicas, 1968.

ALEXANDRE, Isabel. *Provas ilícitas em processo civil.* Coimbra: Almedina, 1988.

ALEXY, Robert. *Teoria dos direitos fundamentais.* São Paulo: Malheiros, 2008.

ALVARO DE OLIVEIRA, Carlos Alberto. A garantia do contraditório. *Revista da Faculdade de Direito da Universidade Federal do Rio Grande do Sul*, Porto Alegre, v. 15, p. 07-20, 1998.

——. Direito material, processo e tutela jurisdicional. In: FUX, Luiz; NERY JR., Nelson; WAMBIER, Teresa Arruda Alvim (coord.). *Processo e Constituição*: estudos em homenagem ao professor José Carlos Barbosa Moreira. São Paulo: Revista dos Tribunais, 2006, p. 758-778.

——. *Do formalismo no processo civil.* 3. ed. São Paulo: Saraiva, 2009.

——. Formas de tutela jurisdicional no chamado processo de conhecimento. *Revista da Ajuris*, Porto Alegre, ano 32, n. 100, p. 59-72, dez. 2005.

——. O formalismo-valorativo no confronto com o formalismo-excessivo. In: DIDIER JR., Fredie (org.). *Leituras complementares de processo civil.* 5 ed. Salvador: Podivm, 2007, p. 351-372.

——. O processo civil na perspectiva dos direitos fundamentais. In: —— (org.). *Processo e Constituição.* Rio de Janeiro: Forense, 2004, p. 01-15.

——. Os direitos fundamentais à efetividade e à segurança em perspectiva dinâmica. *Revista de Processo*, São Paulo, ano 33, n. 155, p. 11-26, jan. 2008.

——. Procedimento e ideologia no direito brasileiro atual. *Revista da Ajuris*, Porto Alegre, ano 12, n. 33, p. 79-85, mar. 1985.

——. *Teoria e prática da tutela jurisdicional.* Rio de Janeiro: Forense, 2008.

AMARAL, Guilherme Rizzo. *Cumprimento e execução da sentença sob a ótica do formalismo-valorativo.* Porto Alegre: Livraria do Advogado, 2008.

——; MACHADO, Fábio Cardoso (org.). *Polêmica sobre a ação*: tutela jurisdicional na perspectiva das relações entre direito e processo. Porto Alegre: Livraria do Advogado, 2006.

ANDRADE José Carlos Viera. Os direitos fundamentais na Constituição Portuguesa de 1976. 3. ed. Coimbra: Almedina, 2004.

ARAGON REYES, Manuel. La Constituición como paradigma. In: CARBONELL, Miguel (org.). *Teoría del neoconstitucionalismo*. Madrid: Editorial Trotta, 2007, p. 29-40.

ASCARELLI, Tullio. Processo e democrazia. *Rivista Trimestrale di Diritto e Procedura Civile*, Padova, ano XII, n. 3, p. 844-860, set. 1958.

ASSIS, Araken de. *Cumulação de ações*. 4. ed. São Paulo: Revista dos Tribunais, 2002.

——. *Manual da execução*. 11. ed. São Paulo: Revista dos Tribunais, 2007.

——. Duração razoável do processo e reformas da lei processual civil. In: FUX, Luiz; NERY JR., Nelson; WAMBIER, Teresa Arruda Alvim (coord.). *Processo e Constituição*: estudos em homenagem ao professor José Carlos Barbosa Moreira. São Paulo: Revista dos Tribunais, 2006, p. 195-204.

ÁVILA, Humberto. O que é "devido processo legal"? *Revista de Processo*, São Paulo, ano 33, n. 163, p. 50-59, set. 1998.

——. *Teoria dos princípios*: da definição à aplicação dos princípios jurídicos. 9. ed. São Paulo: Malheiros, 2009.

AZEVEDO, Antônio Junqueira de. *Negócio jurídico*: existência, validade e eficácia. 3. ed. São Paulo: Saraiva, 2000.

BAPTISTA DA SILVA, Ovídio Araújo. A "plenitude de defesa" no processo civil. In: TEIXEIRA, Sálvio de Figueiredo (coord.). *As garantias do cidadão na justiça*. São Paulo: Saraiva, 1993, p. 149-165.

——. *Processo e ideologia*: o paradigma racionalista. 2. ed. Rio de Janeiro: Forense, 2006.

BARACHO, José Alfredo de Oliveira. *Processo constitucional*. Rio de Janeiro: Forense, 1984.

BARBI, Celso Agrícola. *Comentários ao CPC*. 3. ed. Rio de Janeiro: Forense, 1983.

BARBOSA MOREIRA, José Carlos. A constitucionalização do processo no direito brasileiro. In: MAC-GREGOR, Eduardo Ferrer; LARREA, Arturo Zaldívar Lelo de. *Estudos de direito processual constitucional*: homenagem brasileira a Héctor Fix-Zamudio em seus 50 anos como pesquisador do direito. São Paulo: Malheiros, 2009, p. 47-56.

——. A Constituição e as provas ilicitamente obtidas. In: ——. *Temas de direito processual*: sexta série. São Paulo: Saraiva, 1997, p. 107-123.

——. A motivação das decisões judiciais como garantia inerente ao estado de direito. In: ——. *Temas de direito processual*: segunda série. 2. ed. São Paulo: Saraiva, 1988, p. 83-95.

——. Efetividade do processo e técnica processual. In: ——. *Temas de direito processual*: sexta série. São Paulo: Saraiva, 1997, p. 17-29.

——. Notas sobre a efetividade do processo. In: GRINOVER, Ada Pellegrini [*et al.*]. *Estudos em homenagem a Joe Frederico Marques no seu 70° aniversário*. São Paulo: Saraiva, 1982, p. 203-222.

——. O futuro da justiça: alguns mitos. In: ——. *Temas de direito processual*: oitava série. São Paulo: Saraiva, 2004, p. 01-13.

——. Sobre pressupostos processuais. In: ——. *Temas de direito processual*: quarta série. Rio de Janeiro: Forense, 1989.

——. Tendências em matéria de execução de sentenças e ordens judiciais. *Revista de Processo*, São Paulo, v. 11, n. 41, p. 151-168, jan./mar., 1986.

BARBOSA, Rui. *República*: teoria e prática. Petrópolis: Vozes, 1978.

BARROSO, Luis Roberto. Neoconstitucionalismo e constitucionalização do direito (o triunfo tardio do direito constitucional no Brasil). *Interesse Público*, Porto Alegre, ano 7, n. 33, p. 13-54, set./out. 2005.

BAUER, Fritz. Tutela jurídica mediante medidas cautelares. Porto Alegre: Fabris, 1985.

BAUR, Fritz. Il processo e le correnti culturali contemporanee. *Rivista di Diritto Processuale*, Padova, 2. serie, v. 27, p. 253-271, 1972.

BEDAQUE, José Roberto dos Santos. *Direito e processo*: influência do direito material sobre o processo. 5. ed. São Paulo: Malheiros, 2009.

——. *Efetividade do processo e técnica processual*. 2. ed. São Paulo: Malheiros, 2007.

BERGMANN, Érico R. *Prova ilícita*. Porto Alegre: Escola Superior do Ministério Público, 1992.

BERMUDES, Sérgio. *Direito processual civil*: estudos e pareceres. São Paulo: Saraiva, 1983.

BOLÍVIA. *Constituição da República Boliviana*. Disponível em: <http://www.presidencia.gob.bo/download/constitucion.pdf>. Acesso em: 20 nov. 2009.

BRAGA, Paula Sarno. *Aplicação do devido processo legal*. Salvador: Podivm, 2008.

BRASIL. Câmara dos Deputados. *Projeto-lei n. 3015/2008*. Disponível em: <http://www2.camara.gov.br/proposicoes>. Acesso em: 10 nov. 2009.

——. Constituição (1988). *Constituição da República Federativa do Brasil*. Disponível em: <http://www.planalto.gov.br/ccivil_03/constituicao/constitui%C3%A7ao.htm>. Acesso em: 12 mar. 2009.

——. *Decreto-Lei n. 1.608, de 18 de setembro de 1939*. Código de Processo Civil. Disponível em: <http://www.planalto.gov.br/CCIVIL/Decreto-Lei/1937-1946/Del1608.htm>. Acesso em: 18 maio 2009.

——. *Decreto-lei n. 3.689, de 03 de outubro de 1941*. Código de Processo Penal. Disponível em: <http://www.planalto.gov.br/ccIVIL_03/Decreto-Lei/Del3689.htm>. Acesso em: 20 ago. 2009.

——. Ministério da Justiça. *Análise da gestão e funcionamento dos cartórios judiciais*. Brasília, 2007. Disponível em: <http:www.mj.gov.br/reforma>. Acesso em: 10 jul. 2008.

——. Superior Tribunal de Justiça. *Recurso Especial n. 819519 / PE*. Relator: Min. Humberto Gomes de Barros. Brasília, DF, 09 de outubro de 2007. Disponível em: <http://www.stj.gov.br/SCON/jurisprudencia/ doc.jsp?livre=arbitragem&&b=ACOR&p=true&t=&l=10&i=16>. Acesso em: 25 ago. 2009.

——. Supremo Tribunal Federal. *Ação Declaratória de Constitucionalidade n. 4-6*. Petição Inicial. Relator: Min. Sydney Sanches. Disponível em: <http://www.stf.jus.br/portal/peticaoInicial/verPeticaoInicial.asp?base=ADCN&s1=4&processo=4>. Acesso em: 12 jul. 2009.

——. ——. *Agravo Regimental em Sentença Estrangeira n. 5206-7*. Relator: Sepúlveda Pertence. Brasília, DF, 11 fev. 1998. Disponível em: <http://www.stf.jus.br/portal/jurisprudencia/pesquisarJurisprudencia.asp>. Acesso em: 09 set. 2009.

——. ——. *Ação Declaratória de Constitucionalidade n. 04 MC / DF*. Relator: Min. Sydney Sanches. Brasília, DF, 11 fev. 1998. Disponível em: <http://www.stf.

jus.br/portal/jurisprudencia/pesquisarJurisprudencia.asp>. Acesso em: 09 set. 2009.

——. ——. *Ação Declaratória de Inconstitucionalidade n. 1772 MC/MG*. Relator: Min. Carlos Velloso. Brasília, DF, 15 de abril de 1998. Disponível em: <http://www.stf.jus.br/portal/jurisprudencia/pesquisar Jurisprudencia.asp>. Acesso em: 09 set. 2009.

——. ——. *Ação Declaratória de Inconstitucionalidade n. 3124 MC / MG*. Relator: Min. Marco Aurélio. Brasília, DF, 11 de novembro de 2004. Disponível em: <http://www.stf.jus.br/portal/jurisprudencia/pesquisar Jurisprudencia.asp>. Acesso em: 09 set. 2009.

——. ——. *Ação Direta de Inconstitucionalidade n. 1074/DF*. Relator: Min. Eros Grau. Brasília, DF, 28 de março de 2007. Disponível em: <http://www.stf.jus.br/portal/jurisprudencia/>. Acesso em: Acesso em: 22 fev. 2009.

——. ——. *Habeas Corpus n. 82.788-8/RJ*. Relator: Min. Celso de Mello. Brasília, DF, 12 de abril de 2005. Disponível em: <http://www.stf. jus.br/portal/inteiroTeor/obterInteiroTeor.asp?numero=82788&classe=HC>. Acesso em: 20 ago. 2009.

——. ——. *Habeas Corpus n. 91.041-6*. Relator para Acórdão: Min. Carlos Britto. Brasília, DF, 05 de junho de 2007. Disponível em: <http://www.stf.jus.br/portal/inteiroTeor/obterInteiroTeor.asp?numero=91041&classe=HC>. Acesso em: 20 jun. 2009.

——. ——. *Mandado de Injunção n. 721-7/DF*. Disponível em: <http://www.stf.jus.br/portal/inteiroTeor/obterInteiroTeor.asp?numero= 721& classe=MI>. Acesso em: 18 jul. 2009.

——. ——. *Recurso Extraordinário n. 145023 / RJ*. Relator Min. Ilmar Galvão. Brasília, DF, 17 de novembro de 1992. Disponível em: <http://www.stf.jus.br/portal/jurisprudencia/pesquisarJurisprudencia.asp>. Acesso em: 09 set. 2009.

——. ——. Recurso Extraordinário n. 201.819-8/RJ. Relator Min. Gilmar Mendes. Brasília, DF, 11 de outubro de 2005. Disponível em: <http://www.stf.jus.br/portal/jurisprudencia/pesquisarJurisprudencia.asp>. Acesso em: 09 set. 2009.

BÜLOW, Oskar. Excepciones procesales y presupuestos procesales. Buenos Aires: Ejea, 1964.

BUENO, Cássio Scarpinella. "O modelo constitucional do direito processual civil": um paradigma necessário de estudo do direito processual civil e algumas de suas aplicações. *Revista de Processo*, São Paulo, ano 33, n. 161, p. 261-270, jul. 2008.

BUZAID, Alfredo. *A ação declaratória no direito brasileiro*. São Paulo: Saraiva, 1943.

——. *Da ação direta de declaração de inconstitucionalidade no direito brasileiro*. São Paulo: Saraiva, 1958.

——. *Do agravo de petição no sistema do código de processo civil*. 2. ed. rev. São Paulo: Saraiva, 1956.

——. *Do concurso de credores no processo de execução*. São Paulo: Saraiva, 1952.

——. Prefácio às Instituições de Direito Processual Civil, de Chiovenda. In: ——. *Grandes processualistas*. São Paulo: Saraiva, 1982, p. 03-12.

——. Inafastabilidade do controle jurisdicional. In: ——. *Estudos e pareceres de direito processual civil*. São Paulo: Revista dos Tribunais, 2002, p. 313.

——. Paula Batista: atualidades de um velho processualista. In: ——. *Grandes processualistas*. São Paulo: Saraiva, 1982, p. 47-96.

——. A influência de Liebman no direito processsual civil brasileiro. In: ——. *Grandes processualistas*. São Paulo: Saraiva, 1982, p. 13-46.

CALAMANDREI, Piero. Processo e democrazia. In: ——. *Opere giuridiche*. Napoli: Morano Editore, 1965. v. 1, p. 618-702.

CAMBI, Eduardo. Neoconstitucionalismo e neoprocesualismo. In: FUX, Luiz; NERY JR., Nelson; WAMBIER, Teresa Arruda Alvim (coord.). *Processo e Constituição*: estudos em homenagem ao professor José Carlos Barbosa Moreira. São Paulo: Revista dos Tribunais, 2006, p. 662-683.

CANOTILHO, José Joaquim Gomes. Tomemos a sério o silêncio dos poderes públicos: o direito à emanação de normas jurídicas e a protecção judicial contra as omissões normativas. In: TEIXEIRA, Sálvio de Figueiredo (coord.). *As garantias do cidadão na justiça*. São Paulo: Saraiva, 1993, p. 351-368.

CAPPELLETTI, Mauro. O controle judicial de constitucionalidade das leis no direito comparado. Porto Alegre: Fabris, 1984.

——. A ideologia no processo civil. *Revista da Ajuris*, Porto Alegre, ano 8, p. 16-33, nov. 1981.

——. Accesso alla giustizia come programma di riforma e come metodo di pensiero. *Rivista di Diritto Processuale*, v. 37, n. 2, p. 233-245, apr./giug. 1982.

——. Algunas reflexiones sobre el rol de los estúdios processales en la actualidad. *Revista de Processo*, São Paulo, n. 64, p. 148-159, set. 1991.

——. Ideologie nel diritto processuale. *Rivista Trimestrale di Diritto e Procedura Civile*, Milano, n. 16, p. 193-291, 1962.

——. *Juízes legisladores?* Porto Alegre: Sergio Antonio Fabris, 1993.

——. Libertà individuale e giustizia socieale nel processo civile italiano. *Rivista di Diritto Processuale*. Padova, v. 27, 2. serie, p. 11-34, 1972.

——. O controle judicial de constitucionalidade a leis no direito comparado. Porto Alegre: Fabris, 1984.

——; GARTH, Bryant. *Acesso à justiça*. Porto Alegre: Fabris, 1988.

CARBONELL, Miguel. El neoconstitucionalismo en su laberinto. In: ——. (org.). *Teoría del neoconstitucionalismo*: ensayos escogidos. Madrid: Editorial Trotta, 2007, p. 09-12.

CATTONI, Marcelo. Direito constitucional processual e direito processual constitucional: limites da distinção em face do modelo constitucional brasileiro do controle jurisdicional de constitucionalidade. In: —— (coord.). *Jurisdição e hermenêutica constitucional*. Belo Horizonte: Mandamentos, 2004, p. 463-468.

COMOGLIO, Paolo. *La garanzia costituzionale dell'azione ed il processo civile*. Padova: Cedam, 1970.

——. Note riepilogative su azione e forme di tutela, nell'otica della domanda giudiziale. *Rivista di Diritto Processuale*, Padova, ano 48, 2. serie, n. 2, p. 465-490, apr./giu. 1993.

——. Garanzia costituzionale dell'azione congruità dei termini di decadenza. *Rivista di Diritto Processuale*, Padova, vol. 24, p. 463-476, 1969.

CONVENÇÃO Europeia de Direitos do Homem. Disponível em: <http://www.cidadevirtual.pt/cpr/asilo1/cesdh.html>. Acesso em 20 ago. 2009.

COSTA, Alfredo de Araújo Lopes da. *Manual de direito processual civil*. Rio de Janeiro: Forense, 1956.

COUTURE, Eduardo J. *Estudios de derecho procesal civil:* la Constitución y el proceso civil. 3. ed. Buenos Aires: Depalma, 1998. t. 1.

——. *Interpretação das leis processuais*. São Paulo: Max Limonad, 1956.

——. La garanzia costituzionale del "dovuto processo legal". *Revista di Diritto Processuale*, Padova, v. 9, parte 1, p. 81-101, 1954.

CHIOVENDA, Giuseppe. *Instituições de direito processual civil*. São Paulo: Saraiva, 1969. v. 1.

——. L'azione nel sistem dei dirititti. In: ——. *Saggi di diritto processuale civile (1894-1937)*. Milano: Giuffrè, 1993. v. 1, p. 03-99.

DANTAS, Ivo. Teoria do processo constitucional: uma breve visão pessoal. In: MAC-GREGOR, Eduardo Ferrer; LARREA, Arturo Zaldívar Lelo de. *Estudos de direito processual constitucional*: homenagem brasileira a Héctor Fix-Zamudio em seus 50 anos como pesquisador do direito. São Paulo: Malheiros, 2009, p. 105-147.

DELFINO, Lúcio; ROSSI, Fernando. Interpretação jurídica e ideologias: o escopo da jurisdição no Estado Democrático de Direito. In: MOLINARO, Carlos Alberto; MILHORANZA, Mariângela Guerreiro; PORTO, Sérgio Gilberto (coord.). *Constituição, jurisdição e processo*: estudos em homenagem aos 55 anos da Revista Jurídica. Sapucaia do Sul: Notadez, 2007, p. 429-459.

DELGADO, José Augusto. A supremacia dos princípios nas garantias processuais do cidadão. In: TEIXEIRA, Sálvio de Figueiredo (coord.). *As garantias do cidadão na justiça*. São Paulo: Saraiva, 1993, p. 63-78.

DENTI, Vittorio. *Processo civile e giustizia sociale*. Milano: Edizioni di Comunità, 1971.

——. Il diritto di azione e la Costituzione. *Rivista di Diritto Processuale*, Padova, v. 19, p. 116-124, 1964.

——. Valori costituzionali e cultura processuale. *Rivista di Diritto Processuale*, Padova, v. 39, 2. serie, p. 443-464, 1984.

DIDIER JR., Fredie. *Curso de direito processual civil*: teoria geral do processo e processo de conhecimento. 11. ed. Salvador: Juspodivm, 2009. v. 1.

——. *Mandado de segurança coletivo e os direitos difusos*: art. 21, par. ún., da Lei n. Disponível em: <http://www.processoscoletivos.net/ve_artigo.asp? id=9>. Acesso em: 05 nov. 2009.

——. O recurso extraordinário e a transformação do controle difuso de constitucionalidade no direito brasileiro. Disponível em: <http//:www.tex.pro.br>. Acesso em: 15 jun. 2009.

——. Sobre dois importantes (e esquecidos) princípios do processo: adequação e adaptabilidade do procedimento. *Jus Navigandi*, Teresina, ano 6, n. 57, jul. 2002. Disponível em: <http://jus2.uol.com.br/doutrina/texto.asp?id=2986>. Acesso em: 20 nov. 2009.

DINAMARCO, Cândido Rangel. *A instrumentalidade do processo*. 13. ed. São Paulo: Malheiros, 2008.

——. *A nova era do processo civil*. São Paulo: Malheiros, 2004.

——. *Fundamentos do processo civil moderno*. 4. ed. São Paulo: Malheiros, 2001. t. 1, 2

DWORKIN, Ronald. *Uma questão de princípios*. 2. ed. São Paulo: Martins Fontes, 2001.

ESPANHA. *Constituição Espanhola*. 1978. Disponível em: <http://www.tribunalconstitucional.es/constitucion/consti03.html#capit3>. Acesso em: 20 ago. 2009.

ESTELLITA, Guilherme. *Direito de ação direito de demandar*. 2. ed. Rio de Janeiro: Livraria Jacinto, 1942.

FARIAS, Edilson Pereira. *Colisão de direitos*: a honra, a intimidade, a vida privada e a imagem versus a liberdade de expressão e informação. Porto Alegre: Fabris, 1996.

FAZZALARI, Elio. L'esperienza del processo nella cultura contemporanea. *Rivista di Diritto Processuale*, Padova, v. 20, 2. serie, p. 10-30, 1965.

——. La dottrina processualistica italiana: dall'azzione al "processo" (1864-1994). *Rivista di Diritto Processuale*, Padova, 2. serie, v. 49, n. 4, p. 911-925, Ott.-Dic. 1994.

——. Valori permanenti del processo. *Rivista di Diritto Processuale*, v. 44, n.1, p. 01-11, gen./mar. 1989.

FINZI, Enrico. Comentário à decisão de 31 de janeiro de 1925 da Corte de Apelação de Florença. *Rivista di Diritto Processuale Civile*, Padova, v. 3, parte 2, 1926.

FIX-ZAMÚDIO, Héctor. Constitución y proceso civil en Latinoamérica. México: Unam, 1974.

FREITAS, Juarez. *A interpretação sistemática do direito*. 3. ed. São Paulo: Malheiros, 2002.

——. *A substancial inconstitucionalidade da lei injusta*. Petrópolis: Vozes; Porto Alegre: EDIPUCRS, 1989.

——. *Discricionariedade administrativa e o direito fundamental à boa administração pública*. São Paulo: Malheiros, 2007.

GAJARDONI, Fernando da Fonseca. O princípio da adequação formal do direito processual civil português. *Revista de Processo*, São Paulo, n. 164, p. 121-134, out. 2008.

——. Os reflexos do tempo no direito processual civil (anotações sobre a qualidade temporal do processo civil brasileiro e europeu). *Revista de Processo*, São Paulo, v. 32, n. 153, p. 99-117, nov. 2007.

GOMES NETO, José Mario Wandereley; PORTO, Júlia Pinto Ferreira. Análise sociojurídica do acesso à justiça. In: GOMES NETO, José Mário Wanderley. *Dimensões do acesso à justiça*. Salvador: Podivm, 2008, p. 133-182.

GOZAÍNI, Osvaldo Alfredo. Los câmbios de paradigmas en el derecho procesal "el neoprocesalismo". *Revista de Processo*, São Paulo, ano 32, n. 151, p. 59-71, set. 2007.

GRAU, Eros Roberto. Ensaio e discurso sobre a interpretação/aplicação do direito. 5. ed. São Paulo: Malheiros, 2009.

GRINOVER, Ada Pellegrini. *As garantias constitucionais do direito de ação*. São Paulo: Revista dos Tribunais, 1973.

——. Os princípios constitucionais e o Código de Processo Civil. São Paulo: Bushatsky, 1975.

——. Princípios processuais e princípios de direito administrativo no quadro das garantias constitucionais. In: MAC-GREGOR, Eduardo Ferrer; LARREA, Arturo Zaldívar Lelo de (coord.). *Estudos de direito processual constitucional*: homenagem brasileira a Héctor Fix-Zamudio em seus 50 anos como pesquisador do direito. São Paulo: Malheiros, 2009, p. 171-196.

GUASP, Jayme. *Concepto y metodo de derecho procesal*. Madrid: Editorial Civitas, 1997.

GUASTINI, Ricardo. La constitucionalización del ordenamiento jurídico: el caso italiano. In: CARBONELL, Miguel (org.). *Neoconstitucionalismo(s)*. Madrid: Trotta, 2003, p. 49-73.

——. Sobre el concepto de Constitución. In: CARBONELL, Miguel (org.). *Teoría del neoconstitucionalismo*: ensayos escogidos. Madrid: Editorial Trotta, 2007, p. 15-28.

GUERRA, Marcelo Lima. *Direitos fundamentais e a proteção do credor na execução*. São Paulo: Revista dos Tribunais, 2003.

HENRIQUES FILHO, Ruy Alves. *Direitos fundamentais e processo*. Rio de Janeiro: Renovar, 2008.

HESSE, Konrad. *A força normativa da Constituição*. Trad. de Gilmar Ferreira Mendes. Porto Alegre: Sergio Antonio Fabris, 1991.

——. Elementos de direito de direito constitucional da República Federal da Alemanha. Trad. Luís Afonso Heck. Porto Alegre: Fabris, 1998.

ITÁLIA. *Costituzione della Repubblica Italiana*. Disponível em: <http://www.senato.it/documenti/repository/costituzione.pdf>. Acesso em: 05 abr. 2008.

KNIJNIK, Danilo. "A doutrina dos frutos da árvore venenosa" e os discursos da Suprema Corte na decisão de 16-12-93. *Revista da Ajuris*, Porto Alegre, ano XXIII, n. 66, p. 61-84, 1996.

LACERDA, Galeno. *Comentários ao código de processo civil*. Rio de Janeiro: Forense, 1998. v. 8.

——. *Despacho saneador*. 3. ed. Porto Alegre: Sergio Antonio Fabris, 1990.

——. O código e o formalismo processual. *Revisita da Ajuris*, Porto Alegre, ano 10, n. 28, p. 07-14, jul. 1983.

——. *Teoria geral do processo*. Rio de Janeiro: Forense, 2008.

LEMOS, Jonathan Iovane de. Garantia à motivação das decisões. *Revista Brasileira de Direito Processual*, Belo Horizonte, ano 17, n. 67, p. 57-78, jul./set. 2009.

LIBERATI, Edmondo Bruti; CERETTI, Adolfo; GIASANTI, Alberto. *Governo dei giudici:* la magistratura tra diritto e politica. Milano: Feltrinelli, 1996.

——. Diritto costituzionale e processo civile. In: ——. *Problemi del processo civile*. Milano: Morano, 1962, p. 150-151.

——. Istituti del diritto comune nel proceso civile brasiliano. In: ——. *Problemi del processo civile*. Milano: Morano, 1962, p. 490-516.

——. L'azione nella teoria del processo civile. In: ——. *Problemi del processo civile*. Milano: Morano, 1962, p. 25-47.

——. *Manual de direito processual civil*. Rio de Janeiro: Forense, 1984. v. 1.

LIEBMAN, Enrico Tullio. Norme processuali nel codice civile. In: ——. *Problemi del processo civile*. Milano: Morano, 1962, p. 155-173.

——. *Processo de execução*. 3 ed. São Paulo: Saraiva, 1962.

LLOBREGAT, José Garberí. El derecho a la tutela judicial efectiva en la jurisprudencia del tribunal constitucional. Barcelona: Bosch, 2008.

MAC-GREGOR, Eduardo Ferrer. Aportaciones de Héctor Fix-Zamúdio al derecho procesal constitucional. *Revista da Ajuris*, Porto Alegre, v. 33, n. 103, p. 347-368, 1974.

——. *Derecho procesal constitucional*: origen cientifico (1928-1956). Madrid: Marcial Pons, 2008.

MARINONI, Luiz Guilherme. As novas sentenças e os novos poderes do juiz para a prestação da tutela jurisdicional efetiva. In: DIDIER JR., Fredie (org.). *Leituras complementares de processo civil*. 5. ed. Salvador: Podivm, 2007, p. 219-238.

——. *Curso de processo civil*: teoria geral do processo. São Paulo: Revista dos Tribunais, 2006. v. 1.

——. O direito à adequada tutela jurisdicional. *Revista dos Tribunais*, São Paulo, ano 80, v. 663, p. 243-247, jan. 1991.

——. *Técnica processual e tutela dos direitos*. 2. ed. São Paulo: Revista dos Tribunais, 2008.

——. *Tutela específica*: arts. 461, CPC e 84, CDC. 2. ed. São Paulo: Revista dos Tribunais, 2001.

——. *Tutela inibitória*. 4. ed. São Paulo: Revista dos Tribunais, 2005.

MARQUES, José Frederico. *Ensaio sobre a jurisdição voluntária*. 2. ed. São Paulo: Saraiva, 1959.

——. *Instituições de direito processual civil*. 4. ed. Rio de Janeiro: Forense, 1971. v. 1.

——. *O direito processual em São Paulo*. São Paulo: Saraiva, 1977.

MATTOS, Sérgio Luís Wetzel de. *Devido processo legal e proteção de direitos*. Porto Alegre: Livraria do Advogado, 2009.

——. O princípio do devido processo legal revisitado. *Genesis*: revista de direito processual civil, Curitiba, n. 34, p. 798-820, out./dez. 2004.

MELLO, Rodrigo Pereira de. *Provas ilícitas e sua interpretação constitucional*. Porto Alegre: Sérgio Antonio Fabris, 2000.

MENDES, Gilmar. O papel do Senado Federal no controle de constitucionalidade: um caso clássico de mutação constitucional. *Revista de Informação Legislativa*, Brasília, DF, v. 162, p. 149-168, 2004.

MÉXICO. *Constitución Política de los Estados Unidos Mexicanos*. Disponível em: <http://www.diputados.gob.mx/LeyesBiblio/pdf/1.pdf>. Acesso em: 20 nov. 2009.

MILLAR, Robert Wyness. *Los principios formativos del procedimiento civil*. Buenos Aires: Ediar, 1945.

MITIDIERO, Daniel. *Colaboração no processo civil*: pressupostos sociais, lógicos e éticos. São Paulo: Revista dos Tribunais, 2009.

——. *Comentários ao Código de Processo Civil*: arts. 270 a 331. São Paulo: Memória Jurídica, 2006. t. 3.

——. Elementos para uma teoria contemporânea do processo civil brasileiro. Porto Alegre: Livraria do Advogado, 2005.

——. *Processo civil e Estado constitucional*. Porto Alegre: Livraria do Advogado, 2007.

——. Processo e cultura: praxismo, processualismo e formalismo em direito processual civil. *Genesis*: revista de direito processual civil, Curitiba, n. 33, p. 484-510, jul./set. 2004.

MOLINARO, Carlos Alberto; MILHORANZA, Mariângela Guerreiro. Da prova ilícita no direito processual. *Revista Forense*, Rio de Janeiro, v. 393, p. 03-18, set./out. 2007.

NERY JR., Nelson. *Princípios do processo na Constituição Federal*: processo civil, penal e administrativo. 9. ed. São Paulo: Revista dos Tribunais, 2009.

NEVES, Marcelo. A interpretação jurídica no estado democrático de direito. GRAU, Eros Roberto; GUERRA FILHO, Willis Santiago (org.). *Direito constitucional*: estudos em homenagem a Paulo Bonavides. São Paulo: Malheiros, 2001, p. 356-376.

NICOLITT, André Luiz. *A duração razoável do processo*. Rio de Janeiro: Lumen Juris, 2006.

NOGUEIRA, Pedro Henrique Pedrosa. *Teoria da ação de direito material*. Salvador: Juspodivm, 2008.

OLIVEIRA, Guilherme Botelho de. Técnicas da tutela coletiva. *Revista Brasileira de Direito Processual – RBDPro*, Belo Horizonte, ano 18, n. 69, p. 113-123, jan./mar. 2010.

——. Algumas considerações quanto à prova obtida por meios ilícitos: uma leitura restritiva da garantia constitucional instituída no art. 5º, inciso LVI, da CF/88. In: *Juris Plenum*. Ano VI, n. 32 (mar./abr. 2010). Caxias do Sul: Editora Plenum, p. 83-103.

PACTO Internacional de Direitos Civis e Políticos de 1966. Disponível em: <http://www.interlegis.gov.br/processo_legislativo/copy_of_20020319150524/20030616104212/20030616113554>. Acesso em: 10 nov. 2009.

PERELMAN, Chaïm. *Ética e direito*. São Paulo: Martins Fontes, 1996.

PÉREZ LUÑO, Antonio-Enrique. *Derechos humanos, estado de derecho y constitucion*. 5. ed. Madrid: Tecnos, 1995.

PICARDI, Nicola. Do juízo ao processo. In: ——. *Jurisdição e Processo*. Rio de Janeiro: Forense, 2008, p. 33-60.

——. La vocazione del nostro tempo per la giuridizione. *Rivista Trimestrale di Diritto e Procedura Civile*, Milano, ano LVIII, n. 1, p. 42-44, marzo 2004.

PICÓ I JUNOY, Joan. *Las garantías constitucionales del proceso*. Barcelona: Bosch, 1997.

PODETTI, Ramiro. *Teoria y tecnica del proceso civil y trilogia estructural de la ciencia del proceso civil*. Buenos Aires: Ediar Editores, 1963.

PONTES DE MIRANDA, Francisco Cavalcanti. *Comentários à Constituição de 1967*. São Paulo: Revista dos Tribunais, 1971. t. 5.

——. *Comentários à Constituição de 1946*. 3. ed. Rio de Janeiro: Editor Borsoi, 1960. t. 1, t. 4

——. *Comentários ao Código de Processo Civil*. Rio de Janeiro: Forense, 1974.

——. *Fontes e evolução do direito civil brasileiro*. 2. ed. Rio de Janeiro: Forense, 1981.

——. *Tratado da ação rescisória das sentenças e de outras decisões*. 5. ed. Rio de Janeiro: Forense, 1975.

——. *Tratado de direito privado*. Campinas: Bookseller, 2003. t. 22.

PORTO, Sérgio Gilberto. A crise de eficiência do processo – a necessária adequação processual à natureza do direito posto em causa, como pressuposto de efetividade. In: FUX, Luiz; NERY JR., Nelson; WAMBIER, Teresa Arruda Alvim (coord.). *Processo e Constituição*: estudos em homenagem ao professor José Carlos Barbosa Moreira. São Paulo: Revista dos Tribunais, 2006, p. 179-189.

——. *Ação rescisória atípica*: instrumento de defesa da ordem jurídica. São Paulo: Revista dos Tribunais, 2009.

——; USTÁRROZ, Daniel. *Lições de direitos fundamentais no processo civil*: o conteúdo processual da Constituição Federal. Porto Alegre: Livraria do Advogado, 2009.

PORTUGAL. *Constituição da República Portuguesa*. 1976. Disponível em: <http://www.portugal.gov.pt/Portal/PT/Portugal/Sistema_Politico/Constituicao/06Revisao/constituicao_p02.htm>. Acesso em: 20 ago. 2009.

RAWLS, John. *Uma teoria da justiça*. 2. ed. São Paulo: Martins Fontes, 2002.

REFORMA do Judiciário. Disponível em: <http://www.mj.gov.br/main.asp?View={597BC4FE-7844-402D-BC4B-06C93AF009F0}>. Acesso em: 05 nov. 2009.

REYES, Manoel Aragón. La Constitución como paradigma. In: CARBONELL, Miguel (org.). *Teoría del neoconstitucionalismo*. Madrid: Editorial Trotta, 2007, p. 29-40.

RIBEIRO, Darci Guimarães. *La pretensión procesal y la tutela judicial efectiva:* hacia una teoría procesal del derecho. Barcelona: Boscha, 2004.

RIO GRANDE DO SUL. *Lei n. 7.221, de 13 de dezembro de 1978.* Altera a Taxa Judiciária e dá outras providências. Disponível em: <http://www.tjrs.jus.br/proc/custas/legcustas/7221_78_taxa_judiciaria.doc>. Acesso em: 20 jul. 2009.

——. *Lei n. 8.121, de 30 de dezembro de 1985.* Regimento de custas. Disponível em: <http://www.al.rs.gov.br/legis/M010/M0100099.ASP?Hid_Tipo=TEXTO&Hid_TodasNormas=21466&hTexto=&Hid_IDNorma=21466>. Acesso em: 20 jul. 2009.

——. Tribunal de Justiça. *Apelação Cível nº 70020255709.* Relator: Paulo Roberto Felix. Porto Alegre, 25 de junho de 2008. Disponível em: <http://www.tjrs.jus.br/site_php/consulta/download/exibe_documento_att.php?ano=2008&codigo=820745>. Acesso em: 12 set. 2009.

ROCHA, Carmen Lúcia Antunes. O direito constitucional à jurisdição. In: TEIXEIRA, Sálvio de Figueiredo (coord.). *As garantias do cidadão na justiça.* São Paulo: Saraiva, 1993, p. 31-51.

ROMERO, Roberto Negrete. *Niceto Alcalá-Zamora y Castillo (1906-1985).* Disponível em: <http://derecho.procesal.unam.mx/maestros/pdf/Niceto_Alcala.pdf>. Acesso em 19 set. 2009.

ROSA, Eliezer. As codificações estaduais. In: ——. *Leituras de processo civil.* Rio de Janeiro: Guanabara, 1970.

——. Da ação civil. In: ——. *Leituras de processo civil.* Rio de Janeiro: Guanabara, 1970, p. 13-21, p. 141-145.

——. Fatos da literatura processual civil brasileira. In: ——. *Leituras de processo civil.* Rio de Janeiro: Guanabara, 1970, p. 129-140.

SAMPAIO JÚNIOR, José Herval. *Processo constitucional*: nova concepção de jurisdição. São Paulo: Método, 2008.

SANCHÍS, Luis Pietro. Neoconstitucionalismo y ponderación judicial. In: CARBONELL, Miguel (coord.). *Neoconstitucionalismo(s).* Madrid: Trotta, 2003, p. 131-312.

SANTOS, Evaristo Aragão. A sentença como título executivo. In: LOPES, João Batista; CUNHA, Leonardo José da (org.). *Execução civil*: aspectos polêmicos. São Paulo: Dialética, 2005, p. 123-149.

SANTOS, Moacyr Amaral. *Primeiras linhas de direito processual civil.* 3. ed. São Paulo: Max Limond, 1970. v. 1.

SARLET, Ingo Wolfgang. *A eficácia dos direitos fundamentais.* 7. ed. Porto Alegre: Livraria do Advogado, 2007.

——; TIMM, Luciano B. (org.). *Direitos fundamentais, orçamento e reserva do possível.* Porto Alegre: Livraria do Advogado, 2008.

SARMENTO, Daniel. A vinculação dos particulares aos direitos fundamentais no direito comparado e no Brasil. In: DIDIER JR., Fredie (org.). *Leituras complementares de processo civil.* 5. ed. Salvador: Podivm, 2007, p. 121-182.

——. O neoconstitucionalismo no Brasil: riscos e possibilidades. In: LEITE, George Salomão; SARLET, Ingo Wolfgang (coord.). *Direitos fundamentais e Estado constitucional*: estudos em homenagem a J. J. Gomes Canotilho. São Paulo: Revista dos Tribunais; Coimbra: Coimbra Editora, 2009, p. 09-49.

SENDRA, José Vicente Gimeno. *El derecho a um processo sin dilaciones indebidas.* Madrid: Consejo General del Poder Judicial, 1986.

SILVA, José Afonso da. *Curso de direito constitucional positivo*. 16. ed. São Paulo: Malheiros, 1999.

——. *Do recurso extraordinário no direito processual brasileiro*. São Paulo: Revista dos Tribunais, 1963.

SPOTA, Alberto G. O juiz, o advogado e a formação do direito através da jurisprudência. Porto Alegre: Fabris, 1985.

STRECK, Lenio Luiz. *A nova perspectiva do Supremo Tribunal Federal sobre o controle difuso*. Disponível em: <http//:www.leniostreck.com.br>. Acesso em: 22 fev. 2009.

TARELLO, Giovanni. *Storia della cultura giuridica moderna*. Bologna: Mulino, 1976.

TARUFFO, Michele. Idee per uma teoria della decisione giusta. *Rivista Trimestrale di Diritto e Procedura Civile*, Milano, ano 51, n. 2, p. 315-328, giugno 1997.

——. Il significato constituzionale dell'obbligio di motivazione. In: GRINOVER, Ada Pellegrini; DINAMARCO, Cândido Rangel; WATANABE, Kazuo (coord.). *Participação e processo*. São Paulo: Revista dos Tribunais, 1988, p. 37-50.

——. L'insegnamento accademico del diritto processuale civile. *Rivista Trimestrale di Diritto e Procedura Civile*, Milano, ano L, n. 2, p. 551-557, giugno 1996.

——. *La prova dei fatti giuridici*. Milano:Giuffrè, 1992.

TESHEINER, José Maria Rosa. *Crítica à investida de Mitidiero contra o art. 285-A do CPC*. Disponível em: <http://www.tex.pro.br>. Acesso em: 05 nov. 2009.

——. *Elementos para uma teoria geral do processo*. São Paulo: Saraiva, 1993.

——. *Objetivação do recurso extraordinário?*: variações em torno de um texto de Fredie Didier Jr. Disponível em: <http//:www.tex.pro.br>. Acesso em: 15 jun. 2009.

——. *Pressupostos processuais e nulidades no processo civil*. São Paulo: Saraiva, 2000.

——. Processo e Constituição: algumas reflexões. In: MOLINARO, Carlos Alberto; MILHORANZA, Mariângela Guerreiro; PORTO, Sérgio Gilberto (coord.). *Constituição, jurisdição e processo*: estudos em homenagem aos 55 anos da Revista Jurídica. Sapucaia do Sul: Notadez, 2007, p. 409-427.

——. Reflexões politicamente incorretas sobre direito e processo. *Revista da Ajuris*, Porto Alegre, ano 35, n. 110, p. 187-194, jun. 2008.

——. *Situações subjetivas e processo*. Disponível em: <http://www.tex.pro.br/wwwroot/artigosproftesheiner/situacoessubjetivaseprocesso.htm>. Acesso em: 10 set. 2009.

THEODORO JR., Humberto. Direito processual constitucional. *Revista IOB de Direito Civil e Processual Civil*, São Paulo, v. 9, n. 55, p. 66-78, set./out. 2008.

TORNAGHI, Hélio. *Comentários ao Código de Processo Civil*. São Paulo: Revista dos Tribunais, 1975. v. 2.

TUCCI, José Rogério Cruz e. *Tempo e processo*: uma análise empírica das repercussões do tempo na fenomenologia processual (civil e penal). São Paulo: Revista dos Tribunais, 1997.

TUCCI, Rogério Lauria; TUCCI, José Rogério Cruz e. *Constituição de 1988 e processo:* regramentos e garantias constitucionais do processo. São Paulo: Saraiva, 1989.

URUGUAI. *Constituição da República Uruguaia*. Disponível em: <http://www.parlamento.gub.uy/constituciones/const004.htm>. Acesso em: 20 nov. 2009.

VENOSA, Silvio de Salvo. *Direito civil*: teoria geral das obrigações e teoria geral dos contratos. 5. ed. São Paulo: Atlas, 2005. v. 2.

VERDÚ, Pablo Lucas. O sentimento constitucional: aproximação ao estudo do sentir constitucional como de integração política. Rio de Janeiro: Forense, 2004.

VIDIGAL, Luis Eulálio de Bueno. Os mestres de direito judiciário civil na faculdade de direito de São Paulo. In: ——. *Direito processual civil*. São Paulo: Saraiva, 1965, p. 197-210.

——. O processo civil e a reforma constitucional. In: ——. *Direito processual civil*. São Paulo: Saraiva, 1965, p. 225-238.

——. *Direito processual civil*. São Paulo: Saraiva, 1965.

——. Instituições de direito processual civil. In: ——. *Direito processual civil*. São Paulo: Saraiva, 1965, p. 292-295.

VIGORITI, Vincenzo. Garanzie costituzionali della difesa nel processo civile. *Rivista di Diritto Processuale*, Padova, v. XX, II serie, p. 516-553, 1965.

WACH, Adolf. *La pretension de declaracion*: un aporte a la teoria de la pretension de proteccion del derecho. Buenos Aires: EJEA, 1962.

——. *Manual de derecho procesal civil*. Buenos Aires: EJEA, 1977. v. 1.

WALD, Arnold. *Obrigações e contratos*. 14. ed. São Paulo: Revista dos Tribunais, 2000.

WAMBIER, Luiz Rodrigues. Anotações sobre o princípio do devido processo legal. *Revista de Processo*, São Paulo, v. 16, n. 63, p. 54-63, jul./set., 1991.

WATANABE, Kazuo. *Da cognição no processo civil*. 2. ed. Campinas: Bookseller, 2000.

YARSHELL, Flávio Luiz. *Tutela jurisdicional*. São Paulo: Atlas, 1998.

ZAGREBELSKY, Gustavo. *Il dirito mite*. Torino: Einaudi, 1992.

——. *Princípios y votos*: el Tribunal Constitucional y la política. Madrid: Trotta, 2008.

ZANETI JR., Hermes. *Processo constitucional*: o modelo constitucional do processo civil brasileiro. Rio de Janeiro: Lumen Juris, 2007.

——. Processo constitucional: relações entre processo e Constituição. *Genesis*: revista de direito processual civil, Curitiba, n. 36, p. 256-284, abr./jun. 2005.

ZAVASCKI, Teori Albino. *Eficácia das sentenças na jurisdição constitucional*. São Paulo: Revista dos Tribunais, 2001.

Impressão:
Evangraf
Rua Waldomiro Schapke, 77 - P. Alegre, RS
Fone: (51) 3336.2466 - Fax: (51) 3336.0422
E-mail: evangraf.adm@terra.com.br